U0737489

孙　宏／著

那些年上过的语文课

的

长江出版传媒

长江文艺出版社

图书在版编目（CIP）数据

那些年上过的语文课：孙宏教学手记精选 / 孙宏著
. --武汉：长江文艺出版社，2022.10
　ISBN 978-7-5702-2892-8

　Ⅰ. ①那… Ⅱ. ①孙… Ⅲ. ①中学语文课－教学研究
－文集 Ⅳ. ①G633.302-53

　中国版本图书馆 CIP 数据核字(2022)第 164755 号

那些年上过的语文课
NAXIE NIAN SHANGGUO DE YUWEN KE

特约策划：黄碧斋
责任编辑：杜东辉　　　　　　　　　责任校对：毛季慧
封面设计：孟　元　　　　　　　　　责任印制：邱　莉　　王光兴

出版：长江出版传媒　长江文艺出版社
地址：武汉市雄楚大街 268 号　　　　邮编：430070
发行：长江文艺出版社
http://www.cjlap.com
印刷：崇阳文昌印务股份有限公司

开本：720 毫米×1020 毫米　　1/16　　　印张：14.5
版次：2022 年 10 月第 1 版　　　　　2022 年 10 月第 1 次印刷
字数：246 千字

定价：58.00 元

自　序

参加工作以来，粗略估算，应该上过不少于8000堂语文课。很多课如雁过无痕，了无踪迹，但有些课时隔多年依然记忆犹新。初中语文课，到底应该如何上？也曾思考过这个问题，不过是一闪而过，又继续投入到繁重的教学工作中去了。

2015年秋，我到中山大学封闭学习，龚雄飞老师的一句话让我豁然开朗："教学是一个发现问题、解决问题的过程！"是啊，教学本该如此，为什么要把简单的问题复杂化呢？学生有什么问题，帮他们解决就是了。问题解决了，教学目标也就完成了，老师要做的不过是让解决问题的过程变得有趣、快乐，乃至于有点诗意而已。

想通这个问题后，再次走上讲台的感觉截然不同，很多课都上得不错。2017年开通了教学公众号"宏文馆"，每次课后，会写写教学手记，总结经验，反思不足。从2016年开始，每年都会承担一些指导青年教师和实习生的任务。他们经常听我上课，每次听课都会帮我录音或者录像，这期间留下了大量的听课笔记、教学录像和课堂实录。课后，我们也会一起探讨教学得失，所谓教学相长，我们都在进步。

2018年初夏，应方毅宁老师之邀，为参加广东省中小学"百千万人才培养工程"的学员做了一场名为"初中语文课堂结构艺术"的讲座。在准备讲座的过程中，我系统地梳理了这些年积累的课例，发现同样的教学内容，采用不同的课堂结构，会产生不同的教学效果。在此基础上，我进行了"初中语文课堂结构"的课题研究，发现自认为成功的课例大致可以分为"对比式""插入式""层进式""质疑式""板块式"五种课堂结构模式，这五种模式相对高效有趣。后来指导青年教师时，我把这些体会和他们分享，他们在教学实践中发现也的确如此。

2018年秋，学校举办了一次"解课"活动。"解课"要求青年教师赛课，骨干教师解析他们的课堂。我指导的青年教师张雪梅、孙萍慧、向仔均、邓惠林、王艳芳参加了赛课。我从课堂结构的角度，针对他们的课，做了"有效把控教学节奏，营造良好课堂氛围"的主题发言，用五组关键词来解析他们的课堂。

首先是"疏"与"密"的关系。所谓"疏可跑马，密不透风"，次要目标，一笔带过，是"疏"；重点目标，采用各种手段反复强调，是"密"。其次是"张"与"弛"的关系，一张一弛，文武之道。学生上课不可能自始至终精神高度集中，应当给予学生适当的放松时间。第三是"动"与"静"的关系，动是讨论，静是思考。第四是"收"与"放"的关系，简单的内容，放手教给学生，重要的内容，老师要及时参与，要放得开，收得回。最后一组关键词是"出"与"入"，不仅要入乎其内，整体把握文章的内容和风格，还要出乎其外，敢于发表自己的见解和看法。在教学中提高课堂效率是永恒的课题，教学过程中注重上课节奏，处理好课堂结构的疏密、张弛、动静、收放、出入之间的关系，是实现高效课堂的重要途径。

善于把控课堂教学的节奏，是我课堂教学的重要特点。这一切都源于我的爱好——戏曲艺术。曾在上海听过京剧名家夏慧华老师说戏，夏老师告诉她的学生，大多数折子戏都是三刻钟，演员要在这三刻钟内抓住观众，一定要把握好演戏的节奏。如果把上课看成一门艺术，四十五分钟也就是三刻钟。艺术都是相通的，所以我在教学中，特别注意上课的节奏，如何导入，如何设疑，如何激趣，如何总结，一如演员在舞台上的亮相，展示绝活，吸引观众。因此，我的课堂教学带有鲜明的戏曲印记。

正如优秀的演员都拥有自己的代表剧目一样，回顾我的课堂，其实也有很多体现个人教学风格的课例，值得我总结提炼。于是，我重新梳理这些课例，回顾当时备课思路，总结课堂得失，基本以时间顺序，仿照沈复《浮生六记》的体例，汇集成了这本教学散文集——《那些年上过的语文课》。

本书分为十八记，第一记到第九记主要记录个人风格明显的课例，第十记和第十一记是根据工作笔记整理的课堂花絮，第十二记到第十七记是根据我的课例提炼出来的几种高效课堂模式，包括"对比式课堂结构模式""插入式课堂结构模式""层进式课堂结构模式""质疑式课堂结构模式""板块式课堂结构模式"以及"长文短教模式"，第十八记是山村支教笔记。

所选课例由三类构成：一类是竞赛课和公开课，如《戏曲大舞台》《标点符号的故事》《朗读者》等，这类课多半有上课录像和教学设计；第二类是我指导实习生和青年教师时所上的示范课，如《雨的四季》《秋天的故事》《驿路梨花》《唐诗二首》《永久的生命》《假如生活欺骗了你》《太空一日》等，这些课都有他们整理的教学实录和听课笔记；第三类是一些常规课的心得体会，如《咏雪》《金色花》《走一步，再走一步》等，这类课留有上课的小结和反思。每一篇教学手记后面都附上了教学实录或教学设计，每一记的最后都有三位学生的听课感受，另外还精选了两张上课照片，尽可能地还原当时上课的场景。

《那些年上过的语文课》是我这几年上课风格的总结和提炼，尽管这些课例绝大多数不可复制，但提供了一些备课的思路和做法，展示了一些上课的方式和技巧。语文课不仅要传授知识，它还应该是有趣流畅，开放综合的。上出一堂精彩高效的语文课，是每一位语文老师共同的追求。本书不仅是个人教学随笔，也是一本教学案例汇编，希望对初上讲台的老师有所启发。

本书所选的教学实录均由我的学生记录整理，这几年随我听课、帮我整理教学实录、提出宝贵意见的青年教师和学生主要有：孙萍慧、邓惠林、张雪梅、向仔均、王艳芳、李婧、林清惠、杨颖贤、金辉、刘海琦、曾萍萍、何运、张大千、杨健、罗家和等人。他们整理的教学实录是我写作此书的第一手素材，所以要特别感谢他们。《那些年上过的语文课》能够顺利完成，也离不开学校各位领导和师友的帮助与支持，因为人数众多，就不一一具名感谢了。

目 录

第一记　戏曲的烙印

江汉平原,丰饶美丽,浩浩荡荡的长江水川流不息。从小在这座江滨小城生活,笔直挺拔的水杉林,巍峨沧桑的城墙伴着我度过了无忧无虑的童年。总以为,我身上带着湖北人与生俱来的浪漫,直到那个冬天的夜晚,和父亲无意间的闲聊,才猛然发现,我还有一个与众不同的情结,那就是戏曲情结。可以说,在我的生活中,戏曲的影响无处不在。乃至于我的工作,都被深深地打上了戏曲的烙印。

与父亲的那次闲聊,源自他的感慨:小时候我常骑在他的脖子上看戏,结果眨眼之间,我已长大成人,不知不觉间他也垂垂老矣。于是感慨光阴似箭,岁月无情,没人能够逃脱时间高举的镰刀。那个时候,我已经南下广东打工,常年不在他身边,他所以作此喟叹。

(一)

我于2002年调入广东省佛山市南海实验中学,那是学校开办的第二年。老师们来自五湖四海,新学校,新老师,新气象,学校为了促进年轻老师的成长,组织了南海实验中学首届青年教师教学比武,我当时选择了何其芳的诗歌《秋天》,结果铩羽而归,在语文科组没能出线。此事对我打击颇大,当年心高气傲,"落第无颜归故里,天涯何处可藏羞"!整个学期都闷闷不乐,始终觉得抬不起头来,现在看来其实真没什么。

次年春天,我从湖北南返,在广州芳村车站遇到了邓娓娓老师,她也是过完春节后回校上班,我们在车上闲聊,她很坦诚地谈起对我的印象:初见我时,觉得我朝气蓬勃,后来不知道是什么原因,身上的这股朝气消失了,其间发生了什么事情她不清楚。然后郑重其事地告诫我:年轻人不应如此。

她的话让我默然无语,表面风平浪静,内心惊涛骇浪,原来还是有人在关心自己。南国春来早,抬望眼,车窗外早已一片葱郁。下车后,有一位阿姨推着三轮车在卖年花,应该是年前没有卖完,现在减价处理。南国气候温润,几盆杜鹃开得正好,我看着火红的杜鹃很是喜欢,于是挑了一盆带回宿舍,希望在这个春

天,能拥有一个好的心态。

开学不久,科组让每位语文老师上报公开课课题,我拿出语文书,前后翻了一阵,看到了综合性学习《戏曲大舞台》,心中一动,从小喜欢戏曲,为什么不试一下呢?课题报上去后,备课组内热闹起来了,我们几位年轻老师选择的课题都很有挑战性,除了《戏曲大舞台》外,还有《漫话探险》《我也来追星》等等,主抓教学的领导很开心,鼓励我们青年教师大胆尝试,勇于创新。

和上学期的竞赛课相比,我心态平和了很多,只是想把这堂课上好,让学生对戏曲有初步的了解,算是一堂戏曲知识的普及课,希望孩子们能够喜欢。回到宿舍,我又把教材仔细地翻阅了几遍,对于如何把戏曲知识讲得有趣,如何能够让孩子们对传统的戏曲艺术感兴趣,我始终不得要领。

无聊中打开电视,转到戏曲频道正放着一档《过把瘾》的节目,节目里有戏曲知识介绍,有戏曲动作模仿,很有意思,我的课《戏曲大舞台》可不可以做成这种形式呢?心动不如行动,马上拿出备课本趴在书桌上开始备课。先简单理出课堂框架:"知识问答""模仿秀""名剧赏析""讨论"四大板块。有了框架,教案很快就出来了。

第二天,我把教案拿给备课组的周秀丽老师看,请她提提意见。周老师看完教案后肯定了我的教学设计,并对戏曲知识问答提出了不同的看法,觉得问题过难过偏,不要说学生不清楚,估计老师也答不上来。听了她的建议,我深以为然。既然教学设计没有问题,剩下的细节继续打磨即可。

(二)

那时,我住在学校,上完课就开始琢磨公开课的事情:一节课四十分钟分为四个板块,每个板块必须控制在十分钟之内,每个问题要精雕细琢,尽可能把知识点落到实处。想透这一点后,事情就很好办了,于是重新设计了问题:

1. 能说出你知道的剧种吗?

2. 能说出你知道的剧目吗?

3. 出示剧照,你知道他们的行当吗?

4. 知道京剧中曹操和关羽的脸谱各是什么颜色吗?

5. 知道在戏曲演出中,骑马如何来表演吗?

问题1、2非常简单,起暖场作用;问题3介绍戏曲的行当,解释生旦净丑的分类标准;问题4解释脸谱的含义和起源后,接着播放视频《说唱脸谱》,让同学们对戏曲脸谱有更直观的认识;问题5请同学表演,然后解释戏曲表演中写意

和虚拟的特点,并引出下一板块模仿秀。

电视里的模仿秀一般是专业演员在前面表演,然后挑选几位观众模仿,最后由嘉宾点评。《戏曲大舞台》毕竟是语文课,不可能完全设计成节目的形式,更不可能去请专业演员来配合我上课。只能自己买碟片把需要的片段剪下来,到底选哪个片段呢?京剧里的经典片段一个个在我脑海里面浮现:《昭君出塞》中的"趟马"表演很精彩,难度太大,显然不行;《打渔杀家》里的"划船"程式也很好,但是我从哪里去弄"船桨"这个道具呢?最后决定选《拾玉镯》中"轰鸡""做针线活"这个片段。

下班后,我到城市广场的凌宇书屋买了一些戏曲光碟,有一张是刘秀荣、张春孝两位老师表演的《拾玉镯》。回到宿舍后,我放在电脑里从头到尾地看了一遍,"轰鸡"和"做针线活"连在一起,大概四分钟,加上学生的模仿和老师点评,应该可以控制在十分钟之内。

第三个环节,想安排经典片段赏析,进一步引导学生领略传统艺术的魅力。课本中也介绍了京剧"四大名旦"的艺术成就和影响,我不如到时候播放"四大名旦"的经典片段,让同学们猜一猜这些片段是哪位艺术家的代表作,电视里也常有这样的游戏环节。我又找出其他的碟片,剪了《霸王别姬》《汉明妃》《春闺梦》《桃花村》的片段。

第四个环节安排讨论:戏曲艺术在当下如何摆脱困境,走向新生。其实问题的答案很明确,戏曲走向衰弱是不争的事实,没有哪门艺术能够长盛不衰,唐诗如此,宋词如此,就算是如日中天的电视,在今天也败给了网络。不过设置这问题的目的在于引导同学们思考,同时训练他们口头表达的能力。

做完手头的一切,松了口气,看看时间,差不多午夜了。此时毫无睡意,走到阳台上,夜风习习,月凉如水,远处菜地里蛙鼓声声,歌唱着春夜的宁静与美好,这真是一个春风沉醉的夜晚。几年后,我搬离了学校,教师公寓改建成了学生宿舍,菜地上盖起了住宅楼,成了学区房。后来经过这片高楼时,偶尔还会想起那些枕着蛙声入眠的夜晚。

(三)

第二天回到办公室,我兴致勃勃地和同事们说起教学设想,并把裁剪好的视频播放给他们看。他们对《拾玉镯》没有异议,认为形式新颖活泼,能够激起学生的兴趣。但是对京剧四大名旦的代表作提出了自己不同的看法,认为节奏过于拖沓,特别是《春闺梦》,一唱三叹,听得人昏昏欲睡。

听了他们的话,我陷入沉思。的确,让从来没有接触过戏曲演出的初中生去辨别四大名旦的艺术风格,难度还是大了些。不要说是初中生,就算是普通的戏迷也未必能够辨别出来。再说,让学生连续观看四个视频,从课堂效果看,也单调了些,我们是语文课,不是鉴赏课,怎么办呢?

这时,吴婕老师提醒我,不如降低难度,播放一些地方戏曲的经典片段,让学生猜猜是什么剧种,可以采用抢答的形式,这样更活泼一些。我眼前一亮,是啊,怎么没有想到呢?自习课的时候,我来到教室做了一个简单的调查,学生以本地生源为主,也有几个来自外省。学生近距离接触过戏曲的不多,但是有三个学生告诉我他们会唱戏,我听了大吃一惊,居然还有会唱的人,我都不会,还真是藏龙卧虎。

这三位学生分别是余祎、黎伟健、陈安琪,我把他们叫了出来,详细询问具体情况,也想了解一下他们的水平如何。余祎在武汉长大,从小跟着奶奶耳濡目染,会唱的段子很多,她唱了一段《龙江颂》的"手拿宝书"给我听,虽然不能和专业演员相比,但是韵味浓郁,一听就是京剧,不是歌曲。黎伟健的妈妈每周都在粤剧的私火局里唱,他也会一些。陈安琪小学时学过一点粤剧。

了解情况后,我心中有数了,决定把第三个环节再作调整,将播放视频改为师生演唱,让学生辨析剧种,然后由演唱者介绍剧种的发源地。最后确定给学生展示四个剧种片段:黄梅戏《天仙配》(播放视频)、京剧《龙江颂》(学生余祎演唱)、粤剧《帝女花》(学生陈安琪、黎伟健演唱)、豫剧《花木兰》(吴婕老师演唱)。给演唱的同学布置了任务,让他们周末回家再练一练,吴婕老师也很乐意地表示上课时尽量配合我。

演唱的环节落实好了,但戏曲表演是很讲究的,《拾玉镯》的片段还是有点困难的,我把光碟给学校的舞蹈老师张媚看了一遍,请她帮我找两位女同学简单排练一下,免得上课时表演得太不像样子,她挑了曹颖仪和余祎同学。晚自习的时候,我们来到舞蹈室,我具体讲了动作的含义,如开门关门、穿针引线什么的,张媚老师给她们讲动作要领。两位同学虽然没有学过戏曲表演,但因为有舞蹈的基础,学起来很快,两遍之后,就能照葫芦画瓢,很是那么回事情了。

剩下的工作就是完善细节了,周末的时候,我重新梳理了课堂结构,写好了每个环节之间过渡的语言,还是有点不放心,想请同科组周汉云老师帮我再看看教学设计。周老师看过之后,对教学设计还是很认可的,主要担心课题太有挑战性了,因为学生不了解戏曲,怕冷场。但是课已经成型,也不好再重起炉灶,我还是决定试一下。

（四）

很快就到了公开课的时间,吴婕老师为了让课堂效果更好,抓紧时间练唱,周秀丽老师看了我的教学步骤后,笑着说她也会唱,问为什么不安排她演唱。我说来得及,上课前可以安排唱一段暖暖场! 于是趁热打铁,敲定了周老师课前演唱《苏三起解》。

周老师是级长,在学生面前总是很严肃的样子,他们真没有想到级长居然会唱京剧,课堂气氛马上活跃起来。于是《戏曲大舞台》就在热闹的氛围中开场了,学生抢答,我解释,学生模仿,我点评,课上得行云流水,学生听得津津有味。高潮部分是师生演唱环节,黄梅戏、粤剧、京剧、豫剧轮番登场,学生看得眼花缭乱,他们真没有想到身边有这么多的高手。最后针对"传统艺术"何去何从的讨论,学生的发言很热烈,看得出,他们是真的对戏曲艺术产生了一定的兴趣,也对戏曲艺术的衰落深感痛心。十八年后,我的学生冯耀鸿告诉我,他当年曾在课堂上表演过"趟马",看来这堂课真的没有白上。

课热热闹闹地上完了,同学们意犹未尽,评课的时候,学校老师对《戏曲大舞台》的评价很高,我接着又在其他班上了几次。半年后,学校编著校本课程,又把这节课选了进去。接下来的几年中,每到教学开放日,我都要执教《戏曲大舞台》,加上试教,前前后后不下于二十次,上得我自己都厌倦了。

2010 年,教育部基础教育司面向全国征集课例,《戏曲大舞台》录像上送,后来获得课例二等奖。同年,广东省电教中心征集课程与信息技术整合案例,这节录像课又获得了一等奖。当年教师节开表彰大会,因为有教育部和省教厅的《戏曲大舞台》录像课获奖证书,学校和教育局根据规定也给予了表彰,真是意外的收获,当时上送录像时根本就没有想到会有奖金这回事。2012 年职称评定时,《戏曲大舞台》的获奖证书又派上了用场,这是后话了。

2010 年后,我连续几年都在初三带毕业班,没有机会再上这节课,后来教材改版,新教材删掉了关于戏曲的内容。最近一次是 2018 年春天,学校举办教学开放日,我又重新翻出了这节压在箱底的课。上课前,简单地做了一个调查,悲哀地发现十几年过去了,学生对戏曲越来越陌生。2003 年第一次执教时,班上有几位同学还会演唱,《帝女花》差不多人人都会,像流行歌曲一样,而这次调查,发现能唱的人已经没有了。

学生变了,心境也变了,增加了一些互动的环节,以前师生演唱的部分只能用录像代替。那次因为是教学开放日,听课的人不少,看热闹的人也很多。课

上得平平淡淡,早已没有当年的感觉,但《戏曲大舞台》对我的职场生涯而言,有着重要的意义,不仅为我树立信心,而且让我在语文课堂结构的研究上,看到了另外一片天地,这一切,都源自《戏曲大舞台》。然而课堂和戏曲之间始终隔着一层纸,直到2010年的上海之行,夏慧华老师用一句话才帮我捅开了。

(五)

2010年,世博会在上海举办,这年盛夏,我来到了上海。世博会盛况空前,每个场馆都要排队。在沪期间,恰逢上海京剧院青年演员集训汇报演出,身为戏迷,与其在世博园排队,还不如去剧场看戏。

那天下午在天蟾逸夫舞台看戏,有蓝天、隋晓庆的《武家坡》,高红梅、熊明霞、李春的《百花赠剑》,还有一折《望儿楼》和武戏。《百花赠剑》是全本《百花公主》中的戏核,讲述百花公主和海生相识相别的故事,这一折戏大致分为四个小节,第一节海生醉酒,误入百花厅,被宫女江花佑认出是自己的弟弟,这是开端;第二节百花公主回宫,要杀海生,这是戏的发展;第三节,百花公主见海生英俊,送他出宫,戏进一步推进;第四节,海生去而复返,百花公主赠剑定情,是戏的高潮。

汇报演出时,剧场里坐满了剧院的领导和戏曲界的专家。散戏时天气尚早,我没有急着走,就坐在观众席上,听老师们总结。夏慧华老师是《百花赠剑》的艺术指导,她对学生的演出不太满意,指出戏的节奏不够紧凑,第三节演得拖沓。最后,夏老师语重心长地讲道:"一折戏就是三刻钟,老前辈们在舞台上千锤百炼,时间不够,观众不过瘾,超过三刻钟,观众容易疲劳!"

夏慧华老师的话让我如梦初醒,三刻钟就是四十五分钟,我们一节课也是四十五分钟,戏曲表演要求有内在的节奏和韵律,要想尽方法吸引观众,通过层层铺垫,最后把戏的高潮掀起来,让观众情不自禁地叫好。我们的课堂教学也需要吸引学生,要让学生在四十五分钟内集中注意力,在学习知识的同时,也要享受到学习的快乐,最后情不自禁地爱上学习!课堂教学和戏曲表演其实是有很多相通之处的。

回到佛山后,我在备课时,思维和过去有了显著的区别。以前备课关注教学目标和教学的重难点,现在备课,常常想起夏老师的话,一堂课就是一折戏,我如何亮相?这堂课可以分为几个小节?课堂的高潮应该在哪里掀起?在哪个地方留点悬念,让学生意犹未尽,然后再期待下次的语文课?虽然不是每一节课都很成功,正如演出一样,也不是每一场演出都让观众满意。很明显,我的课节奏开始变得鲜明起来,课堂里的笑声多了,不知不觉间,往往一堂课结束了,学生依然意犹未尽。

而且时不时会有点小惊喜,上课时偶然的灵光一闪,针对学生提出的问题,因势利导,能够跳出课本,最后又回归课本,这样的惊喜往往不能复制。每当出现这种情况,我就想起了梅兰芳、俞振飞两位大师的《断桥》,白娘子用兰花指数落许仙忘恩负义,劲道大了些,俞先生扮演的许仙控制不住身体,因而后仰,梅先生顺势一扶,台下彩声四起。本来是无心之失,但这一戳一扶,十分贴切地演出了白娘子的爱恨交织,从此就成了后辈演员的演出范本了。

这样的课上得多了,我感觉到把握课堂的节奏是一件特别重要的事情,从此我备课的时候,往往从理清课堂的结构入手,教学也逐渐有了自己的风格。

（六）

2016 年我带毕业班,一天接到了通知,街道的语文教研员来视导学校的备考情况,顺便要听一节课,领导安排我上,那时候新课已经上得差不多了,可供我挑选的篇目并不多。

我把课本翻了好几遍,目光停留在《变脸》上。这是巴蜀鬼才魏明伦先生的代表作,《变脸》作为川剧保留剧目蜚声海内。因为中考很少考查戏剧知识,初三教学课时紧张,戏剧单元的教学总是草草而过,为什么不选《变脸》好好上一上？不仅能帮助学生完善知识体系,又能普及戏曲知识,何乐而不为呢？

选好篇目后开始备课,2015 年到中山大学封闭学习后,我上课的思路有了明显转变。以前上公开课的时候,有很多的顾虑,总是站在听课者的角度反复修改。在中大学习后,我豁然开朗,课是上给学生的,不是为听课老师上的。学生有什么困惑,帮他们解决就好了,无非是让解惑的过程更顺畅美好而已。教研员的困惑是我们如何复习备考,学生的困惑是川剧如何变脸以及戏曲究竟是什么？

暂时不考虑教研员的困惑了,下午给学生留了作业:1. 预习完《变脸》,文章中你不懂的地方有哪些？2. 关于《变脸》你对什么内容最感兴趣？当天收集到了一百多个问题,大致分为三类:关于时代背景的、关于文章内容的和关于艺术表现形式的。另外,学生对戏曲演员如何变脸特别感兴趣。看到这些问题,如何上课,我心中有底了。

晚上下班后回家备课,针对学生的困惑,我打开电脑开始查阅资料,《变脸》

曾入选"国家舞台艺术精品工程",《变脸》不仅有全剧的舞台录像,也有片段表演。我点开舞台录像的视频,情节环环相扣,故事一波三折,唱腔引人入胜。其中狗娃的一段演唱催人泪下:

狗娃(唱)

　　千不该,万不该,

　　不该错投女儿胎!

　　不该生在穷乡里!

　　不该遇上大水灾!

　　被人拐,被人卖,

　　被人骑,被人踩……

　　……

帮腔人(应声而出)

　　啊!

　　帮腔帮她说句话,

　　幕后走到台前来!

　　满场观众也悲哀,

　　要求老汉留女孩!（隐退)

水上漂(唱)

　　老汉心并非铁石块,

　　是留是丢几徘徊……

我反复看了好几次,这个片段共四分钟,我决定把这段视频截取下来,放在课的最后,让学生充分领略传统艺术的魅力。至于变脸的技法,我是外行,只能告诉学生有三种变脸的形式,至于如何变,那是行业机密了,需要勤学苦练。

第二天上午,两位校长陪着教研员走进了教室,因为有校长听课,上课纪律特别好,学生全情投入,跟着我的节奏走,课上得很顺畅。最后五分钟,我把视频点开,告诉学生唱词就在课本上,同学们把书翻到有唱词的那一页,好奇地盯着投影。

唱腔设计很好,以快板为主,帮腔部分很抒情,水上漂的"几徘徊"三个字走高腔。整个唱段行云流水,毫不拖沓。学生听得非常入神,狗娃演唱时,已经有女生拿纸巾擦眼泪了,帮腔人唱完,两位校长和教研员也在拭泪。随着"几徘徊"响遏行云的唱腔,下课铃响了,学生意犹未尽,因为课本上写得很清楚,后面

还有一大段唱。在学生的强烈要求下,我答应下次上课把剩下的唱段播完。果然唱戏的是疯子,看戏的是傻子!

如果说这堂课有什么不足,我觉得最大的遗憾就是没有当场录像,再重上一次似无必要。成功的课例往往是不能复制的,没有三位领导坐在教室后面压场,学生未必能全情投入,学生不能全情投入,肯定无法感受戏曲艺术声腔的魅力!

这次课也警示我,上课时如果觉得有必要录像,一定要提前做好准备。这次经历也给我以后做直播课埋下了伏笔。

附：教学实录

《戏曲大舞台》

一、教学目标

1.了解中国戏曲的基本知识,鉴赏中国优秀戏曲片段。

2.引导学生对戏曲产生兴趣,培养学生高雅艺术情趣。

3.以了解戏曲艺术为中心,培养学生的综合语文能力。

二、教学准备

1.师生收集相关资料。

2.教师制作教学课件。

3.指导排演戏曲片段。

三、课时安排

1课时

四、教学步骤

楔子:《丹青引》——导入新课

南昆北弋,东柳西梆,中华戏曲,源远流长。每一方水土养育一方人民,每一方土地就会诞生一种戏曲。戏曲艺术是我们的文化瑰宝,也是我们民族的宝贵财富。作为中华儿女我们有责任和义务来了解和继承我们优秀的文化遗产。今天,就让我们一起走进戏曲大舞台,去感受她独特的魅力吧!

第一折:《龙虎斗》——戏曲知识大比拼

戏曲艺术虽然魅力无穷,但我们毕竟从小生活在一个自媒体时代,很少和戏曲艺术进行亲密的接触,不过也有不少同学表示自己接触过。老师为了调查一下大家对戏曲知识的了解程度,要考考大家。按男女生分组,以抢答的形式

进行,请看题:

1.中国戏曲种类繁多,据不完全统计,全国有三百多个剧种,你能说出几个呢?说出一个为你的小组加上一分。

明确:京剧　越剧　粤剧　雷剧　汉剧　豫剧等等

2.从小到大,我们接触戏曲艺术的机会并不多,但也不完全代表我们完全不知道跟戏曲有关的知识,例如:咱们虽然看戏很少,但我们知道广东粤剧就有《六国大封相》,京剧有《贵妃醉酒》等,你能说出你知道的剧目吗?同样,说出一个,为你的小组加上一分。

明确:《帝女花》《龙凤呈祥》《花木兰》《女驸马》

3.看来,大家对戏曲还是有点了解的。其实戏曲在诞生之初,很少在剧场演出的,他们表演的主要场所在寺庙草台,除了娱乐还有教化功能,为了让台下的观众看得更清楚明白,演员们的服装大红大绿,造型夸张奔放,有些演员的脸上还画有各种图案,今天我们把演员脸上的图案称之为脸谱。好,请看第三题:戏曲舞台上,关羽的脸谱是什么颜色的?

明确:红色

脸谱的颜色往往象征了人物的性格特征,在戏曲舞台上,红色的代表忠义,如关羽;黑色的代表勇敢正直,例如张飞、包公等;白色的代表奸诈,例如曹操、秦桧等。因为戏曲脸谱有独特的审美,后来艺术家还创作了一首关于说唱脸谱的歌曲,我们一起来欣赏一下吧。

歌曲欣赏:《说唱脸谱》

第二折:《沉香学艺》——戏曲片段音配像

看来同学们掌握的戏曲知识,要比老师想象的情况好很多,下面咱们来点难度大的,在戏曲舞台上,骑马怎样表示?表演优秀,我们为小组加上两分。

是男生示范还是女生示范呢?

让我们来欣赏一段视频吧!

《昭君出塞》

播放视频:由此可见,骑马有一整套的舞蹈动作,我们把它称为趟马,因为戏曲舞台有限制,不可能有真山真水,所以在舞台上的江河湖海,开门上楼,都通过演员的肢体表演来呈现,我们把这些约定俗成的舞蹈动作称之为程式化动作。这些动作都是虚拟的。说到这里,我们再来进行一场比拼,请男女生各派一位代表,我会播放一段视频,请你解释视频表现的内容。

播放视频:《秋江》《花田错》

说到虚拟性,我们也请了四位同学准备了一个小节目,京剧音配像《拾玉

镯》,有请!

学生表演《拾玉镯》

第三折:《马鞍山》——高山流水遇知音

大家刚才看得捧腹大笑,看来大家是看懂了。的确,戏曲艺术博大精深,南音婉转,北音清越,每个剧种都有每个剧种的特点,老师播放几段录音,你知道它们是什么剧种吗?看看是男生猜的正确,还是女生正确。

播放:《帝女花》《四郎探母》《红楼梦》《天仙配》

明确:学生抢答

第四折:《隆中对》——戏曲发展之我见

我们的戏曲艺术尽管美不胜收,精彩绝伦,然而在它发展的过程之中,遇到了很大的挑战,那就是观众萎缩、后继无人的问题,最严峻的时候就是台上演员多过台下的观众。在文化艺术多元化的今天,我们要采取一些怎样的办法才能吸引观众重新走进剧场呢?请大家为我们的戏曲艺术献计献策,大家讨论讨论,谈谈自己的看法。

明确:学生各抒己见。

煞尾:《山后练鞭》——小结

同学们谈论了很多,其实,对我们的戏曲艺术最大的支持,就是走进剧场去静静地欣赏一场传统的戏曲演出,只要用心,你就能感受到它的美好。如果有这样的机会,你会用自己的行动去支持我们的戏曲艺术吗?每个周六下午,我们佛山粤剧院在佛山粤剧传习所有"相约星期六"的演出,票价也不贵,希望大家有空前去捧场。好,今天的课就上到这里,谢谢大家。

课堂剪影

学生表演戏曲片段

听课学生和家长

学生心语　　　　　　　　　　　　　　　　　　　　　　　　》

　　真的很幸运，被孙老师选中参加公开课《戏曲大舞台》的表演，记得那天晚上，和两位老师一起观看了《拾玉镯》的录像，然后和张媚老师研究动作，紧急排练。课堂上的表演非常成功，得到了大家的认可和赞美。后来孙老师告诉我，说表演是课堂的一大亮点，让大家更好地了解了戏曲表演的虚拟性和写意性。18年过去了，如今回想起来还是印象深刻，这是一个美妙的过程，是我求学生涯中一段非常快乐的记忆。

　　　　　　　　　　　　　　　　——曹颖仪（南海实验中学2002届学生）

　　此前我对戏曲这项艺术十分陌生，也没有强烈的欲望去了解它。孙宏老师善于运用生动的课堂语言，丰富的课堂内容循循善诱，调动我们学习戏曲的积极性。是《戏曲大舞台》启发了我，为我打开了一扇新世界的大门，激发了我了解戏曲文化的热情。闲暇之余，我也会欣赏戏曲频道，细细品味，感受戏曲艺术之美。

　　　　　　　　　　　　　　　　——林灵均（南海实验中学2017届学生）

　　那是我小学六年级的时候，有幸聆听了孙老师的公开课。课堂上，孙老师用生动幽默的语言向我们介绍了很多有关戏曲的知识，让我第一次近距离接触戏曲。从此，我知道了雍容高贵的京剧、典雅别致的昆剧、高亢悲凉的梆子戏、婉转轻柔的越剧……课堂上，同学们一个甩袖就如一阵和煦的春风，将京剧的气息洒至操场的各个角落；一个迈步仿佛让人身临其境，掉入了京剧的大殿。我在老师和同学的身上看到了戏曲的魅力，不是想象中的那么乏味，反而令人沉醉于此。

　　　　　　　　　　　　　　　　——邱林沨（桂江小学2017届学生）

第二记 直播的乐趣

2020 年的春天,"新冠肺炎疫情"突发,元宵节后,迟迟等不到开学返校的通知,校园里的木棉独自开,寂寞落,又是一个被隔离的春天。不久,接到教育局的通知,准备开展线上教学,学校也进行了线上教学的培训。

疫情暴发前,我做过不少网络直播课,那个时候的直播课和疫情下的直播有很大的不同,疫情前的直播是逐步推进,不停反思改进的过程。最初是为了给自己的课留下资料,上课时,用手机录像。后来直播平台兴起,就开始利用"微吼"平台直播,主要是面对学生家长,让家长看到老师和学生上课的状态。直播中有很多的乐趣,这一切要上溯到 2010 年。

(一)

我们常说老师是个摆渡者,送走一批学生后,又迎来了新的一批学生。2010 年秋天,我又回到七年级教学,每天备课上课,充实快乐。那天,科组长突然告诉我,国庆节后,学校要举办青年教师教学基本功大赛。我表示知道了。科组长接着说他们决定让我和小黄老师代表语文科组参加。

我惊讶地说道:"不是青年教师的比赛吗?""对呀! 40 岁以下都算青年,何况你连 35 岁都不到!"科组长笑眯眯地说道。好吧! 原来在他们心中我还年轻。于是,我和刚刚毕业的小黄老师开始备课,准备国庆节后的比赛。

时光流转,岁月不居,和 2002 年相比,我早已褪去了青涩,心态大不相同。2002 年时年轻气盛,想在比赛中一展风采,结果在备课组内都没能出线。现在只是把赛课当成一项任务,所以选参赛篇目的时候顺其自然,课上到哪个单元,就选哪个单元的课文,最后决定拿《山市》参赛。

尽管没有把胜负放在心上,但课总归是要上好,不然既对不起学生,也对不起自己。《山市》是文言文,作为比赛课,自然不能按照常规流程上课,必须要有点新意,如果能有亮点那就最好不过了。怎样才能出新呢? 我陷入了沉思。《山市》选自《聊斋志异》,记录了一场海市蜃楼,如果发生在今天,会是一番怎样的场景呢?

媒体一定会蜂拥而至,长枪短炮对准海市蜃楼,记者绘声绘色描述现场的状况。文言文教学中,将文言文翻译成现代文是教学的重点,我为什么不采用新闻播报的形式来进行翻译教学呢?心中有了头绪,教案很快就完成了。后来看到深圳有位老师也如此教学,不谋而合,真是有意思。

把"海市蜃楼"这种自然现象解释清楚,也是《山市》教学的一大重点,地理老师的解释最权威,于是我邀请教地理的胥老师帮我录了一小段视频解释海市蜃楼的显现,上课时直接播放,也算是个小彩蛋。毕竟是赛课,有些环节需要提前准备。自习课的时候,我叫了几位同学出来,告诉他们公开课的事情,并且要以记者的身份向同学和听课老师播报这场"海市蜃楼",给他们布置了具体的任务。

几位同学领命而去,开始构思如何播报了。其实他们的任务还挺重的,首先要透彻理解原文,不仅要把原文翻译为现代文,还要转变为口语,符合新闻播报的特点。说实话,对于初一的孩子来说,还是有挑战的。第二天,几位同学过来复命,邝岳驰同学张口就来:"各位观众!各位观众!大家好!我是奂山电视台的记者,现在由我为大家播报这个奇特的自然现象,我就在酒楼的上面……"播报结束后,戏精上身,又给自己加词:"请大家不要走开,稍作休息,广告之后马上回来!"听了他的播报,我们个个都忍俊不禁。

他有那么强的表现欲,何不充分发挥他的特长呢?于是,我又重新修改了设计,完成本课字词教学任务后,再让他以记者的身份,分别采访观看到这场"山市"的观众,同学们分别以客人、店家、商贩的角度作答,然后播放地理老师的视频,解释海市蜃楼的成因,最后让学生提笔给蒲松龄写信,告诉他山市是一种光的折射现象。

比赛的时候,上课氛围极好!当投影上出现地理老师的视频时,连评委都惊呆了!最后,这堂课被评为一等奖。当然,上面还有特等奖。《山市》后来编入小学教材,我再也没有上过此课了,这堂课并不是真正意义上的直播,只能说是一种模拟,给我后来的直播教学打下了基础。

(二)

2018 年学校为迎接区"高效课堂"的复评,安排我执教语文活动课《朗读者》,这是第一堂真正意义上的直播课。当时在"微吼"直播平台上,有 600 多位家长和同行围观了这场教学直播活动,影响较大。直播的起因很简单,就是吸取《变脸》的教训,上公开课时想为自己录像。后来了解到"微吼"平台既可以录

像,也可以直播,就干脆把这堂课变成了直播课。

直播完成得很顺利,和平时上课相比其实并无特殊之处,不过是借助信息技术把上课的场景推送出去。家长通过手机能够看到自己小孩上课的样子,所以他们的评价很高。后来又陆续直播了几次,发现还是有一些不足:1.课堂教学是开放的,带有不确定性,而直播课的基本流程是预先设计好的;2.直播的时候,师生精神高度紧张,老师不仅要关注学生,还要关注镜头和家长,没有更多的精力去发现和解决学生存在的问题。

所以,后来采用直播形式的主要是名著分享课。有一次直播的时候有很多家长送花,刷礼物,发弹幕,学生也会通过镜头和家长打招呼,看着大家开心的样子,一个想法逐渐在我心头形成:既然"微吼"平台有这么好的互动效果,可不可以邀请家长参与到我们的课堂,共同分享亲子阅读体验呢?

心动不如行动,我查看了名著分享会的安排,下周由六位同学分享:1.潘奕怀《一个人的朝圣》;2.王喆越《射雕英雄传》;3.伍雨茜《解忧杂货店》;4.张笑凡《人间失格》;5.张逸天《明朝那些事儿》;6.许欢睿《解忧杂货店》。于是,我在班群发了一则通知,询问下周名著分享的时候,有无问题需要孩子回答。家长们很积极,提供了很多的问题,考虑到直播的时长,最后将家长们的提问整理成 7个,打印出来后张贴在黑板上,让同学们做好准备:

1. 人要学会在遗憾中成长,《一个人的朝圣》这本书在这方面给了你哪些启示?(潘奕怀家长)

2. 假如让你为《一个人的朝圣》写一段 300 字左右的书评,你会从哪些方面进行阐述?(曾鸣家长)

3. 看金庸的武侠小说你学到了什么?假如你穿越到《射雕英雄传》里,你愿意化身谁?为什么?(王喆越家长)

4. 当你迷惑时,何以解忧?书中哪些语句能助你解忧?(伍雨茜家长)

5.《解忧杂货店》里如果没有那神奇的时间穿梭信箱,故事会是悲剧吗?你对眼见也不为实的误解如何处理?(李至家长)

6.《明朝那些事儿》属于正史还是野史?有何历史意义?(张逸天家长)

7. 如果你身边就有这么一个解忧杂货店,你会将什么困惑写成信投进杂货店?又会期待什么奇妙的事情发生?为什么?(曾鸣家长)

同学们看到家长提出的问题后,一下炸开了锅。这些问题紧扣名著,而且

还要结合自己的生活经历进行回答，真是太有挑战性了，特别是下周分享的六位同学，眉头紧锁，陷入了深思。看到他们的状态，我心中窃喜，这正是我需要的效果。我也和家长们一样，期待他们的表现。

（三）

这周的时间仿佛特别漫长，好不容易盼到星期三第三节，那是我们每周一次的名著分享课，雷打不动。我拿着三脚架提前进了教室，架好手机，点开镜头进入直播间，一堆学生围了过来，看着直播间问："天外是谁啊？""天外就是我！"学生一听乐了，上课铃响了，学生们纷纷回到了座位。

"上课！"他们大声说，"我爱语文，我爱孙老师！"我笑了，他们也笑了，我们大家都笑了，家长们陆陆续续进了直播间，直播正式开始了。第一位分享的是潘奕怀同学，前段时间他脚趾骨折，他早早地就站在了讲台上，我让他坐着分享，他坚持站着，拐杖就放在椅子旁边。

他为我们分享了蕾秋·乔伊斯的《一个人的朝圣》，他先从佛山市 50 公里的徒步活动聊起，请他的同桌叶睿明同学谈谈徒步的体验，然后指出 50 公里的徒步其实和朝圣有相同的地方，都是朝着一个目标不停地走下去。紧接着，他又投影出三组朝圣的照片，自然过渡到对《一个人的朝圣》介绍。介绍故事情节，感情真挚，讲到主人公要徒步把信送到老朋友的疗养院的时候，所有的人都沉浸在他的介绍中，当然也包括我。

"他儿子十二岁的时候溺水，按照常理，父亲肯定是不顾一切地冲过去，然而他却弯下腰，先去解鞋带，这个动作深深伤害了他的儿子，父子之间从此有了隔阂。"他娓娓道来，我们都静静地听他讲解。"最后，他用 85 天的时间走到了疗养院，见了朋友最后一面！"至此结束了对整个故事的介绍。

紧接着，他抛出了一个问题："朝圣的含义到底是什么呢？"谢皓晴同学如此回答："朝圣不仅是徒步，也是在徒步中走向新生，感受生活的过程！"潘奕怀很满意，他又继续补充："字面意思是朝拜圣像，多指教徒朝拜圣地的宗教活动。通常，它是一个人前往自己信仰的圣地或其他重要地点的旅程。许多宗教认为特定地方有灵性和重要性。它也用来比喻一项具有重大的道德或灵性意义的旅程或探寻！"同学们都很吃惊，没想到他的感悟如此深刻。他有点不好意思地告诉大家，这段话是从资料中查找的。

关于朝圣，他也有自己的理解，于是他饱含深情地读了起来："如果把人的一生比作一场朝圣之旅，的确，死亡确实是目的地，这段旅程也确实很累很辛

苦。但朝圣有一个要求：只要开始，就必须无违初心，一直走下去。朝圣的真正目的是在艰苦的旅途中，向神展示你坚定不移的内心，或在艰苦的路程中找到自己想要的答案，再或感受陌生人美好的帮助。"

他顿一顿，最后强调："我们现在的学习压力很大，有些人觉得自己付出了也没有收获，于是会有这样那样的不满。其实，所有的努力都会扎根，最后送给大家四个字：永不言败！"家长们隔着屏幕也能感受到他的真诚！最后，在同学们热烈的掌声中，我扶着他回到了座位。

在王喆越、伍雨茜分享完自己心仪的作品后，我把家长的问题展示出来，请同学们做出解答。其中王喆越同学的回答尤其精彩，她这样说道："金庸的武侠小说侧重家国情怀，古龙的小说侧重侠义精神。如果让我穿越到金庸的小说中，我最愿意做洪七公！首先，洪七公特别仗义；其次，他特别有管理智慧；另外，他还是一个美食家，收了黄蓉这样一个会做菜的弟子之后，他就能吃到更多美食！"教室里又是一片笑声和掌声。张笑凡和张逸天分享后，已经快要下课了，讨论完剩余的问题，下课铃就响了。许欢睿同学只能留到下周再和同学们分享，他略显失望，但没有办法，不能影响到下一堂课的教学。

这次尝试很成功，学生开心，家长满意，我们围绕共同的话题畅所欲言，充分领略文学的美妙，我用直播收到的打赏买了书籍奖励给孩子们，他们更开心了！后来，名著分享成了我们班的保留节目，本来规定每位同学五分钟，结果所有的人都会超时。以后的分享课就只能安排五位同学，还必须要提前上课。

（四）

春节之后"遇上"新冠，然后隔离在家上网课，每天都在直播，上课平台换成了腾讯教室，互动效果并不好！返校上课时已经5月初了，网课期间知识点落实不好，很多内容需要重上一遍，因为课时关系，上学期开展得很好的名著分享课也不得不停了下来，转眼就是6月了。

我准备上《在长江源头格拉丹冬》，这是一篇新选入教材的课文，记叙作者跟随摄制组在格拉丹冬游览的经历，描写了长江源头的壮美景色，抒写自己两天之内在不同地点的不同感受。我反复研读课文，如果以时间顺序引导学生研读课文未尝不可，但学生刚刚月测完，效果未必好。

看到课后有道练习题，要求引导学生观赏记录片《话说长江》或者《再说长江》，联想到作者是跟随摄制组去的，这篇课文可否采用电视纪录片的形式展开呢？我又搜索了一下其他老师关于本课的一些教育设计和课堂实录，发现真的

有老师采用这样的形式上课。于是,《在长江源头格拉丹冬》的课堂结构也就很清晰了:

1. 朗读课文,落实字词。

2. 默读课文,作者描绘了哪些画面? 请归纳。

3. 如果你是导演,要拍摄一部《话说格拉丹冬》的纪录片,你会选出哪些画面? 你拍摄的角度是怎样的? 你会配上怎样的解说词?

4. 你眼中的作者是个怎样的人?

上课时学生在草稿纸上默默完成第二个环节时,我在教室巡视,发现每个小组至少有两位同学对我布置的作业特别投入,于是下课前指定了小组长,9班的组长是:罗圣壹、何承敏、谢谦、王炜锋、谢乐天、张逸天、王喆越、曾鸣、潘奕怀、皇甫昕豫、李至、梁馨安、周芷明。10班的组长是:袁奕舒、郑洋祺、刘子著、陈心妍、邓粟尧、王佩瑶、李文杰、赵玥、肖瑞麟、林咏诗、陈雨果、梁曦雯。

我要求小组长收集每位组员的创意,每位组员至少要提供一个镜头的素材。小组长们很负责,这项作业实际上要求每位同学都要认真研读课文,小组长收集整理组员素材的过程,就是自学提升的过程。

下午第八节是自习课,我从办公室出来,彩霞满天,南风习习,这是个美好的下午。看到郑洋祺同学坐在走廊的辅导桌上,很认真地写着什么,我经过他身后时,看见了他桌子上面翻开的语文书,正是《在长江源头格拉丹东》那一课,他很投入地在写解说词,本想和他打个招呼,但看到他脖子上细细的汗珠,没有忍心打扰他。来到9班,看到谢乐天同学也在很认真地画着结构图,他们对待作业的态度真的感染了我,这一刻我觉得自己是个特别幸福的老师。

回到办公室,我重新梳理了上课的思路,然后召集这些小组长开会,向他们阐明上课的思路,并提出了具体的要求:所有的镜头必须以课文为依据,根据自己的理解,对素材进行裁剪,分享的时间为五分钟左右,形式可以多样。于是他们回去继续准备。

(五)

第二天,又是一个晴天,好天气,好心情。这天的课堂异彩纷呈。上课是一种相互促动的活动,同学们的分享深深地吸引了我。刚开始想用手机录下他们的精彩瞬间,后来发现这严重干扰了我上课,于是干脆把手机交给了同学。以

前总是对自己的教学用语不满意,这堂课上,他们精彩的表现点燃了我的激情,我从来没有觉得我的教学用语如此顺畅。下课后凭着回忆整理了同学们的发言,其实好多话说过就忘记了,可能有张冠李戴的地方。

学生展示片段节选:

王佩瑶:长江,浪花翻腾的江水涌动着华夏千年的文明。官场失意如杜甫,曾驻足江边眺望,慨叹"无边落木萧萧下,不尽长江滚滚来"之一望无边;仕途不顺如李之仪,曾携挚爱临江,抒发"日日思君不见君,共饮长江水"之脉脉深情;心高气傲如李白,曾与孟夫子江楼阔别,高歌"孤帆远影碧空尽,唯见长江天际流"之离愁别绪。今天,我们将拜访流过历史沧桑变迁、蹚过王朝兴衰更迭的滚滚长江的源头——格拉丹冬。

王炜锋:想象一下这人间烟火的跪拜图,在格拉丹冬这个人迹罕见的地方,如果我拍摄这个镜头的话,一定选择从人的角度拍摄,为什么呢?大家想,在四周的冰川白雪中,有多个人影跪拜在地上,虔诚行礼,一种严肃庄严的神秘感油然而生。在这万年寒川,白雪覆盖中依稀见到几个人影,他们跪在地上,虔诚行礼,好像在祈求着什么,接着他们起身,向冰川深处走去。

谢谦:此处有晶莹连绵的冰峰,平坦辽阔的冰河,天地间浩浩苍苍,一览无遗,让人不禁感叹造物主无所不能的创造力,静穆的晶莹和皓白,风不停地呼啸,冰河上的雪粒扫荡着,冰体奇形怪状,在太阳下熠熠生辉,光彩夺目,永恒的阳光与风的刻刀,漫不经心地雕琢着,冰体一点一点地改变了形态,变成自然力所能刻画成的最漂亮的模样。

郑洋祺:山下砾石滩中,冰开始融化,在坚冰之下多出了清澈的流水,虽细,虽缓,却是长江的源头。长江从此发源,一路向东,跨越三级阶梯,涌向大海,演出只属于长江的故事。格拉丹冬,在自然界中可能只是一座高山,一座雪山,但却不止步于雪山,这也是长江的平凡开局,是一条河,但不局限于只是一条河。

李文杰:宝剑锋从磨砺出,梅花香从苦寒来。长江造就中国,藏北造就长江。

肖瑞麟:砾石滩是冰雪中的奇观,它是远古留给格拉丹冬的标志,时间在此停留,它就默默见证格拉丹冬的岁月变迁。

何承敏:它一刻不停,从这座千山之巅,万水之源,开始演绎长江的故事。

我对学生的点评：

点评郑洋祺：感谢郑洋祺同学精彩的解说！从营地到冰川，从冰河到岩石，所有的画面都源自课本，郑洋祺同学的解说是对文章的再创作。这也许是冥冥之中的注定，突然想起郑洋祺同学是重庆人，长江的波涛早已深入他的血脉，他是长江之子啊！再次感谢他对母亲河的解说。

点评刘子著：感谢子著同学的用心，特别欣赏他对艺术的领悟能力和对镜头的把控能力。设计中处处体现着对比艺术，用人的渺小衬托山的伟岸，用冰原的荒芜衬托生命的蓬勃。节目的最后他设计了一个冰川消融的特写镜头，汩汩冰川融为浩浩长江，这一镜头的设置，恰恰呼应文章的标题：格拉丹冬，长江之源。

点评谢谦、王炜锋：如果说圣壹同学的分享是对节目的建构和思考，那么谢谦和炜锋同学分享的则是节目的文案和演绎了。他们分工合作，配合默契。一庄一谐，一张一弛，恰到好处。王炜锋设计了笑对牛粪的镜头，谢谦想到了作者骨折后依然坚持的情节。其实，这两个镜头正好诠释了生命的坚韧和伟大，坚韧和伟大是创造文明的必要条件，是否说明格拉丹冬既是长江之源，也是文明之源呢？

点评王佩瑶、邓粟尧：画面的选择，镜头的切换，文案的设计，自然而富有诗意。诗意的目光在探寻诗意的生活，诗意的火炬点燃诗意的人生。在两位同学的视野里，苍凉酷寒的长江源头，流过历史的沧桑巨变，蹚过王朝的兴衰更迭。心有多大，舞台就有多大，这里只是一方小小的讲台，却在两位同学的视野里，装进了整片青藏高原。

点评王喆越、温子洋：世界就是这么神奇，叫人很难解释。也许是巧合，郑洋祺、刘子著、王佩瑶，他们的家乡分别在四川，成都，武汉，都在长江边上，他们是从文化的角度在探寻格拉丹冬。冥冥之中，他们对这篇文章抱有敬畏之情。而子洋和喆越都在广东长大，子洋说他从未见过冰雪，所以，他们的设计里，子洋说要用双手感受冰川的温度，喆越要穿着大红的衣服在格拉丹冬跳舞，他们是在用好奇的目光探寻这片未知的世界。

《在长江源头格拉丹冬》是这段时间上得最顺的一篇课文，可以说有点出人意料，好得有点猝不及防。首先是我的设想吸引了学生，然后是学生的态度感染了我，师生双方不停地调整，不停地相互感染，才有了成功的课堂。

附：教学手记

《大雁归来》

受疫情的影响，从 2 月底到 5 月初，差不多上了十周的网课，师生双方都经历了从手足无措到驾轻就熟，从新奇兴奋到厌倦懈怠的过程。网课阶段上了差不多四个单元的新课，成功课例不多，糟糕课例不少。成功与否取决于师生互动的程度，回看之前的录像，《大雁归来》可以勉强归为成功课例。

《大雁归来》选自《沙乡年鉴》，是一篇有浓郁抒情色彩的科学观察笔记。文章既介绍了大雁的生活习性和特点，又抒发了作者的爱鸟情怀，"爱"字贯穿全文。因此了解大雁的生活习性，从诗化语言中体会作者的浓浓深情就是本文的教学重点了。

因为是线上教学，小组学习，朗读，讨论，归纳等教学活动都不好开展。我使用腾讯课堂上课，举手发言区只有 6 个位置，但是讨论区没有限制，可以畅所欲言。我教学时决定充分利用讨论区的功能，设置了三个环节，最大限度地开展师生互动，从教学效果来看还是不错。

1. 你能想出几句关于大雁的诗句或者成语？请打在讨论区。

2. 你能告诉我，这个句子在课本的第几页，第几自然段和第几行？请在讨论区抢答。

3. 请自选图片，模仿作者的语言风格，请在写好后发布在讨论区。

活动 1 很容易，关于大雁的诗歌不少，学生们很快就在讨论区打出了诗句，激发学习兴趣，导入新课的目的达到了。活动 2 选用的都是课本上的经典句子，目的在于引导学生快速熟悉课文，这实际上是抢答的形式，学生参与热情高涨，找到句子后，师生继续品读文章的诗化语言。活动 3 则是写作训练，进一步巩固课堂所学知识。至于大雁的生活习性、作者的写作目的，因为是网课形式，只能在导入新课后快速解决。写作训练效果好，每位同学都在讨论区完成了作业，一度刷屏，这在以前几乎是不可能的。

每位同学都参与到了教学活动，每位同学都顺利地完成了学习目标，这是我最满意的地方，下面精选了十二位同学的课堂练笔展示。

冷隽描绘类

大雁扇动着乌黑的翅膀，翘起雪一般的尾羽，悄悄地衔走了白皑皑的冬幕，不忘融化冰封的河流水洼，向铆足了劲冒尖的绿芽儿问好。他们忧郁而不孤寂，守序地站队呈"人"字形，扑棱扑棱，刚好踏着冬的韵脚，赶上春的开篇。春

至。大雁归来。

（学生：曾鸣）

大雁的身子就像一艘飞船，它的翅膀上下有节奏地闪动着，橘黄色的脚蹼挂在白白的羽毛肚子上，让人看了挪不开眼。大雁还那么守纪。它们的队形从来不会乱，大雁在前带头，小雁在中间，老雁在后面保护小雁，一直这样有序地飞。它们有时会飞成像"人"字的队形，有时会飞成像"一"字的队形，那整齐的队伍，你看了肯定会赞不绝口。

（学生：温子洋）

落叶满地，秋进入了煞尾阶段，空气中飘浮着明净、高远和悠远的气息，与澄静的湖水融为一体，与阔远的田野心神相合。群雁在霞光中抖擞着翅膀，悠然地从草地中飞起。它们排着"一"字飞上天空，像出征的战士，呼喊着，歌唱着，声音里充满了必胜的信念。

（学生：梁文炜）

大雁是一种恒温动物，所以受不了寒冷的侵袭，因此每到秋天的临尾与冬天的开端之际，大雁就会来一次集体的迁移，从它们的故乡西伯利亚起程，结成一队团结的队伍，离开这北方寒冷的地区，向温暖的南方振翅飞去。在长途飞行的旅途中，大雁的团队是很守纪律的，雁群里的每一只大雁整整齐齐地排成一列，有规律地向远方飞去，年长的大雁总是飞在最前边，它们用它们的飞行经验领导着一些飞行能力较弱的小雁们，让这些较弱的小雁们在这一次飞行的旅途当中，领会飞行的技巧和汲取飞行的经验，让它们成为下一代的引导者。

（学生：周楚轩）

融情于景类

一块黑色大岩石上，一只年轻而健壮的雄雁正眺望着远方海与天的交界处，眺望着它们将要去的乐园，尽管它看不到。它只能看到海面上弥漫着的薄雾，只能看到一次又一次涌来的浪花，只能看到天边被云雾遮蔽的朝阳微微泛红。现在，天云边，彩霞依旧，眺望着沉思：下一次再见时，便是春天。

（学生：陈铭超）

夕阳的余晖像画家的颜料一般洒满了天空，金色是这个时刻的代名词。枯藤下，一群大雁展翅而飞，一会儿排成一字形，一会儿排成人字形。夕阳西下，它们的影子时隐时现。谁又会想到马致远那传承千古的名句：枯藤老树昏鸦，小桥流水人家，古道西风瘦马，夕阳西下，断肠人在天涯。

（学生：古隽宇）

黄昏，暮色沉沉。天空在此时无限高远，仿佛一张无穷尽延伸的画，让人不禁好奇目之所能及的更远处究竟有些什么。忽然,在那个视线最终汇聚的焦点处跃出一个黑色的剪影;那一个剪影后,又整齐地跃出两个、三个……共同在空中排列出一撇一捺,正好是一个"人"字。天空期待已久的主角终于到来。黑色的人字缓慢而寂寥地划过天与地。"雁,可算把春捎来了。"人们这样感叹道。然而春还需要一个晚上换上盛装,于是她拜托雁把黑紫色洒向天空,夜色沉沉。

(学生:梁馨安)

天际,一个令人神往的地方。能畅游在天空中,让风放肆地掠过头发,穿过衣衫,流进体内;让空灵玄幻的蓝色天空离自己更近,体会那自由无往的感觉;让白云轻轻地抚摸自己,呼吸着仿若仙气的烟云。这些,都是多么令人惬意的事啊!他充满了自由,透出一种怡人的恬静,透出一种莫名的欢愉。

(学生:梁家麒)

情景交融类

大雁啊大雁!雁啊雁,雁群掠过,划破天际,用自己弱小的身躯证明自然的轮回;大雁啊大雁,雁啊雁,重重危险,茕茕孑立,用自己孤独的意志飞跃九万里的路程。我爱大雁,却无从知晓,从不迷茫的大雁时而流下伤心的泪!

(学生:潘奕怀)

又是一个黄昏,被云雾笼罩的朝阳微微泛红,将湛蓝的天空染成血红色,一弯明月挂在天上。在血红色的天空中,一群黑色的身影突然出现,给寂静的天空带来些许生机。大雁是那么的守纪,一会儿排成人字形,一会儿排成一字形,在天空中自由地翱翔。它们在霞光中抖擞着翅膀,似是永不怕累,义无反顾地向南飞去。它们拥着理想和信念,向着自己的目标努力地前进。

(学生:张梦瑶)

夕阳西下,一轮火红的赤日正缓缓落入地平线,一群正排成人字形的大雁,正在这血色的天空中井然有序地翱翔着,一旁孤独的枯树映衬着它们的身影,更显清冷孤寂,却何尝不是一份傲然挺立着的坚守。春天将至,大雁南飞,它们整齐的身姿如一幅静谧的画卷,给人们带来春和新生的希望。

(学生:谢沅芷)

金乌西坠,落日熔金。夕阳的余晖将半边天染成了橙红色,整个火红的世界仿佛只剩下静谧。在山顶处,有一棵正待复苏的老树。光秃秃的枝丫,充满了沧桑与孤寂。这时,一群排着人字形的大雁从余晖中慢慢飞来,整齐有序,叹为观止。它们给这静谧的世界带来了一丝热闹与生机。是啊,春天将至,它们冲破暖流的雾霭,去拥抱春天。这真是一幅意境深远的油画!

(学生:谢皓晴)

课堂剪影 »

《在长江源头格拉丹冬》上课剪影

潘奕怀同学分享阅读体验

学生心语 »

我为准备好有趣的PPT花费了许多心思，也曾对着镜子练习，哪怕我仍处于骨折康复期，但当我拄着拐杖站在讲台时，紧张充斥着我的身体，同学们突然响起的掌声给了我莫大的自信。我便开始讲述一个关于信念和坚持的故事。孙老师坐在学生当中和同学们一起认真聆听。我十分庆幸没有因为骨折错过这次机会，我懂得了如何更好地表达自我，也将自己的精神养料分享给了更多人。这堂课孙老师讲得不多，但每一个人都收获颇丰。

——潘奕怀（南海实验中学2018届学生）

身为一个武汉人，家乡就坐落在长江边上，学习《在长江源头格拉丹冬》这篇课文时，我的内心怀着深深的敬畏之情。有幸被孙老师选中进行课上汇报，给同学们当了一回"导游"，激动中又怀着一丝忐忑，对于画面的选择，镜头的切换，文案的设计，都十分慎重。沉浸在孙老师生动的教学中，我似乎感受到苍凉酷寒的长江源头，流过历史的沧桑巨变，踅过王朝的兴衰更迭；我仿佛驻足在长江边，穿越了历史，与杜甫、李白对话。三尺讲台，在孙老师的生动教学下，装进了整片青藏高原。

——王佩瑶（南海实验中学2018届学生）

我其实一直对自己的作文水准没有多少自信，宏哥一直用欣赏的目光看待我的习作，不论在我选了多么奇怪的主题时也鼓励我写下去，也正因如

此，我才能厚着脸皮动笔，最终也有了些许收获。宏哥上课也很不一样，比起单纯为我们讲述知识，他更希望我们能主动爱上语文，比如直播，比如上课讲故事，那次学习《昆明的雨》，居然让讨厌吃蘑菇的我对蘑菇产生了兴趣（笑）～

——张笑凡（南海实验中学2018届学生）

第三记　让我们大声朗读

一年之计在于春,春天是个美好的时节,在这个季节里发生了很多美好的事情,至今让人记忆犹新。2016 年 3 月 25 日上午,我在学校上了一节《雷电颂》,多年后,这堂课还在被人提起。很可惜,这堂课有偶然性,天时,地利,人和,完全没有办法复制。

这又是一堂比赛课,六年前,我和小黄老师代表语文科组参加了学校的青年教师教学技能比赛;六年后,学校举办中高级教师示范课竞赛,又是我和小黄老师代表语文科组参赛,时光荏苒,当年的青年已然步入了中年。

(一)

2015 年在中山大学集中培训时,通过龚雄飞老师的点拨,我在教学上有种豁然开朗的感觉,上课的时候没有特别多的顾虑,在把握教学目标的前提下,我的课堂我做主,讲自己喜欢的内容,讲自己擅长的内容,同时,大量观摩其他老师的课堂实录,广采博收,学生喜欢上我的课,我也有成就感。

3 月中旬接到比赛任务,我没有作过多推辞,就开始备课了,那时正好学到第二单元,这一单元有《雪》《海燕》《雷电颂》《浪之歌》《雨之歌》。《雷电颂》是话剧,我有点戏曲情结,所以毫不犹豫地选了《雷电颂》。《雷电颂》节选自郭沫若先生的《屈原》,《屈原》是优秀的话剧作品,这毋庸置疑。我一直认为《雷电颂》并不适合舞台演出,它是特定历史背景下的产物。

首先,《雷电颂》由大段大段的独白构成。把这些台词一字不漏地背下来,对演员而言,就是一个巨大的考验;其次,这些独白需要投入充沛的感情,让演员一个人站在台上激情澎湃地表演十五分钟,太考验演员的基本功了;最后,让观众坐在台下欣赏演员的独白而不走神,这太难了。所以,中华人民共和国成立后,话剧舞台上演出场次最多的是《茶馆》,全本《屈原》鲜见演出。所以,我认为《雷电颂》更适合朗诵,而不适合演出。

培养学生的朗读能力是本单元的教学重点。这段时间的教学也是围绕如何朗读展开的,《雷电颂》的教学设计也就以"读"贯穿整个课堂了。我将整堂课

设计为"听读""导读""引读""演读"四个环节。"听读"环节放录音,学生思考问题:听了朗诵,你心情如何? 你脑海中出现了怎样的画面? 旨在让学生明白声音可以传递感情塑造形象。"导读"环节主要讲述朗诵的技法,如何把握语速和语音等等。"引读"环节则先提问:舞台上的屈原应该是怎样的形象? 如果你是导演,该如何设置舞台背景? 旨在引导学生归纳人物形象及其主题思想。然后播放电视剧《周恩来在重庆》中的一个小片段,正好是周总理观看话剧《屈原》的一个片段,可以和同学们的问题相互印证。最后的"演读"环节则是同学们分小组表演读了。

其实,从教学设计来看,围绕一个"读"字,教学环节层层铺垫,最后把高潮掀起,还是带有很重的戏曲表演的印记。教学设计完成后,按照惯例要开始磨课了,课的重点应该是"演读"环节,学生读得精彩,课也就精彩了。这一点我倒不担心,从七年级开始,我就有意无意地训练他们的朗读,没有琅琅书声的课堂,总是有点欠缺的。这也是当年我初上讲台时,指导老师对我的忠告。我主要是担心学生怯场,如何在上课的时候让他们正常发挥朗读水平是我磨课的重点,关于这个问题,我反复思考,最终还是选择在班上试教一次。

(二)

这次赛课的教学设计简洁明了,试课的时候没有邀请其他老师观摩,主要想看看"演读"的效果。为了保持上课的新鲜感,我磨课的时候重新改了教学环节,从字词教学、语言鉴赏开始学习,保留了"演读"的环节:四人小组,选择你喜欢的段落,或齐读,或轮读,看看哪个小组最出彩。

他们的演读很精彩,形式多样,《雷电颂》本来就是剧本,郭老的语言如同诗歌一样,读起来是那样的震撼人心。课上完了,我讲了公开课的事情,并告诉他们会录像,他们紧张中有点兴奋,甚至还有点期待。看到他们的状态,我心里踏实了很多。晚自习前,很多同学分小组在练习朗诵,校园里到处是"风,你咆哮吧! 咆哮吧! 尽力地咆哮吧!""光明啊! 我景仰你,我景仰你"的朗诵声,大家都似乎沉醉在《雷电颂》里。

晚上,学校主管教学的领导告诉我,说阳山县有个教师代表团明天要来学校参观学习,想要听一节课,学校安排他们观摩我的《雷电颂》。代表团有一百多人,教室里坐不了,我只能选择去综合电教室上课。综合电教室只坐一个班的学生,略显空旷,我和管理电教设备的老师商量了一下,增加了四个话筒,这样朗读的效果会好很多。

第二天是周五,也是我正式上课的时间,学生排队来到了综合电教室,大家按照顺序坐好,这时候阳山县听课的老师们从后门进来了,一百多人的队伍是学生的两倍,加上评委和学校的领导,黑压压的坐了一大片,学生有点小紧张。我告诉他们这是前来观摩的老师,是来看宏哥的,不是看你们的,他们笑了,也就释然了。

上课铃声打响了,我们开始上课。上课环节和昨天试教完全不同,他们依然保持着浓厚的兴趣,教学环节依次推进,学生已经完全进入状态,我播放《周恩来在重庆》的片段后,张邦健同学很不解地问道:这么好的作品,国民党当局为什么要禁演呢?这个问题提得真好,于是引出了郭沫若创作《屈原》的历史背景。我告诉学生《雷电颂》是以古讽今的作品,诞生在"皖南事变"之后,因为反对妥协投降,主张坚持抗日,所以遭到了国民党当局的禁演,但是在周总理的努力下,该剧还是如期上演,学生听了恍然大悟。

紧接着,我的教学自然过渡到"演读"环节。"演读"的时候出了一点小意外,昨天在教室试教,演读的形式多样,今天在电教室上课,座位相对固定,他们昨晚训练的形式没有办法展开,于是全部采用了齐读的形式。好在平时朗读训练扎实,加之电教室音响设备好,朗读的效果要比在教室好很多。

今天读书和昨天不同,昨天试教是哪个小组举手就安排哪个小组朗读,今天上课,我站在过道里递话筒,轮到哪个小组,哪个小组就开始读书,全班有十三个小组,每个小组选了一节读书,感情充沛,声音洪亮。是不是所有的小组都有演读,我记不清了,只记得我总结完后,下课铃准时响起。

课上完后,科组长很兴奋地发了一则朋友圈:中高级教师竞赛课,孙宏老师的课《雷电颂》精彩震撼,智慧如泉,惊喜不断。并配了上课照片,保留了上课资料。后来评委反馈意见如下:1. 课堂学习环节设计流畅,步步深入,教师自然地把学生导入课文的意境中,让学生在"读、说、悟"中水到渠成地理解了文章的主旨。2. 是一节"以教师为主导,学生为主体"理念下,学生"自主、合作、探究"学习的精品课。学生思维积极,主动发言;教师尊重学生,巧抓时机,因势利导,激发智慧的生成。3. 针对文体特点,设计以诵读为主的学习活动,课堂气氛活泼有序,师生、生生思想交流在教学活动中渐入佳境。

《雷电颂》后来被评为特等奖的第一名,这的确是一堂精品课,学校的录像容量过大,很难下载,后来我召集学生重新录制朗读视频,却再也出不来当时的效果了,只得作罢,这是一堂无法复制的课。《雷电颂》能够这么精彩,有必然也有偶然,必然是因为我在教学中重视朗读教学,经过两年的训练,学生具备了一定的功底;偶然是因为有赛课、观摩、设备、氛围这些因素的叠加。这些条件后

来不再具备,所以课的效果也就出不来了。

这堂课从准备到竞赛,应该说没有刻意准备,上课的幻灯片也仅仅只有五张,很多问题是随堂生成的,课上得自然流畅,虽然只有四十分钟的上课时间,但是朗读训练的时间长达两年。阳山县观摩的老师们很震撼,一个班的朗读水平居然这么齐整,他们一个学校也未必能凑齐这么多人。

其实,也只有用自己的学生,我才如此上课,这堂课才能够有如此效果,我想,和教学设计没有多大关系,毕竟功夫在平时,不过是学生朗诵水平的一次集中展示而已。

(三)

2017 年年底,学校为迎接区里高效课堂的复评工作,要求每个科组提供一些优质课参加复评。每个科组都有公开课的任务,当年中央电视台的一栏节目《朗读者》很火,联系到两个班的学情,我想借着《朗读者》的热度,做一次朗读活动课。

新版七年级上册语文教材,按照大纲要求,"读"占有很大的比重。例如:第一单元要求我们重视朗读课文,领略景物之美;第二单元要求继续重视朗读,把握感情基调;第三、四、五单元要求默读,注重信息提取;第六单元学习快速阅读,提高阅读速度。我遵照大纲要求,在平时教学中注重指导学生进行朗读训练,因为没有书声的语文课堂是可怕的。

面对这一届学生,我平时教学时,进行过多种形式的朗读训练。如《春》《济南的冬天》《雨的四季》上课时采用过小组轮读的形式;《散文诗二首》《纪念白求恩》采用过领读的形式;《论语十二章》《古代诗歌四首》采用过背读的形式等等。在这些朗读活动中,学生不仅提升了朗读水平,还能领略到语言文字之美,一些有朗读天赋的学生也在活动中脱颖而出。

我的朗读水平不高,在教学中基本不范读,对学生的朗读指导主要借助多媒体的视听素材。现在信息技术发达,网络上有大量制作精美的课文朗读素材,这些课文朗读视频都是由名家范读,传媒公司精心制作,画面精美,音效一流。每篇课文,我都会为同学们播放该课文的朗读视频。"法乎其上,得乎其中",他们长期接受高水平朗读的熏陶,三个月下来,同学们的朗读水平有了很大的提升。

《朗读者》的教学活动该如何展示呢?按照平时上课朗读课文的形式肯定不行,形式必须活泼多样,要在四十分钟之内,尽可能让更多的同学展示朗读的

功底,这样才符合高效课堂的要求,如果能把课堂设计为一台近似于朗读表演的小节目就再好不过了。

有了这个想法后,开始设计教学环节。反复构思后,《朗读者》由"飞花令""古诗背读""散文品读""文言文诵读""童话演读""哲文领读""古文唱读"七个朗读活动组成。"飞花令"是这堂课的引子,学生抢背古诗,考察学生的积累的同时,也起到消除学生紧张情绪,活跃课堂气氛作用。

"古诗背读"环节展示的是学生背诵《峨眉山月歌》《潼关》《观沧海》的水平,《峨眉山月歌》温婉,《潼关》激扬,《观沧海》慷慨磅礴。三首诗歌在情感和语调上层层递进。从课堂的结构艺术而言,"古诗背读"张力十足,那么"散文品读"就应该松弛一下,这一环节选了《春》《雨的四季》《秋天的怀念》《济南的冬天》片段,请四位女同学配乐品读。接下来的"文言诵读"是由四位男同学完成的,主要采用小组轮读和齐读的方式进行。男生温润,文言文典雅,两者风格相得益彰,让他们诵读《论语》六章和《诫子书》最好不过了。

接下来的"童话演读"应该是这堂课的一大亮点,想把《皇帝的新装》排成课本剧展示出来。"哲文领读"进一步将课堂气氛推向高潮,想把《走一步,再走一步》《再塑生命的人》《散步》《纪念白求恩》中的哲理段落整理出来进行诵读。语文课不仅要学习语言文学艺术,还必须在经典文章中汲取生活哲理。这些哲理对学生而言,确有铭记的必要。在这个环节中,考虑由两位朗读水平最好的同学带领全班同学齐读。最后,"给文字插上音乐的翅膀",全班同学齐唱歌曲《诫子书》,让语文活动课《朗读者》在歌声中结束。

(四)

学生的朗读水平我不用担心,这些教学环节源自平时的教学实践,他们的水平我心中有底,剩下的事情主要是把控上课的时间和节奏,上课的时间只有四十分钟,诵读材料的取舍就很重要了。"散文品读"和"哲文领读"的材料要重新裁剪,"童话演读"的剧本需要重新编排。下课后,我召集了几位小组长,给他们分配好任务,并提出了具体的要求,让他们自己去设计朗读,裁剪素材,告诉他们每个环节朗读的大致时长,让他们自己去准备。最后和学校电视台的老师联系,让这段时间午休起床后,都播放歌曲《诫子书》,让学生熟悉这首歌的旋律。

一切安排明白后,我翻开学生的随笔本开始批改随笔,诸隽楷的随笔《快板声声伴我行》吸引了我,随笔娓娓道来,讲述他学快板、表演快板的心路历程,他对快板艺术有着深厚的感情。突然想起江苏省京剧院的《骆驼祥子》就是用大鼓串场,课本剧《皇帝的新装》可否和快板艺术结合起来呢? 我来到教室,找到了隽楷,把我的想法告诉他。他对我的提议也很感兴趣,决定周末回家试一试,看看如何改编。

《论语十二章》这次表演只诵读其中六章,之前上课有现成的伴奏音乐,直接拿过来用就是了。"散文品读"是四篇课文名段的合集,我让四位同学把选好的材料读了一遍,算了时长,请任大伟老师帮我配一下朗读音乐。任老师特别用心,制作了"春夏秋冬"的视频背景,特别精美。试教是在 15 班进行的,效果特别好,诸隽楷重新编了快板词,把快板和《皇帝的新装》结合起来,为整堂课增色不少。磨课的老师建议在 16 班正式上课的时候,也要他过去表演。

学生的表现的确优秀,抱着让家长见证孩子们成长的想法,我又产生了课堂直播的念头,后来在邓铭心老师的指导下,利用"微吼"平台直播。直播很顺利,共有六百多位朋友参与了本次活动。用领导的话说直播就是不断尝试,不断突破,不断创新,不断提升的过程!

上完课后,我和评委交流,评委对直播的形式评价很高,对学生的朗读水平也很认可。评委告诉我,他们学校也有读书节,其中也有朗诵的形式,他们排练了很长时间。《朗读者》从策划到排练,从调试到播出虽然只有五天的时间,但是因为这些朗诵的形式,我平时上课的时候一直坚持在做,算下来,花的时间其实也不少,还是那句话:功夫在平时。

《朗读者》直播结束后,反响强烈,有很多朋友在直播平台下面留言:

> 不一样的教学方式,带来不一样的震撼,真棒! ——谢洪康嘉腾机器人
>
> 魅力名师,精彩课堂,成就优秀学子! ——锦上添花
>
> 非常精彩,从未有感受过的课堂! ——黄圣亮
>
> 我也要上这种语文课! ——v22787013
>
> 儿子班上的语文课直播,真是与时俱进,潮流不潮流? ——王禹博家长

留言的家长还很多,因为坐在办公室里也能同步看到自己孩子在课堂上的表现,家长们表现出极大热情。这是一次有益的尝试,对于我的课堂教学而言,也多了一种思路和形式,

家长们关注的是直播,我关注的是朗读。语文教学,朗读是非常重要的一

种教学形式。学生们不太大的时候,他们曾经大声朗读过,他们长大后,却因为害羞而不敢大声朗读。初中语文课堂,就是要唤醒他们的朗读记忆。

叶圣陶先生说:"吟咏的时候,对于探究所得的不仅理智地理解,而且亲切地体会,不知不觉之间,内容与理法化而为读者自己的东西了,这是最可贵的一种境界。"所以,朗读是培养语感的有效方式,而语感是语言学习的最高境界。

附:教学设计

《朗读者》

佛山市南海实验中学　孙　宏

一、教学目标

1.通过多种形式的朗读,展示学生的朗读水平。

2.通过直播的形式,进一步激发学生的朗读热情。

二、教学准备

1.指导学生裁剪朗读素材,改编演读作品。

2.调试直播设备收集反馈,调整教学设计。

三、课时安排

1课时

四、教学步骤

1.新课导入:

让我们齐读课题,能解释这三个字吗? 央视主持董卿是这样解释的,朗读者就是朗读的人,朗读是传播文字,而人则是展示生命,将值得尊重的生命和值得关注的文字完美结合的人,就是我们的朗读者。今天,让我们亲近文字,大声朗读!

2.飞花令

"春城无处不飞花,寒食东风御柳斜"这两句诗就是"飞花令"典故的出处,飞花令源自古人的诗词之趣,这个游戏是建立在大量积累古典诗歌的基础之上的,今天,我们也来玩玩这个游戏吧! 游戏的规则是两大组的同学依次抢答,背出含有"春"字的诗句,重复不算,坚持到最后的小组将获得胜利。

3.古诗背读

大家都玩得很开心,应该说古典诗歌是我们民族优秀的文化遗产,我们得意时会用"会当凌绝顶,一览众山小"来激励自己,失意时会用"仰天大笑出门去,我辈岂是蓬蒿人"来安慰自己,热恋中的情侣会说:"在天愿作比翼鸟,在地

愿为连理枝",失恋的人也会说"天涯何处无芳草"来振奋自己。诗歌是情感的载体,也是抒情的方式,因而诵读诗歌,情感是放在第一位的,让我们饱含情感,背读这三首古诗吧!

峨眉山月歌

李　白

峨眉山月半轮秋,影入平羌江水流。

夜发清溪向三峡,思君不见下渝州。

潼　关

谭嗣同

终古高云簇此城,秋风吹散马蹄声。

河流大野犹嫌束,山入潼关不解平。

观沧海

曹　操

东临碣石,以观沧海。

水何澹澹,山岛竦峙。

树木丛生,百草丰茂。

秋风萧瑟,洪波涌起。

日月之行,若出其中。

星汉灿烂,若出其里。

幸甚至哉,歌以咏志。

4. 散文品读

《峨眉山月歌》温婉,《潼关》激荡,《观沧海》振奋,采用什么样的声调朗读,是由诗歌的内容决定的。如果说诗歌是歌唱的语言,那么,散文就是精致的讲话。很多散文文辞优美,意境深邃,同样具备诗歌的神韵和风姿。春风夏雨,秋霜冬雪,四时景物美不胜收。我们的课文里有很多美文,下面请四位同学为我们带来美文赏读《春·夏·秋·冬》

春:

盼望着,盼望着,东风来了,春天的脚步近了。一切都像刚睡醒的样子,欣欣然张开了眼。山朗润起来了,水涨起来了,太阳的脸红起来了。小草偷偷地从土里钻出来,嫩嫩的,绿绿的。园子里,田野里,瞧去,一大片一大片满的。坐着,躺着,打两个滚,踢几脚球,赛几趟跑,捉几回迷藏。风轻悄悄的,草软绵绵的。

(朱自清《春》)

夏：

夏天的雨也有夏天的性格，热烈而又粗犷。天上聚集几朵乌云，有时连一点雷的预告也没有，当你还来不及思索，豆粒的雨点就打来了。可这时雨也并不可怕，因为你浑身的毛孔都热得张开了嘴，巴望着那清凉的甘露。打伞，戴斗笠，固然能保持住身上的干净，可光头浇，洗个雨澡却更有滋味，只是淋湿的头发、额头、睫毛滴着水，挡着眼睛的视线，耳朵也有些痒酥酥的。这时，你会更喜欢一切。如果说，春雨给大地披上美丽的衣裳，而经过几场夏天的透雨的浇灌，大地就以自己的丰满而展示它全部的诱惑了。

（刘湛秋《雨的四季》）

秋：

邻居的小伙子背着我去看她的时候，她正艰难地呼吸着，像她那一生艰难的生活。别人告诉我，她昏迷前的最后一句话是："我那个有病的儿子和我那个还未成年的女儿……"

又是秋天，妹妹推我去北海看了菊花。黄色的花淡雅、白色的花高洁、紫红色的花热烈而深沉，泼泼洒洒，秋风中正开得烂漫。我懂得母亲没有说完的话。妹妹也懂。我俩在一块儿，要好好儿活……

（史铁生《秋天的怀念》）

冬：

最妙的是下点小雪呀。看吧，山上的矮松越发的青黑，树尖上顶着一髻儿白花，好像日本看护妇。山尖全白了，给蓝天镶上一道银边。山坡上，有的地方雪厚点，有的地方草色还露着，这样，一道儿白，一道儿暗黄，给山们穿上一件带水纹的花衣；看着看着，这件花衣好像被风儿吹动，叫你希望看见一点更美的山的肌肤。等到快日落的时候，微黄的阳光斜射在山腰上，那点薄雪好像忽然害了羞，微微露出点粉色。就是下小雪吧，济南是受不住大雪的，那些小山太秀气！

（老舍《济南的冬天》）

小结：

情不知所起，一往而深。这是明代的大文学家汤显祖在《牡丹亭》中对情的看法。四位同学在朗读的时候，分享了她们对文章的认识，无疑只有理解了内容，我们的朗读才有生命，只有走进作者，我们才能和文本产生共鸣，也只有先沉醉其中，才能感染听众，这四位同学做到了，掌声送给她们。

5.古文诵读

欣赏完了女同学的分享，现在轮到男生了，《诗经》中对男生的评价是这样的："有匪君子，如切如磋，如琢如磨"，也就是说我们的男生应该是风度翩翩，温

润如玉的。男同学温润,文言文典雅,两者的风格是相似的。所以,老师把文言文诵读的任务交给了男生。学习古文不仅仅是文化的传承,还是一种欣赏,一种审美,它带有一种天然的韵律,读起来朗朗上口。请大家欣赏四位同学带来的古文诵读。

《论语》六章

子曰:"学而时习之,不亦说乎? 有朋自远方来,不亦乐乎? 人不知而不愠,不亦君子乎?"——《学而》

曾子曰:"吾日三省吾身:为人谋而不忠乎? 与朋友交而不信乎? 传不习乎?"——《学而》

子曰:"吾十有五而志于学,三十而立,四十而不惑,五十而知天命,六十而耳顺,七十而从心所欲,不逾矩。"——《为政》

子曰:"温故而知新,可以为师矣。"——《为政》

子曰:"学而不思则罔,思而不学则殆。"——《为政》

子曰:"贤哉,回也! 一箪食,一瓢饮,在陋巷,人不堪其忧,回也不改其乐。贤哉,回也!"——《雍也》

6. 童话演读

感谢男同学带来的小组诵读,要特别感谢杨涛闻同学,他是这个节目的策划者,在周末付出了很大的精力。我们说语言不仅是工具,还是艺术,它是有生命的,不仅可以读,还可以演,无论是相声,快板,还是话剧,都是用语言来塑造形象的。《皇帝的新装》是第六单元的一篇课文,区翔昊同学利用周末的时间把它重新编排了,为了增加艺术效果,我们还特地请了15班的诸隽楷同学助阵演出,掌声有请!

课本剧表演:《皇帝的新装》

7. 哲文领读

感谢精彩的演出,《皇帝的新装》告诫我们不要爱慕虚荣,不然会适得其反。其实学习语文不仅是学习知识,还是学习做人,课文中有很多经典段落,饱含哲理,至今让我们受益匪浅。《走一步,再走一步》教会我们如何面对困难,《再塑生命的人》教会我们珍惜光明,《散步》明确责任,《纪念白求恩》则告诉我们什么是奉献。下面,有请文皓、李由来进行领读!

《走一步,再走一步》(莫顿·亨特)

此后,我生命中有很多时刻,面对一个遥不可及的目标,或者一个令人畏惧

的情境,当我感到惊慌失措时,我都能够轻松应对——因为我回想起了很久以前悬崖上的那一课。我提醒自己不要看下面遥远的岩石,而是注意相对轻松、容易的第一小步,迈出一小步,再一小步,就这样体会每一步带来的成就感,直到达成了自己的目标。这个时候,再回头看,就会对自己走过的这段漫漫长路感到惊讶和骄傲。

《再塑生命的人》(海伦·凯勒)

朋友,你可曾在茫茫大雾中航行过?在雾中神情紧张地驾驶着一条大船,小心翼翼地缓慢地向对岸驶去,你的心怦怦直跳,唯恐意外发生。在未受教育之前,我正像大雾中的航船,既没有指南针也没有探测仪,无从知道海港已经临近。我心里无声地呼喊着:"光明!光明!快给我光明!"恰恰在此时,爱的光明照到了我的身上。

《纪念白求恩》(毛泽东)

现在大家纪念他,可见他的精神感人之深。我们大家要学习他毫无自私自利之心的精神。从这点出发,就可以变为大有利于人民的人。一个人能力有大小,但只要有这点精神,就是一个高尚的人,一个纯粹的人,一个有道德的人,一个脱离了低级趣味的人,一个有益于人民的人。

8.给文字插上音乐的翅膀

语文是一种美丽,是一种雅趣,是一种气度,是一种法宝。生活多么丰富,语文就多么丰富,世界多么精彩,语文就多么精彩。给文字插上音乐的翅膀,让我们放声歌唱吧!有请许赫。

齐唱:《诫子书》

岁月悠悠越千年,诸葛古训代代传。

今日重温诫子书,修身立德效圣贤,效圣贤。

君子之行牢记在心,静以修身俭以养德。

君子之行,牢记在心,淡泊明志,宁静致远,宁静致远。

非淡泊无以明志,非宁静无以致远。

哎啰啰　哎啰啰　哎啰啰　哎啰啰

非宁静无以致远,

君子之行牢记在心,学须静也,才须学也。

君子之行牢记在心,学以广才,志以成学,志以成学。

非学无以广才,非志无以成学。

哎啰啰　哎啰啰　哎啰啰　哎啰啰

非志无以成学,

君子之行牢记在心，年与时驰，意与日去。

君子之行牢记在心，悲守穷庐，将复何及，将复何及。

淫慢不能励精，险躁不能治性。

哎啰啰　哎啰啰　哎啰啰　哎啰啰

险躁不能治性，

君子之行牢记在心，静以修身俭以养德。

君子之行牢记在心，淡泊明志，宁静致远，宁静致远，宁静致远。

课堂剪影　　》

小组诵读《雷电颂》

诸隽楷表演快板

学生心语　　》

初二的时候，我们上了《雷电颂》的公开课，当时有电视台的人在录像，大家一开始都很紧张，在录制的过程中有些不自然，孙老师随和幽默，丰富有趣的课堂内容让大家逐渐放松。在课堂上我们分小组朗诵，为了表演出屈原的精神，大家全神贯注，积极投入，一组比一组的表演精彩，得到了孙老师极高的赞扬，让我们真正感受了朗诵的魅力。如今已经过去六年，那节课的内容我都还记忆犹新，是十分轻松愉快且收获良多的学习过程！

——周林威（南海实验中学2014届学生）

《朗读者》让我记忆犹新。我们的小组的任务是演绎童话故事《皇帝的新装》。经过讨论，我决定发挥所长，先以一段快板表演作为开场，引出下面的情景剧。我们的表演时间十分有限，留给快板部分的时间更是少之又少，而网上现成的快板书文本都十分长。最初我想直接对这些文本进行压缩删

减，但我发现无论怎么改都无法合辙押韵。最终我决定自己先写出故事的梗概，提取出关键人物，把握人物的形象特点，再参考网上现有快板书文本的韵律，自己编词。最后上课，快板表演很精彩，隔壁班上课也邀请了我去表演。

——诸隽楷（南海实验中学2017届学生）

七年级的时候参加了《朗读者》的朗诵。不同于以往的朗读体验，在孙老师的活动课中，"感受"这一常被语言学习者忽略的维度被提上了课程。还记得孙老师为我们播放精心挑选的名家朗诵片段，并借此培养我们朗诵的语感，纠正我们的发音；还有配乐朗诵，第一次让我感受到了古诗的音乐性——我还有幸当选了古文小组的负责人，课前准备朗诵节目的经历很好地锻炼了我的临场能力，当然还有比较轻松愉快的环节——童话故事表演，结课的时候全班同学齐唱《诫子书》，总的来说《朗读者》是我印象尤其深刻的一节课。

——杨涛闻（南海实验中学2017届学生）

第四记　谁的眼泪在飞

多年前看到过一则新闻，大雪飘飞的日子，湖北省天门市花鼓剧院的演员衣衫单薄地在草台上演出，台下是举着伞看戏的观众。后来机缘巧合，我遇到了天门花鼓剧院的李明星老师，傻傻地问她："下雪在台上演出不冷？"李老师这样回答我："下雪演戏当然辛苦，但是观众看我笑而笑，看我哭而哭，他们的情绪被我的表演而感染，一直沉浸在剧情里面，我觉得是一件很幸福的事情！"

演员能够感染观众，这是一场成功的演出，老师上课能够感染学生，同歌同哭，也是成功的。刚入职时，曾经观摩过周汉云老师的《天上的街市》，课上到最后，情难自已，师生都是泪眼婆娑。后来我执教的时候，也有那么几次泪洒讲台，这些课的共同特点都是情到深处，所幸当时留有教学手记，今天还能够回顾这些打动人心的课堂。

（一）

2021 年 12 月 30 日，寒潮袭来，天寒地冻。因为街道绿检的原因，每天加了一节语文课，好久没有和孩子们分享随笔了，决定今天花一点时间和他们分享一下上周的随笔。上周课代表问我，随笔写什么题目。想到冬天越来越冷，随手在黑板上写了一行字"又是一年寒风起"，告诉他们以此作为写作话题。

这些年我一直坚持每周让孩子们写一篇随笔，希望他们观察生活，记录生活，畅所欲言，抒发自己的真情实感。随笔和应试作文有交叉的地方，但更多的是展示自己的个性。当然随笔也不是让孩子们随便写，如果不给个话题或者范围，他们反而无所适从。前段时间给的话题是"我想拜孔子""餐桌前的谈话""放学路上"等等，佳作迭出。最近因为教学任务繁重，一直没有时间和他们聊聊这些话题。

我抱着一沓随笔本走进教室，王凯悦看见了很兴奋，一脸惊喜地向我求证是否要读随笔，得到肯定答复后，高兴地叫了起来。看得出分享同学们的随笔，他们期待已久。王凯悦是语文科代表，酷爱阅读和写作。本周选了邓兆斌、刘思琪和刘一川三位同学的作品，文章反映的是他们的生活，涉及个人隐私。所

以昨晚征得他们的同意，今天就要和同学们分享了。

上课铃声响了，因为是大课间，教室里还有点吵闹，有几个同学咬着吸管喝牛奶，发出"吱吱"的声音。我清了一下嗓子问他们，"知道我在小学是如何管理纪律的吗？"因为这学期我每周四下午去小学部上半天的写作课。他们一脸诧异地看着我，我笑了笑，接着说道："每次只要我说'请安静'，小学生们就会异口同声说'我安静！'。"我说"请坐好"，16班的孩子们很可爱，他们居然学着小学生回应"我坐好！"，果然坐得很端正，教室里马上安静下来。

我拿起随笔本，告诉他们这是邓兆斌同学的随笔，教室里掌声特别热烈。我懂得掌声的含义，这是对他的鼓励和认可。邓兆斌是个特别文静的孩子，这个学期都快结束了，我和他基本没有发生过交集。他性格特别内向，基本上不会主动问我问题，我想趁着这个机会，读读他的文章，表示老师很关注他。他的随笔题目是"天冷了，我想喝一杯姜茶"。文章前两天在"宏文馆"发了，写得很好。文中写道，因为讨厌生姜的味道，所以拒绝喝妈妈煮的姜茶，结果真的感冒了，晚上妈妈又煮了姜茶，加了红糖，他一饮而尽。因为有了爱的味道，姜茶并不难喝。他现在上了初中，在学校寄宿，每周回家一次。天冷了，他想喝姜茶，实际上说他想妈妈了。文章读完，同学们有点意犹未尽，还有同学开玩笑，说姜茶真好喝，我也要一碗。

接着，我又拿起了刘思琪同学的习作，我批阅她的随笔时就特别感动。思琪爸爸因为工作的原因要出国半年，这个周末是出国前的最后一次相聚，爸爸事无巨细，事事关心。思琪不想让爸爸担心，故作轻松。父女都把不舍深藏在心底，不想影响彼此的工作和学习。思琪的文章写了很多琐事，有吃饭，有辅导，有电话，有嘱托，有玩耍，当然也少不了寒风。想到哪里写到哪里，从技法上讲可以说是毫无章法。但父女之情却充溢整篇文章，力透纸背，这也是最打动人的地方。我刚读她的文章，思琪的眼圈已经红了，爸爸不在身边，她不用掩饰自己的情感。当我读到思琪晚修后打电话给妈妈，却是爸爸接电话时，她都有点泣不成声了。这会儿教室特别安静，同学们都有点伤感。

我简单点评了思琪的文章，我笑着对思琪说："你其实是个特别幸福的人，等我读了刘一川同学的随笔你就明白了！"

（二）

刘一川是我特别欣赏的一个孩子，从开学第一周开始，他的文笔和书写就给我留下了深刻的印象。作文课时也经常拿他的文章当作范文。当我要读他

的文章时，男生都笑着起哄，他也腼腆地笑着，可以看出同学们和他的关系是多么融洽。在我印象中，一川同学聪明，开朗，热情，帅气，整天都是开开心心的。

一川同学的随笔题目是"又是一年寒风起"，文章从起风了入笔，他想起了那个人，想起了那些话，想起了白板小火炉，想起了爸爸教他做数学，想起了爸爸给他解读《三国演义》，解释《诗经》，和他玩《举一反三》。想起爸爸为他解释《论语》，解释他名字的由来。讲爸爸工作跳槽，接着笔锋一转，他写道："再后来啊，在六年级暑假的时候，他突然被通知病危，我和妈妈急忙赶了过去。当天病情虽然稍有好转，但还是进了 ICU，说是心脏骤停。药也用了，钱也花了，可是大半个月后他还是走了。他走得好仓促，连遗言遗嘱都没有。"

昨天看到这里已然触目惊心，今天读到这里，想起他平时的笑脸，想到平淡语气背后的锥心之痛，我的感情再也无法控制，也不想控制，任泪水滚出眼眶。坐在第一排的余国东已经泣不成声，刘思琪又哭了起来，班上好多同学都在哭，一川同学没有哭。我继续哽咽着朗读他的文章，文章后面继续写道：哦！对了，《论语》里的"逝者如斯夫"中的"夫"，他读的第一声，我想纠正他，但永远没有机会了。窗外，又是一年寒风起；屋内，只剩下我一人。

我读完文章，教室里特别安静，紧接着，掌声如同暴风骤雨。女生拿着纸巾在擦眼睛，男生紧紧抿着嘴唇。这种情况，我总觉得说什么都是多余，但依然啰嗦了几句：读了刘一川的文章，我想起了史铁生，想起了海伦·凯勒，他们的身体是残疾的，但他们的灵魂是健康的，他们以残躯活出了自己的精彩人生。一川同学失去了父亲，但他比谁都坚强，我想这也是他父亲希望看到的样子。又是一年寒风起，触景生情，大家想家了，想父母了，那是因为父母给了我们最深沉的爱，我们更应该努力学习，健康成长，才无愧于父母的期望。又是一阵热烈的掌声。

这学期，孩子们写了很多优秀的作品，这些文章都是来自生活，我喜欢反复品读，喜欢他们敞开心扉的样子，喜欢他们在随笔本上恣意展示最真实的想法，他们写作时没有顾忌，想什么就写什么，写真事抒真情，这本是写作的初衷，但在写作训练中，成为一种奢求，应试作文附加了太多的东西，往往失去了写作的本真。所以我永远记得李佳儒在餐桌前的谈话，我记得黄晶莹笔下的父亲，忘不了王凯悦照顾妹妹时的啼笑皆非，更忘不了翁钊豪笔下让人垂涎欲滴的萝卜牛杂。

诚然这半年的教学工作繁重，所幸，这些孩子在我面前敞开心扉，笔下犹能有花开，让我在冗杂的工作中依然能够感受文学的光芒，在交流中享受教学的快乐。

（三）

这一次随笔评讲课我眼泪汪汪，师生相互感染；2019年2月22日的一堂语文课，则让家长们珠泪涟涟。那是一堂直播课，课题是《寒假生活剪影》，当时有四十多位家长现场参加了直播活动，直播结束后，又有五十多位家长收看了回放视频，后来我在"宏文馆"发了教学手记，也收到了不少留言。这是一堂语文活动课，也和孩子们的随笔有关。

开学了，同学们怀着兴奋和憧憬又回到了熟悉的环境，沉寂了一个寒假的校园霎时又熙熙攘攘了，年花和福橘还没有从校门口撤干净，操场边上的那几棵高大的木棉已经绽开了火红的笑脸，南馨园的各种花儿次第开放，花谢花又盛开，春去春又归来，又是一个令人期待的春天。

新学期，新开始，有学生插班，也有学生转走。学校原本就如此，铁打的校园，流水的学生。尽管已经习惯了摆渡人的角色，但看着教室里空出来的座位，还是有点怅然若失，想起去年在9班开直播时，伍诺天同学跟在我身旁，帮我拿着教学电脑，一脸期待地问我什么时候来10班开直播。话音还在耳边回响，开学却没有看到熟悉又腼腆的笑脸，今年他已经转学走了。

去年冬天，我的腿骨折了，学校实在没有代课的老师，那段时间，我每天拄着拐杖过来上课，很多时候，午饭都是诺天在饭堂帮我带过来的，他还一脸认真地对我说："老师，我打了排骨汤，你要多喝一点。"出于还债的心理，也想让家长看到孩子上课的状态，这学期还是要在10班开一次直播。

周一曾布置学生完成随笔《寒假到——看——》，批改他们的作业，发现他们的寒假生活丰富多彩！为什么不花一节课的时间，让他们分享寒假的心得体会呢？于是有了做直播课《寒假生活剪影》的念头。定下课题和上课形式后，就要构思课堂的结构了。课型定义为活动课，必须以学生的活动为中心，老师只是起引导调控的作用。每个学生都有自己的经历和感悟，在四十分钟之内，怎样让同学们畅所欲言的同时保持着一定的秩序，怎样才能让课堂高效化？我陷入了思考。

百无聊赖之际，我又翻开了同学们的随笔本。陈雨果同学写的是他去新加坡参加游泳集训的故事，张译匀同学去了东北看雾凇，张天朗同学去了菲律宾，肖瑞麟同学回了湖南老家，还有好些同学参加了各种补习班。正好有一节阅读课，于是利用阅读课的时间重新统计了同学们寒假活动安排情况。看着统计上来的名单，发现同学们主要有出境游、国内游、返乡游、各大补习机构7日游或

10 日游这几种。板块式的结构应该是最好的选择了,于是在备课本上非常潦草地写了几个标题:"世界那么大,我想去看看""风景这边独好""我在佛山过大年""回头是家的方向""补习班,想说爱你不容易"。

第一板块讲国外游历,侧重调动课堂气氛;第二板块讲祖国各地风光,增长同学见识,激发学生对祖国的自豪感;第三板块分享佛山的民俗活动;第四板块侧重亲情;第五板块灵活处理,如时间不允许,上课时就删掉。于是整个课堂的框架就出来了,利用晚修想了想细节问题与环节之间的过渡,课也就大致成型了。

(四)

直播虽然不是件大事,但细节决定成败,方方面面的问题都要考虑到。周四,在班级微信群里发布直播的消息,告诉家长收看直播的时间和步骤;下午请黄世祺老师帮我调试设备,放学后,我带上三脚架和手机,又在教室里测试了信号,一切顺利,剩下来的就是上课了。活动课的主体是学生,家长参与直播活动也是想了解自己孩子上课的状态,于是周五上完早读课后,我向学生大致讲述了教学设计和课堂流程,要求学生根据自己的情况做好准备。同学们都很兴奋,期待这次直播顺利进行。

课间根据 9 班上课情况重新调整了节奏,很快第三节课到了,我拿着直播用的三脚架碰上了孙萍慧老师,她正好没课,主动申请给我帮忙,免去了我的后顾之忧。因为学生有准备,上课都想把最好的一面展示给家长看,站起来就滔滔不绝,何善卿同学发言时更是绘声绘色,手舞足蹈。尽管学生的表达很优秀,但我必须找到恰当的时机结束他们的发言,不然,不仅显得拖沓,后面的同学也没有时间表达,张天朗、陈雨果、张译匀同学的发言最后都被我强行截断。

课堂的节奏很流畅,很快到了第三个环节"回头是家的方向"。我首先展示了四幅春节返程的照片,请肖瑞麟和张存恺同学详细介绍他们返程时爷爷奶奶为他们准备东西的细节,引起很多同学的共鸣。接着,又展示了四幅比较感人的图片,请袁奕舒同学和杨济豪同学对留守老家的亲人表达自己的心声,两位同学发自肺腑的发言感动了许多同学和家长。

想起了钱丞璟同学在长沙街头大口朵颐臭豆腐的镜头,于是请他谈谈自己的心声。小伙子平时很文静,他说平时觉得自己很孝顺,引发一片笑声,接着说话的语气放缓,明显是在控制情绪,"其实……爷爷奶奶……外公外婆年纪……已经很大了,现在……回想起来,我很少帮他们……干活,陪他们聊天,更多时

候是……躲在楼上玩手机"，他再也说不下去了，对着镜头深深鞠了一躬，哭着说了一声"对不起!"

此时，教室里特别安静，很多同学在擦眼泪，很多家长也隔着屏幕热泪盈眶。说实话，我没有想到课堂上会出现这样的效果。2002年曾观摩周汉云老师的示范课《天上的街市》，听课师生泪眼蒙眬;2010年观摩黄盈盈老师的竞赛课《荷叶母亲》，更是让人热泪盈眶;不承想，这次直播《寒假生活剪影》，也会出现类似的情景。我顿了一下，走到钱丞璟同学身边，示意他坐下。时间已经不多了，"寒假补习班"的环节已经和整堂课的风格不协调，舍弃算了，看了看时钟，时间已经不多了，于是直接开始总结课堂。

于是，语文活动课变成了感恩班会课，这个结果既出人意料，又在情理之中。本堂课虽然是个板块结构，在情感上却是逐层推进的。"国外游板块"带给同学新奇的感受，"国内游"增加我们的幸福感，"迎接新年"渗透民俗文化，"探亲游"经过几幅图片的渲染，学生的感恩之情被瞬间点燃。

情到浓处，一切说教都显得苍白无力。耳提面命是教育，因势利导，春风化雨也是教育。我是语文老师，经常会读到学生们的随笔，一个个老师的形象都活跃在孩子们的笔下:想起去年期末考试，周秀丽校长一间教室一间教室地寻找15班的王禹博同学，送给他一块巧克力，因为上午批评他了，怕影响他的考试成绩;想起了赵日玉老师在班会课上拿出一张白纸，告诉学生，他们就是白纸，可以画出最美丽的图画;想起了学生笔下的任大伟、何梦华，还有敬爱的钟妈妈……

又是一场春雨，南馨园的花开得更艳了，人生最美好的年华都留在了南海实验中学，"非典风波""教师文艺汇演""生日蛋糕"，想起了骨折后几位领导天天不辞辛劳的接送，想起了伍诺天同学每天中午从饭堂给我带饭，一脸真诚地让我多喝骨头汤，想起了徒弟们每周陪我去医院换药，这是个充满了爱和感恩的地方，因为有爱，所以我们的内心非常柔软，因为柔软，我常常控制不住自己的眼泪，李明星老师说和观众同歌同哭，哪怕是雪天演出，也不以为苦。作为老师，和学生在课堂上同哭同笑，也是一件幸福的事情。

附：教学实录

《寒假生活剪影》

执教：孙宏　整理　孙萍慧（南实青年教师）

师：上课，同学们好!

生：老师好！

师：好，请坐。愉快的寒假生活已经结束了，这星期我们正式开始新学期的学习。在刚刚过去的寒假中，有的同学不远万里、漂洋过海，去增长自己的见识；也有同学利用难得的假期陪伴自己的父母去游览祖国的大好河山，来共度这个温馨幸福的时刻。当然也有很多同学像孙老师一样留在佛山过年。我们首先来听一听张天朗同学的经历，他坐着游轮去了菲律宾。

一、张天朗分享在菲律宾的所见所闻

张天朗：这个寒假我去了一趟菲律宾，但其实大部分时间都是在公海上度过的。我坐了六天游轮，前三天去了菲律宾，游玩了一天，然后回了广州港。

师：我比较好奇啊。我从来没有坐过游轮，同学们坐过游轮吗？

生：没有。

师：游轮是怎么样的？

张天朗：上面有张图，大家对游轮的印象是游轮很大。有多大呢？我上网查了一下，这艘游轮叫作世界……号(没听清)。

师：大概有我们几个操场大？

张天朗：它比美国福特航空母舰还要大。因为我当时很难比较，它的宽度大约是我们操场的两倍，长度很难形容，一眼望不到边。我从远处看的时候，海港全部被它占满了。往上看有二十层楼高。

师：我们学校是六层楼，就是有三个教学楼那么高。

张天朗：这个游轮走进去就是一个酒店，里面很多设施。上面可以游泳和滑水，从 20 楼上面滑到 16 楼。

师：你印象最深刻的是什么？

张天朗：它的设施。很难想象，很久以前，当人像猴子一样，刚刚学会点火，就高兴得不得了。他们可能永远都想不到，很久以后，人们能够做一艘很大很大的船，停留在水上，做很多事情。这个体现了科技的发展。

师：好的，请坐。天朗同学跟我们分享坐游轮的经历，有三个方面，第一个大，第二个豪华、设施齐全，第三个就是感受到这个科技改变人的生活。其实，我们班还有一位同学出了国，他就是陈雨果同学。但是他出国的目的是不一样的，他是出国去训练，我们请陈雨果同学分享一下他的经历。

二、陈雨果分享在新加坡参加游泳训练的日子

陈雨果：我这次寒假去了新加坡，去那边是游学，游泳训练和学习。我是和南实的队友们一起去的，到了新加坡之后感觉那边非常整洁。大家都知道新加坡的刑法是非常严格的，有这个鞭刑。

师：鞭刑？

陈雨果：就是用鞭子打屁股。我们到了那边，一直谨记自己是一个中国人，一言一行都代表中国，所以不能做不文明的事。这次过去主要是为了训练。游泳可能大家都会，但是讲到一些专业性的东西，大家就不是很了解。那我来介绍一下这次我在新加坡训练的一些方法。他们和我们国内的不一样，他们那边训练的就是长短兼具。每个人的肌肉类型都是不一样的，像我属于短距离爆发型选手，有的人属于长距离选手。但是他们短长都会训练，还分为陆上训练和水上训练。陆上训练也跟我们不一样，有时候就是抱一个五公斤的球，模仿怪兽走路或者做仰卧起坐。水上的训练就是比较多元化。有个跟我们国内不一样的训练叫作"标杆游"，像我，一百米自由泳我最快需要一分几十秒，他就会给我设置一个一分三十秒的标杆，这个一分三十秒的标杆是包括游和休息的，意思是要求我游完一分三十秒的标杆后马上进行下一个一分三十秒的游泳训练。也就是这个一分三十秒标杆既是游泳时的，也是休息时的。

师：效果怎么样？

陈雨果：效果很明显，这个在专业训练中叫作"……"（听不清），它能够极大地提高我们的心肺能力。

师：这次去新加坡游泳你的成绩提高了多少？

陈雨果：五十米的话我能够提到……秒（听不清）。

师：那已经是很快了。好的，雨果同学跟我们讲了他在新加坡的游泳训练，综合他的讲述，我们来总结一下。第一个，他去了新加坡，时刻记住自己是一个中国人，不能给中国人丢脸，要讲文明。第二个，他接触到先进的训练方法，提高了自己的游泳成绩。实际上，任何成绩的取得都离不开努力。说到这个新加坡，我有个感受啊，曾经有机会出去交流学习，就是走来走去，哎？怎么又回到这个地方了，又看到那个帆船酒店。实际上，新加坡真的太小了，跟我们祖国没办法相比。当我们感受到春暖花开的时候，东北还是冰天雪地；当朝阳从上海升起的时候，新疆还是一片黑夜。因此，利用这个假期呢，也有很多同学游览了祖国的大好河山。我们也来一起分享一下吧。哪位同学先说？

三、关悦分享云南之行

关悦：这个寒假，我们一家人去了云南。云南是少数民族聚居的地方。令我印象最深刻的是西双版纳，那里是傣族同胞的聚居区。那里有很大的一片热带雨林，热带雨林不像平时的树林或者丛林，那边的植物就很多样，有很多的奇花异草。生命很是多姿多彩，有很多奇异的现象。比如地理课上老师讲过的"板根"，就是很多树的根长到一起，去吸收水分和养料。还有"绞杀"现象，树的

种子被小松鼠吃了,落到了其他树上,生根发芽,用自己的根去缠绕其他树,用自己的输导组织去勒断其他树的根,使其他树无法生长,最后枯死。所以在那边的热带雨林,有很多树都是空洞的。其实空洞的树不是它们的树干,是被绞杀的其他树的树干。

这也被称为是热带雨林奇观之一。如果说热带雨林是生命繁华的美,那我还去了大理的洱海苍山。那些就是很自然很淳朴的美。洱海很蓝,它有个美丽的名字叫作"天空之镜"。就是天空有多蓝,它就有多蓝。天空上有多少云都可以映在里面。大家都学过一篇《老人与海鸥》的文章,那里讲的是洱海上的海鸥,它们很聪明很有感情。人们给它们喂食后,它们会在你面前扇动翅膀表示感谢。所以我觉得云南也是一个很美丽的地方。

师:好的,这个关悦同学谈了她的云南之旅,给我的感受真的是"行万里路,读万卷书"。我们在课本上学到的知识,她在云南真的见到了。好了,我们讲了云南,那张译匀是去了东北吧,跟我们聊聊东北的冰天雪地吧!

四、张译匀讲述东北雪乡美景

张译匀:我们去了东北看雾凇。零下三十多度,早上四点多起床,开车上山。山上有温泉,温泉的热气上升到树梢的位置,凝结成了雾凇。

师:你看到这个雾凇有什么感受?

张译匀:特别漂亮。这白色的雾凇和冒着热气的温泉,就像个仙境一样。让我印象最深刻的一个地方是雪乡的二人转和杂技。晚上还有很美的雪景,上到山顶往下看,屋顶全是白皑皑的雪。

师:好的,谢谢。张译匀刚刚说道,要看这雪乡美景,你就必须冒着零下三十多度的寒冷。所以你要发现美丽、欣赏美丽,还是要经受一定考验的。好,接下来梁曦文,你是去了新疆吧,来谈谈你到新疆的体验。

五、梁曦文分享在新疆的所见所闻

梁曦文:冬天是新疆旅游业的淡季,人很少。早上起来时,一出门外面都是很安静的,没那么多车。那些鸡鸭狗牛羊很悠闲地走来走去。

师:像世外桃源一样。

梁曦文:因为在佛山没看过雪,所以看到那边下雪了,我们特别开心。和夏天的新疆相比……

师:夏天你也去过?

梁曦文:我是听那边的人说,夏天新疆很热闹,到处都是人。冬天去新疆感受最多的就是它的宁静,和放眼望去都是白皑皑一片的雪地。

师:刚刚同学跟我们介绍了冬天的新疆,我们感受到那里的宁静、温馨、安

逸,像世外桃源一样。何尚卿同学要不要介绍一下你去的衡山呀?

六、何善卿介绍衡山之行

何善卿:我在山脚的时候,气温还是很高的,所以一点也没觉得像是冬天去的。我们坐车上山,我很惊艳啊,这个司机打方向时就像打太极一样。各种180度,我们吓死了。挂挡,像打咏春拳那样。好不容易,没死。我们看旁边的树叶,上面结了一层冰。你可以轻轻地把它剥下来,可以看到叶子的纹路,一清二楚。往上走,这个路有点滑,好几次都差点"扑街"了。爬着爬着,有点饿,我们就在银装素裹中,吃了碗香喷喷的方便面。简直是人生的高潮啊,这种地方竟然可以吃方便面! 然后我们到了山顶,就有种天在下、人在上的感觉,就感觉像《西游记》中的天庭一样。上面有个殿,佛前有烧香的,上面有个箱子。

师:功德箱。

何善卿:取香三支,随喜功德。三支香,给多少钱你随意,然后我就给了一块钱。结果后来我就摔了。

师:虽然我们没有去过衡山,但是通过他幽默风趣的讲解,我们可以感受到这个司机走盘山公路的惊险。应该说我们祖国幅员辽阔,很多同学都去旅游了。也有很多家长问,孙老师你有没有去哪玩啊? 有没有回老家过年呀? 我说,佛山就是家。因为我的祖父祖母都已经去世,我父母退休后都随我定居在佛山。因此呢? 无家可归,只能到佛山。那既然到了佛山,可能是入乡随俗,因此寒假过年,家里也贴了那个"福"字,也在花市买了鲜花。然后我的母亲也要做一些春节的食品,像这个春卷,是自己做的。我则带着女儿去买春联、逛花市,因为我太太放假比较晚。我相信在佛山过年的同学也会有各种各样的活动,哪位留在佛山过年的同学谈谈春节期间是怎样过年的? 梁程飞你来说说。

七、梁程飞谈佛山过年活动

梁程飞:我是本地人,本地新春的一大特色是花市。花市分两种:一种是卖花、卖橘子的,另一种是卖纪念品等其他东西的。我喜欢去买花、买橘子。其中具有代表性的是松风路花市,每年都是人头攒动、摩肩接踵。然后它的那些产品都是一流的。

师:贵不贵?

梁程飞:如果跟老板砍价的话,不贵。但是无论多贵,因为它的品种都很好,所以不用担心价钱。我最感兴趣的是松风路那里还有一条筷子路,然后有一条挥春街。过年了有很多人去那里采购春联。因为很多人坚信,过年买春联可以把去年的坏运气都消去,然后迎接新的好运。那里也是一个古老的地方。

师:有很多骑楼。

梁程飞:对,历史很久了,90年代,政府要拆迁,它就没落了。现在政府要把它恢复,就又成为一个靓丽的景点。我印象最深刻的是,那里写挥春的都是些白发苍苍的老人,他们传承着中华民族的瑰宝。我觉得他们就是"烈士暮年"。如果这些老人都去世了呢?所以作为新时代的青年人,我们要接过这个时代的接力棒。

师:说得很好,掌声送给他。这个挥春街,我也去过。这个菊花八块钱一枝,二十块钱三枝。结果,没走几步,又有人在叫,一块钱一枝。然后我就被我女儿批评了。梁程飞同学刚刚讲到我们中华文化的传承,所以我们的书法课,大家要认真地学习。当然,也有很多同学回到了家乡,我们说,回头是家的方向。我们有同学回了湖南、湖北,有的去了江西、安徽、山东,还有的到了茂名、湛江、云浮、吴川。有很多外地的同学要利用这个假期回老家去拜访亲人。

师:请大家注意看上面的照片,这是返程时车的后备箱,有很多鸡蛋、蔬菜、瓜果,还有一只鸡在后备车箱里。我不知道大家回去都带了哪些东西回来?肖瑞麟,你谈谈?

八、肖瑞麟谈回家的经历

肖瑞麟:我爷爷是个农民,他把50%的农产品都送到了车上。

师:50%?爸爸要不要?

肖瑞麟:他本来说不要,但是爷爷硬塞进来。家里风干的腊肉全拿了,冰箱里的东西全部翻箱倒柜,所有的肉和鸡蛋都被放进了后备箱。让我印象最深的是,他们半个冰箱都空了。

师:去的时候,爷爷奶奶的冰箱是满的。回来的时候,你们的后备箱满了。尽管爸爸不要,爷爷奶奶还是硬往里塞。

肖瑞麟:对。然后他们还给了我们一大袋米。当时那个袋子破损了,我爷爷就去阁楼找,五个阁楼仔仔细细地找遍了,花了很久时间才找到袋子装米。爷爷还亲自给我们杀鸡。杀鸡的时候,爷爷奶奶都老了,手脚不利索,抓鸡很麻烦。我看不下去了,也去帮忙抓鸡。

师:你想对你的爷爷奶奶说些什么呢?

肖瑞麟:我想说,爷爷奶奶你们就不要种那么多菜了,好好在家享受一下晚年就好。

师:好,掌声送给他。哪位同学再谈谈回家的经历?

九、张存恺谈回家的经历

张存恺:今年回了江西,我们赣南地区的橙子是比较甜的,我从来没有吃过那么好吃的橙子。然后据说农夫山泉过来收购掉我们全部的橙子。后备箱被

亲戚朋友塞了两箱橙子。还有宁波肉丸,纯天然无添加剂,装了一箱回来。还有一些腊鸭、板鸭、腊肉。奶奶特别执着,腊肉没晒干,不管了,也给我带回来!到佛山那么潮湿,只能一有太阳就拿出来晒!带回来的还有爷爷种的蔬菜。以前还有带鸡回来,但是鸡杀了又不新鲜。带活鸡回来难处理,想想鸡屎太臭了。我们回来是一辆车坐三个人,后备箱全塞满了,前排副驾驶也塞满了,后排也塞了一半。然后我们就只能挤着坐了六百多公里。

师:好的,请坐。两位同学都说得很感人,车尾箱塞满了,后排塞了一半,两个人挤着坐回来。其实呢,两个同学家里经济上都不缺这些东西。可是为什么亲人还是要把这些最好的东西都塞给我们呢?我觉得是这样的,这个行李有多重,这个亲人对你们的爱就有多重,甚至比这些行李还要重。我们看这四幅图。

师:第一幅图,年迈的父母送过完年的儿子离开,然后他们的儿子在车站跪下来了。儿子已经四十多岁了,是一个人回家陪伴父亲母亲。为什么要跪下来?因为他不知道下次回家,父母还在不在。第二张图,看到远去的车辆,奶奶和亲人还站在路边跟你们挥手。第三幅图,走了以后,老两口不愿意、或者很孤独地互相搀扶着回去。而第四幅图,儿子已经不再年轻了,母亲更加苍老了。两个人都是泪眼婆娑地在告别。因此,我们不管有多远,一旦放假,还是要回家。因为回头,就是家的方向。我也想请几位同学谈一下,离别的瞬间,你想对你的亲人说些什么?

十、离别瞬间,你想对亲人说些什么?

袁奕舒:我爷爷有很多孩子。虽然人很多,但是平常都不住在一起。我们都是过年放假回家陪他。看到他白发苍苍的时候,就觉得岁月不待人吧。之前爷爷身体很硬朗的,但是把五个孩子培养成人之后,他就老了,背驼了。所以我就觉得有空就一定要回去陪陪他老人家的。最后我想对我爷爷说,爷爷你辛苦了,现在不要太劳累了。多享受一下。给你的钱你要花,就不要想着留给我们,我们够用的。

杨济豪:过年回老家湖北。我坐高铁,过完年回佛山,每次亲人们都是执意把我们送到高铁站。每次到高铁站,每次看到站顶那几个大字的时候,眼底都有止不住的泪水。亲人在背后跟我们挥手,在那个瞬间,我们感受到亲情真的是无价的。它能激励我们前进、拼搏。我希望我老家的亲人们,身体都健康、工作都顺利。平安、安好。

师:好的,请坐。钱丞璟去了湖南吧,来讲一下。

钱丞璟:我回老家离别的时候,好像没什么印象。就是回到顺德时,才有一些感慨。因为呢,我比较喜欢玩手机。在老家,爷爷奶奶一天三餐都帮我们管,

我就没帮他们什么，也没什么交流，没说过什么。

师：感到后悔了是吧？

钱丞璟：走的时候还觉得自己挺孝顺的。后来我妈告诉我，你怎么老在玩手机？然后我就想到，我在老家的时候，好像一天都是躲在楼上玩手机。这个事情我其实很悔恨。因为，一年也回不了几次老家。然后我的爷爷奶奶、外公外婆也已经老了。可能也已经没什么时间陪他们了。所以说……我想对我爷爷奶奶说，对不起，我错了……

师：钱丞璟的话打动了我们。其实我们也经常在拥有的时候不太珍惜，跟父母在一起的时候会吵闹、发脾气，但是我相信我们会在以后的时间，好好珍惜，让我们的父母少操心，让我们的爷爷奶奶、外公外婆能够安度晚年。尽管我们现在在哭、在流泪，但是我们都是非常幸福的。之前我了解过这么一个故事，有个在国外的同学跟朋友分享在祖国过年的照片，看到满天烟花的时候，那个朋友瑟瑟发抖。因为他的那个朋友是叙利亚人，他以为这是美国在轰炸叙利亚时的炮火。像我们今天，还可以回家过年、到处游玩，还可以开开心心上课，在外面平平安安逛街。我想到一句话，我们经常说岁月静好，其实是有人在替我们负重前行。世界并不太平，我们只是生活在一个和平的国度，我也希望我们能够珍惜今天拥有的这一切，快快乐乐学习，健健康康长大。

课堂剪影

钱丞璟同学分享经历

张天朗同学分享经历

学生心语

裹挟着来自全国各地的年味儿，宫哥别开生面的直播课拉开了序幕。最是真情动人心，被带到课堂的不止湖南的火辣热烈，云南的自然淳朴，新疆

的宁静安逸……还有眼角情难自禁的泪光——牵动着的不仅是新年的别离，还有纯洁的对故乡亲人的无限眷恋，仿佛对每一位离乡的游子说："常回家看看！故乡，还有牵挂着自己的家人。"

——袁奕舒（南海实验中学2018届学生）

我在南实读了一个学期后转学了，宏哥是我的语文老师，他曾经在隔壁班做过直播，很期待能上他的直播课，可惜后来没有机会了，这次看课堂实录，感触很深，宏哥是个善于调动课堂气氛的老师，同学们都很积极发言，课堂参与感很足；具体到个人，我想起何喜卿的手舞足蹈就忍俊不禁，画面感很强，每个人的描述都很生动，虽然我不在现场，但是有身临其境的感觉，真希望我当时在场，做这场直播的参与者。

——伍诺天（南海实验中学2018届学生）

我对这堂课的印象深刻，这是宏哥第一次读我的随笔，当时也挺出乎意料的。不仅被自己的随笔感动，听到其他同学与家人的温情，更被深深触动了。随笔的背后，是内心深处的一小片柔软。很喜欢听宏哥读随笔，不仅是有趣，更是对同学们深入的了解，对平凡点滴小事的发现与感悟。小小课堂，凝聚着宏哥的关怀。随笔，融入生活，倾入温暖。

——刘思琪（南海实验中学2020届学生）

第五记　爱微课，也爱视频

很喜欢上课的时候放一些微课和小视频给学生看，很多微课都是名师做的，针对课文中的某个问题，高屋建瓴，讲得特别透彻，上课的时候很好用。小视频则以课文朗读为主，不仅朗读精彩，而且画面精美。如果哪天上课，没有播放小视频，学生总觉得缺少了点什么。播放这些微课和视频，不仅丰富了教学内容，还可以激发学生学习的兴趣，从我的教学实践来看，有些视频在教学中起的作用是无法替代的。

（一）

有意识地播放小视频始于 2017 年，学习《济南的冬天》时播放了这一课的朗读视频，视频拍摄得非常出色，老舍先生描写山上的小雪的时候说："微黄的阳光斜射在山腰上，那点薄雪好像忽然害了羞，微微露出点粉色。"每次读到这段文字的时候，总是有点纳闷，粉色的雪到底会是什么样子呢？结果朗读视频中非常完美地呈现了这一点，镜头中的雪真的是带着一点粉色。还有蓝汪汪的天空，冬天里泛着热气的泉水，原野上的村庄，不一而足。这个视频让《济南的冬天》更加的直观。后来在备课的时候，都会特意下载一些优秀的朗读视频在上课的时候使用，收到了良好的效果。比如学习《从百草园到三味书屋》的时候，我也下载了朗读视频，这个朗读视频做成了动画片的形式，充满了童真童趣，学生看得津津有味，这些视频的使用，为课堂增色不少。

印象最深的是语文出版社有限公司出品的 3D 动画片《卖油翁》，这个动画片时长七分钟左右，制作精良。动画片取材于欧阳修的原文，故事梗概基本相同，但是为了保证动画片的可看性，导演添加了一些素材，丰富了故事情节。原文中，陈尧咨和卖油翁仅仅比试了一次，而动画片中，两人共比试了三次。第一次，陈尧咨一箭洞穿靶心，卖油翁把油注入葫芦，葫芦口一点也没有被油沾湿，两人不分胜负；第二次陈尧咨三箭齐发，每一支箭都射在靶心，引起众人喝彩，而卖油翁用手旋转葫芦，再将油注入旋转的葫芦中，丝毫不落下风；第三次，陈尧咨使出连珠箭法，卖油翁以钱覆葫芦口倒油，让陈尧咨心悦诚服。动画片在

最后说出了这个故事的教育意义。

播放动画片时,学生看得津津有味,我在教学中采用对比的方法,引导学生去发现动画片和课文的异同,最后告诉学生,影片和写作有相通的地方,那就是要采用各种手法,吸引观众或读者,最重要的一点,就是要有镜头感,这种镜头感就是写作中的细节。所以,我们在写作的时候,要有重点地打造细节。然后我给学生布置了练笔的题目,在阅读教学中渗透写作知识,做到读写结合。

这年冬天,我慢性咽喉炎发作,一说话就咳嗽,又痛又痒。在医院看了好久,一点效果也没有,医生给出的建议就是禁声。每次雾化治疗后,会觉得喉咙舒服很多,可是一上完课,马上就不行了,白天还好一点,一到晚上,根本睡不着觉,一躺下就开始咳嗽。没有办法,只能遵医嘱了,能不说话就尽量不说话。那段时间,播放了很多微课,如讲授《植树的牧羊人》,涉及环境描写,直接播放环境描写的微课;学习《古诗五首》,在螺蛳语文上找了古诗鉴赏的视频。

其中康震老师主讲的古诗《游山西村》至今让人记忆犹新,康老师说如果用现代人的眼光来看,陆游仿佛拿着一部手机,一边走一边拍摄,然后通过朋友圈发布他的所见所感,其解读古诗的角度让人耳目一新。康老师讲解杜甫的《望岳》时,补充了杜甫父母的家庭背景,探究了杜甫思想背后深层次的原因,极大地开阔了学生的视野。这些知识,我其实是无法给予学生的。

就在我不停地下载并播放微课的时候,一个学生很关心地问我的咽喉什么时候可以好?他们特别想听我讲课。我突然明白,微课是不能完全取代教师的,微课传授的仅仅是知识,但是教学是需要师生交流情感的。微课毕竟隔着屏幕,而现实中的课堂是面对面的,是有温度的。但是,有些视频起到的作用也是老师无法忽视的,例如《邓稼先》。

(二)

《邓稼先》是传统篇目,邓稼先用自己走过的每一个脚印印证着"科学是无国界的,而科学家是有祖国的"这句话。杨振宁先生通过向我们讲述邓稼先那段鲜为人知的故事,赞美了邓稼先的爱国情怀和无所畏惧的科学精神。邓稼先是一位值得尊重的科学家,以前和学生学习此文时,总是平平而过,效果一般。2019 年重新学习这一课的时候,足足花了三个课时,我带着学生去了解这位科学家的生平,尝试着走进他的内心世界,效果非常好。

备课的时候,我观看了中央电视台播放的纪录片《中国原子弹之父》,里面讲述了邓稼先率领团队研制原子弹的台前幕后的故事,从邓稼先归国一直讲到

他去世，里面有多处邓稼先夫人许鹿希女士的镜头。虽然事情已经过去多年，但是许鹿希女士回忆起往事时依然心潮起伏，感人至深。

《邓稼先》是七年级语文下册的第一课，集体备课的时候我为同事们推荐了这部影片，大家都很认可。但是要以什么样的形式播放呢？我以前上课播放的教学视频大多是五分钟左右，这部纪录片足足有四十七分钟，比一节课的时间还长，如果截取其中的一部分，肯定会影响效果，最后老师们一致决定播放整部纪录片。记录片通过采访邓稼先的夫人和同事，完整呈现了邓稼先伟大的一生。学生们观看影片时，鸦雀无声，被他崇高的人格和奉献精神深深打动，就这样在潜移默化中受到爱国主义教育，进而完成本课的情感价值教学目标。这种效果靠课本上的文字是无法达到的。

第二课时的时候，我首先播放了梁植参加北京卫视《我是演说家》中比赛的视频，演讲的题目是《我的偶像》。他的偶像就是邓稼先，他曾经在校园话剧舞台上扮演过邓稼先，也曾经拜访过邓稼先的夫人。梁植最后说道："2012 年 3 月，我有幸去拜访邓稼先的夫人许鹿希女士，我没想过，两弹元勋的夫人，今天仍然住在五十多年前的老房子里。房子里的陈设和五十多年前没什么区别。我们走的时候，老人说：'今天给你们讲了这些往事，我需要缓一缓。'我没想过，邓稼先已经离开我们将近三十年之后的今天，往事对他的家人来讲并不如烟。"

"如果老邓还在，他今年正好九十岁，如果他知道中国发展得这么好，中国的核事业走得这么稳，他该会有多骄傲，有多高兴。如果老邓还在，他今年正好九十岁，我想请他就到《我是演说家》的播音室里来，让他看看这炫目的灯光，看一看今天在座的每一个人的笑脸。如果老邓还在，我多想亲口告诉他：我们这些 80 后 90 后的孩子，真的很崇拜他。因为有他，因为有和他一样的一大批科技工作者的努力，中国有了现在的模样，我们有了今天的生活。我们不该忘了他们。今年是中国第一颗原子弹爆炸成功五十周年，是邓稼先辰九十周年诞。让我们一起在这样特殊的时刻，向老邓致敬，向每一位科技工作者致敬！"

讲到最后，梁植泪流满面，他的演讲不仅打动了评委，也感动了学生。当我们翻开课本时，那些凝固的文字仿佛有了生命，每段文字都有很强的镜头感。本文在写作技法上主要采用了对比手法，例如：邓稼先和奥本海默的对比。这处对比很明显，主要让我们深刻地感受邓稼先的真诚坦白和低调朴实，进而明确这种性格正是由中华传统文化所孕育的。我在教学时一带而过，重点引导同学们对照赏析纪录片《中国原子弹之父》。这部影片也是对课文内容的补充，两相对照，更能让学生感受邓稼先非凡的气质，唤起他们对理想的憧憬与追求。

初读课文后出示问题：1. 回顾纪录片《中国原子弹之父》，你印象最深刻的

镜头是什么？2.你想对邓稼先说些什么？3.邓稼先的经历对你又有什么启迪？让学生任选问题回答。学生印象深刻的镜头主要有：1.夫妻夜话时窗外的明月；2.实验失败后，进入辐射区和张部长合影纪念；3.同事们都喜欢到邓稼先宿舍开会吃东西；4.去世后居然只能在档案里用登记照作为遗照。

同学怀着崇敬之情表达了对这位伟人的景仰。因为举手回答问题的同学很多，我只能让学生用笔把要说的话写了出来。庞靖淇同学这样写道："您面对家庭和国家的抉择时，毫不犹豫地选择了国家，您为国家奉献自已所有的才略，却不求任何回报。您鞠躬尽瘁，死而后已的精神谱写了一个又一个可歌可泣的故事，正是有了千千万万个像您这样的人，我们才能幸福快乐地生活。谢谢您，向您致敬。"

看到同学们写的寄语，我知道这节课的教学目标已经顺利完成，最后剩下的一点时间，给学生播放课文的朗读视频，回归课本，再次加深同学们对文本的印象。怀着对邓稼先的崇敬之情，花了三个课时学完了这篇课文，个人感觉整个教学节奏明快，环节合理，视频和文本结合比较完美，这是一节对得起邓稼先的语文课！

（三）

在教学中发现，在学习一些人物传记的时候，纪录片是必不可少的。文字和视频相比，相对单薄，不足以引发学生的共情。我在上《叶圣陶先生二三事》这一课的时候，也花了两个课时，其中第一个课时就是播放纪录片《叶圣陶：中国教育的先驱》。该文是张中行的回忆文章，通过回忆与叶圣陶先生交往中的几件小事，表现了叶圣陶先生谨严自律、待人宽厚的节操和风范，字里行间流露出作者的追思和景仰之情。

第二个课时带着学生解读课文，我将课堂设计为板块式结构。第一个板块是"语言"：文章多处引述叶圣陶先生生前说过的话，言为心声，人的语言直接反映内心世界，文章有三处直接引用，一处间接引用。从叶圣陶先生的这些话中可以看出他是个怎样的人呢？学生迅速浏览文章，很快就能找到："不必客气。这样反而费事，还是直接改上……千万不要慎重，怕改得不妥。我觉得不妥再改回来。""写成文章，在这间房里念……才算及了格。""你写成文章，给人家看，……就证明你不行。""他说他非常悔恨，真不该到天坛去看花。他看我的地址是公寓，以为公寓必是旅店一类，想到我在京城工作这么多年，最后沦为住旅店，感到很悲伤。"

讨论后明确：叶圣陶先生待人平易真诚，为学谦虚，写文章主张写话风格，文风方面重视简洁。

第二个板块是"插图"：怀念一个人，可以用文字来记录，也可以用镜头来记录。文章不仅记录了叶先生的语言，还描绘了叶先生在日常生活中的一些行为。如果我们要为文章配上插图，你会怎样设计呢？一个学生马上指着课本上的插图说道："就用这一幅!"课本上配的是叶先生伏案修改文章的一个画面。她的发言引来一片笑声，学生继续发言："可以配上叶先生站在院子门口送客的插图，因为这幅插图体现了叶先生宽厚待人的特点"；"还可以配上叶先生在房间里手拿文稿朗读的插图，体现了叶先生主张写文章要体现写话的风格。"

归纳："改文稿""送客人""读文章"都是叶先生在工作和生活中经常做的事情，是他一以贯之的行为，这些行为体现了叶圣陶先生待人宽厚、严于律己的特点，三个镜头高度概括了叶圣陶先生的精神。

第三个板块是"主张"：对叶圣陶先生最好的纪念方式，在张中行先生看来就是继承和发扬叶先生在文学创作方面的主张，他是这样说的，也是这样做的。首先带领学生梳理叶圣陶先生在文学创作方面的主张。默读文章六、七、八自然段，很快可以归纳：写作保持写话风格；重视简洁的文风；重视语文，力求完美。讲课过程补充白居易写诗的故事，与叶圣陶先生写作风格相互印证。同时向学生强调叶圣陶先生仅代表他自己的创作主张，文学创作还是讲究百花齐放、百家争鸣，这样文学才会花团锦簇。叶圣陶先生对作者影响深远，和萧红的《回忆鲁迅先生》相比，两文都是怀人之作，都通过生活小事来表现人物，本文结构更严谨。从第三自然段开始，每段首句都是中心句，提纲挈领，而且过渡自然；结构上先写待人宽，后写律己严，层次分明。最后，全班齐读过渡句，感受文章严谨的文风。

第四个板块是"情感"：作者和叶圣陶先生亦师亦友，他是二十世纪末未名湖畔三雅士之一，与季羡林、金克木合称"燕园三老"。季羡林先生称赞他为"高人、逸人、至人、超人"。他又是如何评价叶圣陶先生的呢？学生细读文章，主要找到以下几处："叶老既是躬行君子，又能学而不厌，诲人不倦，所以确是人之师表"（和孔子比）"重视语文，努力求完美，并且以身作则，鞠躬尽瘁，叶圣陶先生应该说是第一位"（和前辈和同辈比）"心里立即罩上了双层的悲哀""叶圣陶先生，人，往矣，我常常想到他的业绩"（直抒胸臆，表现对叶圣陶先生的怀念之情）。对先生最好的怀念就是理解先生的苦心，传承先生的语文主张。张中行先生的语言既有儒生的典雅，又有叶圣陶先生倡导的平易简洁的写话风格。

因为有了第一个课时的纪录片作为铺垫，所以第二个课时上得很顺畅，师

生双方都得到了教与学的快乐。

(四)

《纪念白求恩》是一篇传统的经典名篇,又是伟人的作品。这篇文章时隔多年后又重回中学语文教材,此文的重要性可见一斑。这篇文章不但深受读者喜欢,更是无数语文教师讲授课的首选篇目。因为执教风格不同,对教材的处理也有所不同。我也是第一次执教此文,上课时根据学生实际情况作了灵活的处理,最重要的一点,就是在课堂上播放了白求恩同志写给聂荣臻元帅信件的视频。这不是一封普通的信件,而是一封遗书,读来催人泪下。

白求恩在信中对自己的物品作了最后的安排:两张行军床,两双英国皮鞋,你和聂夫人留用吧。马靴、马裤,请转交吕正操司令。贺龙将军,也要给他一些纪念品。两个箱子给叶青山部长;十八种器械给游副部长;十五种器械给杜医生;卫生学校的江校长,让他任意挑选两种物品作纪念。打字机和绷带,给郎同志。手表和蚊帐,给潘同志。一箱子食品和文学书籍,送给董同志,算我对他和他的夫人、孩子们的新年礼物。给我的小鬼邵一平,和炊事员老张,每人一床毯子。另送小鬼一双日本皮鞋。照相机给沙飞。贮水池等给摄影队。医学书籍和小闹钟,给卫生学校。每年要买二百五十磅奎宁和三百磅铁剂,用来治疗疟疾患者和贫血病患者。千万不要再到保定、天津一带去购买药品!那边的价钱,要比上海、香港贵两倍。最近两年,是我平生最愉快、最有意义的日子。在这里,我还有很多话,要对同志们说,可我不能再写下去了。让我把千百倍的谢忱,送给你和千百万亲爱的同志们。

看完视频,再回看课本,学生们对毛主席的文章又有了更深的理解。毛主席的文章立意高远,豪放大气,文采飞扬,具有永恒的艺术魅力。他不朽的著述和言论,永远是我们学习的楷模。《纪念白求恩》是老三篇之一,具有极强的感召力和吸引力,品味本文语言也是十分必要的。在鉴赏语言时,采用了小组合作形式讨论,划出本小组认为特别经典的句子在班上进行展示。主要是以下几句:

1.一个外国人,毫无利己的动机,把中国人民的解放事业当作他自己的事业,这是什么精神?这是国际主义的精神,这是共产主义的精神,每一个中国共产党员都要学习这种精神。

2.白求恩同志毫不利己专门利人的精神,表现在他对工作的极端的负责任,对同志对人民的极端的热忱。每个共产党员都要学习他。

3.一个人能力有大小，但只要有这点精神，就是一个高尚的人，一个纯粹的人，一个有道德的人，一个脱离了低级趣味的人，一个有益于人民的人。

经典具有永恒的魅力，它会超越时空的距离，尽管学生们生活的时代远离这段历史，但这些振聋发聩的语言依然感染着今天的学生。当然，毛主席的语言艺术是植根于他的伟大人格的，语言是他伟大人格的外衣。学生朗读这些语言时是饱含深情的，他们眼中有泪，心中有光，伟人的崇高人格深深感染了他们，同学们读书的声音响彻整间教室。

我成长在充满理想主义的八十年代，亲身感受过那个洋溢着理想和诗意的时代。《纪念白求恩》也是一篇充满理想主义的文章，个人觉得对中学生进行理想主义教育也是必要的，因此，在执教这篇文章时，尽量让学生感受先辈们的崇高理想。上完这节课后，后来在家长的朋友圈看到了孩子和家长讨论白求恩的消息，应该是引发了家长的回忆，想来是达到了教学效果。

附：教学实录

《卖油翁》
（第二课时）

执教：孙宏　整理：张雪梅（湖南师大实习生）

一、导入新课

师：昨天我们学习了《卖油翁》的第一课时，疏通了文言字词，扫清了阅读障碍，简单分析了人物形象。今天我们继续学习这一课。因为大家热爱语文，为了犒劳同学们，让我们先看一个动画片吧！

（学生欢呼，片头显示"卖油翁"时，学生发出"咦"声，表示嫌弃）

师：（播放），好了，保持安静，我们一起看动画片。

（看动画片的过程，学生注意力非常集中，边看边讨论，发表自己的一些想法和看法）

二、思考问题，学生PK

师：动画片看完了，老师的问题也要开始了。

生：（切，就知道是有目的的，哈哈）

师：好了，明确我要提的问题啊，第一个问题是动画片中有哪些情节源自课本？第二个问题是动画片与课本内容有哪些不同？现在问题明确了，请同学们自读课文，思考我的问题。

（学生自读课文，思考问题）

师:这次我们同样采用"男女PK"的形式,你们知道老师下周要去上海学习,从上海回来肯定会带礼物给你们,这次PK最后哪方得分高呢,哪方的礼物就多。我们看第一个问题:动画片中有哪些是源于课本?

男生1:动画片里的卖油翁与陈康肃公的对话与原文是一样的。

师:嗯,对话相同!

男生2:有一个情节相同,都有卖油翁把钱放在葫芦口上的情节。

师:是的,铜钱都放在葫芦口上。

男生3:情节和场景是一样的,陈康肃公在射箭,然后卖油翁看到后卸下担子坐着观赏,最后说"无他,但手熟尔"就引发了两个人的比赛。

师:嗯,情节差不多。综合上面三个同学所述,我们可以发现动画片中的人物语言、情节以及主要人物形象是忠于原文的。那动画片和课文又有何不同呢?这次我们让女同学来回答问题。

女生1:动画片中"转葫芦"这一个情节是原文没有的。

女生2:动画片中陈康肃公在射箭的时候他脸上的神态表情也是原文没有的,动画片中的陈康肃公的人物更鲜明。

师:女同学回答得很好,动画片中的人物神态的确比原文更加丰富。男生有没有需要补充的地方?

男生1:动画片与原文的结尾不同,动画片中陈康肃公是非常尊敬地望向卖油翁目送他离开,而原文则是"康肃笑而遣之"。

师:哦,结局不同。

男生2:动画片中他们俩比试了三次,而原文则没有这么多,原文只比了一次。

师:非常好,动画片比试了三次,原文一次。女生还有没有要补充的。

(男生们举着手,"哭着"说偏心)

师:好,女同学先来。

女生1:动画片中添加了许多路人的反应以及他们的对话。

师:是的,有很多观众的反应。

(男生下面大呼):男生来男生来,该男生了!

师:好,男生来补充。

男生1:有增添许多心理描写,包括陈康肃公看到卖油翁从铜钱中倒油,但是铜钱却没有油的时候,有心理描写,是陈康肃公对卖油翁的佩服!

师:增添了心理描写。

女生1:增加了许多原来没有的对话。

男生1:动画片先是渲染陈康肃公与其他人比射箭。

女生2:多了卖油翁倒油的一张桌子。

(男生:各种唏嘘)

男生2:卖油翁多了许多姿势,包括倒油的时候,那个姿势很像猴。

(学生大笑)

师:好,除了上面说的,同学们还有需要补充的吗?

男生3:比试的地点不同,书上写的是陈康肃公的自家家圃,但是动画片上面展示的却有很多来来往往的人,很明显不是自家家圃。

师:很好,比试的地点不同。

三、课外拓展,指导写作

老师总结:同学们刚刚发现了很多不同的地方,老师觉得比较重要的地方主要是以下几处:虽然结局差不多,但是动画片多了路人的反应以及两人的对话,比赛的场数也是不一样的。这些都是一些小的细节。我又有了新的问题:动画片为什么会增加这么多情节呢?

生:(讨论)

女生1:写这么多情节是为了增加可播放的时间(生笑)。

师:动画片增加的素材充实了内容。

男生1:使得故事的情节跌宕起伏,更有可看性。

师:怎么个"跌宕起伏"法呢?

男生1:比如在动画片中就写了他们三次的比武,而书中其实只有一次,三次比试的难度是逐渐增大的,第一次就是平常的倒油,第二次是旋转葫芦倒油,第三次用钱盖住葫芦口,金鸡独立倒油,通过这样安排情节,可以激发观众的观看兴趣。

女生2:我觉得动画片增添这么多情节,使得故事更加……

师:显得真实对不对?

女生2:嗯。

男生2:动画片和课文一样,都要吸引观众或者读者,动画片更加关注色彩、人物形象等,而文章则是通过文字来吸引读者。

师:因为两者体裁不同,动画片其实还有一种特殊的意义。

生:教育意义。

师:于是就增设了人物,比如同学们在之前说到的路人,体现了他们的言语和态度,使得整个画面既有主要人物也有次要人物,用次要人物去烘托主要人物。包括两者的结尾也是不一样,为了彰显它的教育意义。

男生3：增添了许多的心理活动去塑造人物形象。

师：好，因为时间的关系，这个问题的讨论就到此为止了。

（生不愿意状，还举着手）

师：如果我们要让文章生动起来，动画片《卖油翁》有哪些值得我们学习的地方？

（陈修泽第一次举手）

师：好，这是陈修泽同学首次举手，那我们就让他来回答这个问题。

男生4：将自己的内心感受写出来，再从人物的心理、神态等方面稍微渲染，就能使得情节很生动了，顺便再插入一些自己身边的事情。

师：从自己实际出发！

女生3：可以从场景、从不同人物出发，比如刚开始出来渲染一种环境氛围，然后是主次人物等的不同神态，以及观众的反应等。

师：邓煜涵同学从另外的角度看问题，也就是要求我们不仅要从正面刻画，也要从侧面刻画，还要从不同角度去描写。比如老师昨天在给同学们做作文训练的时候有一则材料："一只乌鸦看见一只老鹰很轻松地把一只小绵羊叼走了，于是乌鸦很努力地练习抓东西的能力，后来乌鸦也去抓绵羊，只是乌鸦没有抓起来，反而被羊毛缠住，后来被羊的主人抓住。旁边的那个小孩子没有见过这种鸟，于是问这是什么鸟？主人说：'这是一只不知道自己是什么鸟的鸟'，不过女孩反倒说：'我觉得它很可爱啊'，其实这则材料也就是从各个方面写，有乌鸦，有主人，也有那个小女孩，他们都有自己不同的看法。

男生5：写作文要立好意。

师：你是从哪里看出来的呢？

男生5：比如动画片最后告诉我们：人外有人，天外有天，我们不能骄傲自满。

（下课铃声响起）

四、课堂小结，布置作业

师：今天的课我们上得很开心，不仅观看了动画片，而且我们从影片和课文的对比中，明白了很多让作品吸引观众的技法。写作和拍摄影片，道理相通，写作的时候，也要让读者在阅读的时候有一种镜头感，这就需要我们有环境的渲染，有心理的刻画，有细节的描写，还有主题的提炼。我们本周的随笔题目是：《春夜喜雨》和《运动场上的故事》，二选一，希望同学们能够写得生动传神。

课堂剪影 》

学生朗诵

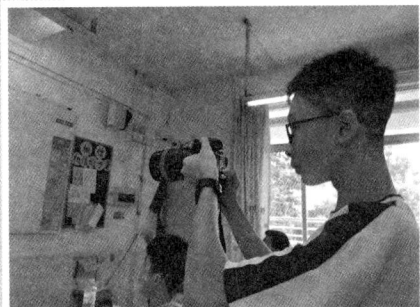

陈宇楷同学在拍摄

学生心语 》

宏哥上语文课很喜欢放视频，按他的话说是自己朗读水平不高，所以他上课的时候经常放一些课文朗读的视频，然后上课途中，会涉及某个知识点，他也许会放个微课视频，按照他的话来说，别人是大师，讲得要比他好！也有人说他是在为自己偷懒找个借口。反正看视频一点也不枯燥，我们挺喜欢的。

——陈宇楷（南海实验中学2020届学生）

宏哥上课总是播一些与课文有关的视频，有时候，上课铃一打响，许多同学就开始问："宏哥，今天看什么视频啊？"视频的诱惑真的很大，相比于单调的讲述，视频给了我们视听上的冲击，记得学习《永久的生命》，宏哥播放了一则公益短片，引得好多同学落泪，至今对于这篇课文，我依然印象深刻。

——陈善炜（南海实验中学2020届学生）

语文课上，宏哥经常放视频，他放得最多的是课文朗诵视频，有时候也喜欢放一些其他老师做的微课视频，每次他播放视频的时候，我总是全神贯注地盯着屏幕，不错过每一个镜头。这些视频图文并茂，通过视频，我对课文和知识点已经有了初步了解，再通过他的讲解分析，我对课文的了解也会更深入。我很喜欢这样的语文课。

——李苹果（南海实验中学2020届学生）

第六记　晒晒我的文字

　　我并不是个热爱写作的人,学生时代的写作水平只能说一般。虽然从2004年开始担任学校作文竞赛辅导老师,但是自己真正动笔写下水作文的时候并不多。我是从2017年开通教育教学公众号"宏文馆"后,才开始动笔写点东西,主要是总结课堂教学中一些得失,偶尔也写一点心情随笔,记录生活中的点点滴滴,学生和家长也会在我的公众号下面留言。有时候我在上课时,也会晒晒自己的文字。倒不是炫耀,主要是告诉学生,正如叶圣陶老先生所言,写作就是写话,会说话就会写作,写作就是观察生活,记录生活,思考生活,最后让我们好好生活。

（一）

　　那次晒自己的文字是2018年6月11日,那天学习普希金的《假如生活欺骗了你》。鉴赏完诗歌后,我简单小结:生活中有太多的风雨,所以才构成我们多姿多彩的生活,生活本身是诗意的。因此普希金能在困难中,能在流放的生活中绽放出巨大的创作热情。当然宏哥不能和普希金相提并论,但是宏哥同样也有创作热情。下面展示宏哥前天晚上写的一首诗。

夏夜抒怀

孙　宏

时光如梭流水快,梨花落尽荷花开。

芒果香染篮球场,榕树轻拂旧舞台。

风送花来声寂寂,虫随月唱韵呆呆。

窗前闲坐书为伴,一梦悠悠到晓来。

　　我告诉学生,这首诗有一个字不符合格律,按照律诗的平仄来说"芒果"的"果"应该用平声,但是找不到一个合适的字来代替,不能因词害意,所以就把它保留了。学生看到我的文字,也很兴奋!说实话,文字好不好,并不重要,重要

的是自己老师创作的,并且很愿意和他们一起分享。

我赶紧趁热打铁,刚才我们学习了普希金的《假如生活欺骗了你》,"被生活欺骗"指的是我们付出了很多之后,结果和目标还有很大的差距,我们会有被生活欺骗的感觉,在这种情况下,我们应该不要悲伤、不要心急。不是所有的挫折都可以称为"欺骗",生活本身有顺境和逆境。机会总是给那些有准备的人,准备不充分的时候,是不能取得成功的。

普希金向往自由,向往解放,向往民主,但是他却被沙皇流放,被发配到边远的地方去,因此是一个被生活欺骗的人。在朋友小孩的生日上,他有感而发,遇到这种情况的时候不要悲伤、不要心急,忧郁的日子需要镇静,相信吧,快乐的日子总会来临。这首诗也告诉我们生活充满艰难险阻,成功来之不易,当我们付出以后,肯定会有收获,没有达到目标,也许是付出的还不够。

所以,我们在开心的时候要学会记录生活,我们在失意的时候也要学会记录生活,刚才展示的那首小诗就是宏哥对前天生活的记录,我希望同学们拿起笔来,模仿普希金的《假如生活欺骗了你》来记录一下你们的生活吧!任子皓同学第一个完成。

假如生活重新开头

任子皓

假如生活重新开头

我的旅伴,我的朋友

还是迎着朝阳出来

把长长的身影留在身后

愉快地回头一挥手

莫要说会失去很多

我的旅伴,我的朋友

会比明天更长久

紧接着,其他的同学陆陆续续地完成了,我逐一点评他们的诗歌,课上得很有意思。当时暨南大学的实习生邓惠林同学在听课,帮我留下了这堂课的教学实录。回看实录,上课的场景历历在目。我觉得同学们的创作热情是被《夏夜抒怀》点燃的,这首诗起到了抛砖引玉的作用,不过《夏夜抒怀》的确是我有感而发,描写的是校园风光。

学校读写班的同学6月10日要去比赛,那天正好是周日,所以他们从星期

六早上就集中在学校阅览室内集训，我是辅导老师，自然待在学校。初夏的校园特别美丽，阅览室外面的两棵鸡蛋花开得正旺，黄白相间的小花在枝头笑得很放肆。因为是周末，学生都回家了，平日喧闹的校园显得格外静谧。

吃过晚饭后，在校园漫步，游人去而禽鸟乐，鸟声嘤嘤，几只胆大的鸽子在草坪上寻食，我走近了，它们才飞开，也不会飞很远，在另外一块草坪歇了下来，继续用爪子刨着脚下的草丛，时不时用嘴啄一下，可能有了新的发现。跑道旁的芒果树，结实累累，沉甸甸的芒果挂在枝头，还不到成熟的时节，绿色的果皮有黑色的斑点，再过半个月，这些芒果就要成熟了，到时候调皮的男生趁人不注意，就要过来采摘了。

夕阳斜照，把人的影子在红色的跑道上拉得很长。主席台扎上了脚手架，主席台上的大理石脱落了不少，正在维修，工人已经收工下班了，绿色的防护网随风鼓动。主席台边的两棵榕树，长得枝繁叶茂，和篮球场边几棵瘦骨嶙峋的小树形成鲜明的对比。晚风吹来，树枝轻拂，好像在和人打招呼似的。集训的学生三三两两，陆续从宿舍回到阅览室，该上课了。

我回到阅览室，讲完一些比赛的注意事项就让学生自己准备素材，我推开门来到走廊上，天渐渐地黑了下来，夜空中有几颗星星在闪烁，平时是看不到的。这时校门开了，一辆车子驶了进来，一直开到阅览室门口才停了下来，车门打开，原来是校长。她手里提着两个大大的红色袋子，慰问学生来了，我接过校长的袋子，和她一起进了阅览室。

学生看到我们进来，欢呼起来，听到孩子们的欢呼校长很开心，尽管绝大多数欢呼声是送给那两个袋子的，因为袋子里面装着他们爱吃的巧克力和肯德基食物。校长勉励了一番，然后派发零食，学生接过食物，开心地吃了起来。送走校长后，阅览室又安静了下来，他们在静静地看书，我走到另外一边，拿起一本书看了起来，倦了抬头看看窗外，只见晚风习习，花影摇动，耳畔虫声嘤嘤，真是静谧美好，心中有感，草成《夏夜抒怀》，于是有了学习《假如生活欺骗了你》时的那一幕。

（二）

学习《假如生活欺骗了你》不是第一次课上晒自己的文字，第一次展示我的文字是2018年3月学习《回忆鲁迅先生》时。那年春节，我返回湖北老家过年，除夕给爷爷扫墓，爷爷已经离开十年。从初中到大学，我一直在爷爷身边生活。回首当年，爷爷的音容笑貌如在眼前，于是写了《回忆爷爷二三事》一文留作

纪念。

过完春节,返回佛山上班,第一单元第三课就是萧红的《回忆鲁迅先生》,这是一篇新选入的课文,我从未执教过。在我看来整篇文章笔法疏散,好像作者面对我们娓娓道来。这既是散文的特点,也是萧红的写作风格。看到这篇文章时,我有点犯难。文章篇幅长,叙事碎,我参考了很多名师的教学设计,依然找不准突破口。同事说以前执教这篇文章让学生品析语言,体会情感,上课效果一般。思考了很久,还是决定删繁就简,长文短教。

首先采用小组合作,归纳文章的主要事件。文章长,内容丰富,知识点也多,无论是分析还是串讲,都不好操作。最后决定将文章根据篇幅裁成四个部分,每个大组精读一个部分,然后四人小组讨论分析并归纳:这一部分写了哪几件事情?表现了鲁迅先生怎样的性格特征?每个小组推举一位发言人在全班交流。这一环节大约持续了十五分钟,同学们讨论热烈,交流积极。讨论后明确:文章写了鲁迅的笑、走路的姿态、会客、开玩笑、看电影、休息、工作、吃鱼丸、包书等,通过记叙鲁迅先生的日常生活细节,向世人展现了一个随和真实的、生活化的鲁迅,抒发了作者对鲁迅先生的崇敬和怀念之情。

其次是对比阅读,分析写法,这个环节晒出了我的文字。《回忆鲁迅先生》是一篇写人的散文,《回忆爷爷二三事》表达了我对爷爷的怀念之情,并发在了"宏文馆"上,学生们都读过。虽然文笔和萧红有霄壤之别,但作为下水作文,还是有值得学生学习的地方。两篇文章都是回忆性质的散文,都是通过生活中一些琐碎的小事来表达真实的情感。只不过《回忆鲁迅先生》节选的事情更多,感情更真挚。

将两篇文章对比分析后,我提出了一个问题:如果"新世纪杯"征文大赛的题目是"回忆鲁迅先生二三事",你会怎样选材呢?学生讨论后明确:如果突出鲁迅先生平易近人的特点就选择"开玩笑""宴请朋友""看电影"这三则素材;如果突出鲁迅先生认真细致的性格就选择"包书""回信""吃鱼丸"这三则素材。由此可见我们平时练笔,会根据中心立意选择典型的素材进行写作,本文明显没有遵循这一原则,是什么原因造成的呢?

学生陷入了思考,我接着插入一则材料:据说当年有位友人看了萧红的这篇文章后,不屑地评价说:"这也值得写?这有什么好写的?"但就是这样一篇片段之间没有太强的逻辑关系,甚至略显琐碎的文章,却成为描写鲁迅先生的经典作品,这是什么原因呢?学生抬起头来看我,一脸的困惑。我笑了笑,播放了李平教授的微课视频。

李平教授解释文章中萧红对鲁迅先生的称呼是不同的,一会儿是"周先

生",一会儿是"鲁迅先生",作者的思绪已经乱了,不同时期的鲁迅先生的形象一起涌向脑海,令她应接不暇,于是她似乎分不清东西南北,也不想再去分清轻重缓急,想到哪里,写到哪里。不假思索,不管逻辑,一气呵成,越到最后,越是让人撕心裂肺,甚至让人感到窒息。不由让人想起乡间坟地上常见的妇人如泣如诉的嘶喊。所以说,打动读者是贯穿全文的情感。

《回忆鲁迅先生》上完了,有很多不足。但课堂气氛是很活跃的,学生对课文,对我的下水作文都很感兴趣,最后的微课视频,也很好地解答了学生的困惑。

(三)

2017年11月学校第十七届体艺科技节如期举行,教师文艺汇演是其中的重头戏,文艺汇演是以科组为单位进行的。语文科组决定排《三生三世白蛇传》,几经讨论,我担任了该剧的编剧和导演。演出大获成功,最后被评为一等奖,我也被同事戏称为孙导。其实我哪里懂什么导演,完全是按照备课的过程在排练节目。回忆编剧和排练的过程,个人感觉舞台艺术和课堂结构艺术还是有诸多相通的地方。

首先,对比手法很重要。排练《三生三世白蛇传》时,我有意识地运用对比手法来强化舞台效果。就剧本而言,整个戏是在对比中推进的。开场"游湖",风光旖旎,白许二人一见钟情。湖光山色中,突然出现两个恶霸,破坏了轻松愉悦的氛围,形成对比。赶走恶霸后,白许二人在断桥之下翩翩起舞,法海出现在断桥之上,风云突变,又形成一处对比。此外,主题的美与丑、善与恶的对比,演员高与矮、胖与瘦的对比都强化了作品的舞台张力。在教学中,用好对比手法同样可以强化课堂教学效果。如《秋天的怀念》一文中环境描写对比;《散文诗两首》中外作家作品对比;解读《雨的四季》时,历史与现实的对比;《纪念白求恩》与《从百草园到三味书屋》中议论与记叙的对比等。对比不仅是一种表现手法,还可以是一种课堂模式,教学适当运用这种课堂教学模式,会有不一样的风景。

其次,"舞台造型"与"问题设置"性质一样。京剧教育家王瑶卿先生曾经说过:一部作品能否在舞台上立住,有没有几个经典的造型很重要。无论是公园的花灯展览,还是佛山秋色的彩车巡游,其实本质都是一种造型艺术的展示。排练《三生三世白蛇传》所设计的开场旗袍秀,游湖舞蹈秀,合钵深情秀,断桥背影秀都引起了现场观众的强烈反响。演出过后,也许剧情会被淡忘,但那几个经典的舞台造型会长久地留在观众心中。课堂教学虽然不存在舞台造型的问

题,但是,在上课时精心设计的问题也能起到同样的效果。一个精彩的课例,学生也许记不清上课的细节了,但是,老师设置的那些引人深思的问题却能长久地留在学生的脑海中。例如:《咏雪》中谢太傅大笑的原因有哪些?《湖心亭看雪》有几处自相矛盾的地方?《从百草原到三味书屋》真的是在批判封建的教育模式吗?这些问题在上课时都极大地引起了学生的关注,甚至下课后还有学生在讨论质疑。备课的时候,深挖教材很有必要,能激发学生兴趣的问题等同于经典优美的"舞台造型"。

再次,要做到"眼中有观众,心中有学生"。《三生三世白蛇传》演出结束了,欣赏剧照时,还是发现了一些瑕疵,好几处重要的场景,都出现了演员背对观众的情况。其实在排练时已经反复强调过这个问题。但我们毕竟不是专业演员,演出属于玩票性质,出现这些瑕疵情有可原。作为老师,我们是专业的。上课时就一定要关注学生,要根据学生的学习基础和接受能力来备课,并选择适当的教学方法传授知识。如果我们在上课时,出现教学内容强调多次,学生还是没有接受的情况时,最好要进行反思了:所教内容是否适合学生?能不能选择他们能够接受的内容来学习?能否调整一下教学节奏和方法?别人的做法是否适应自己的学生?评价学生的方法不一定要用到量化标准,他们在自己的基础上有进步就是教学的成功。心中有学生,这个目标还是很容易达到的。

另外,"适合"的才是最好的。通过这次演出,东哥晋升为学校新一代男神。排练之初,东哥先后试过了白娘子,许仙和小青的角色,最后发现小青的角色泼辣,活泼,热情,最适合东哥发挥。演出时,东哥塑造的小青形象堪称完美。我们语文课堂也是如此,课堂教学模式层出不穷,"讲评练"课堂教学模式、"目标教学"模式、"三四五"课堂教学模式、"趣疑导练"课堂教学模式等等,不一而足。个别学校为了强化教学特色,甚至在全校强推某种课堂教学模式,这是严重违背教学规律的行为。老师不同,学生也不同,教学过程应该是双方相互适应的过程。别人取得成功的模式,自己未必能获得成功。"适合"自己的,才是最好的,所以我们能经常看到异彩纷呈的"同课异构"。

最后,经典是需要反复锤炼的。演出结束了,虽然获得了一等奖,但参与者都在反思:如果节奏再流畅一点就更好了,如果灯光再配合一下会更好,如果表演稍微收一下,效果会不会更好一些呢?演出无法复制,舞台艺术是一门永远遗憾的艺术,既要有临场的发挥,还要考虑整部作品的风格,优秀的舞台艺术都是千锤百炼的结果。我们的课堂也是如此,每一堂竞赛课、展示课、精品课都要集体备课,反复试教,经过几轮磨课才能最终定型。尽管在正式上课时也会有这样那样的遗憾。常规课堂虽然不用像公开课那样反复折腾,但是"备课——

上课——反思——调整——再上课"的环节还是必要的。这样下来,对老师而言,业务能力能够不断进步,对学生而言,教学效果会更加明显。

(四)

2018 年 9 月,有高中同学回到母校湖北省荆州中学,写下了回忆高中生活的文字,看到同学的文字,勾起了我对往事的回忆。三十多年前的荆州是恬淡的,古城西门的花柳陪伴我度过了整个少年时代。自从 2002 年离开荆州,古城春天的花柳风月也就只能在梦中出现了。

对于我而言,三年高中犹如大梦一场。沉重的压力,迷茫的前途,让人喘不过气来,以至于毕业后才觉得生活也可以是风清日暖的。

尽管往事不堪回首,但有些人和事却在脑海中更加清晰。我提笔写下了一篇文章,命名为《荆中三年》,发布在"宏文馆"上,引发了高中同学们的共鸣,纷纷转发,很多校友和老师在文章下面留言,鼓励我继续写下去,结果一发不可收拾,一共写了六篇回忆性的散文,差不多有四万多字。

在我笔下,母校是这样的:有点历史的学校都是由宗教场所改建而来的,荆州中学也不例外,原址是张文忠公祠,张文忠公就是大名鼎鼎的张居正。据说东汉大学者马融讲学的绛帐台也设置在这里。可惜抗日战争期间,被日本人烧毁。学校坐南朝北,占地面积很大。大门开在学校东边的托塔坊,校门外的马路地势高,校园地势低,进大门的校道形成了一条很长的陡坡,下雪的时候,经常有人在这里摔跤。这条校道很长,大致将学校分为南北两个部分,南边是体育器材室、田径场、体育馆、学生宿舍和食堂。北面就是实验楼、办公楼和教学楼了。这条校道的最西边,是一个池塘,上面有一座曲桥,穿过曲桥和过街天桥,就是教工生活区了。教学楼位于学校的北面,是一座四层大楼,外墙涂着蓝色的油漆,在阳光下很气派。我们的教室在二楼。学校里栽满了法国梧桐,校道两边还有不少枇杷树。法国梧桐应该有些年头了,站在二楼看下去,满目葱翠。

我清楚地记得老师们的谆谆教诲:徐鸿钧老师教我们的物理,当时他担任学校的教学处主任。徐老师虽然是理科老师,却有着深厚的文科素养。上课时,传统诗词张口就来。那年的寒假作业,老师为每一位同学都批了一首诗歌。五十位同学,一个都不重复。高三时,我曾经犯过一次严重的错误,我内心苦闷彷徨。许锐找到我,说是徐主任找我,后来我和许锐来到徐主任家,徐主任站在阳台上,对我谆谆教诲,勉励我改正错误,让我集中精力复习备考。这在我三年的高中生活中,是难得的一缕阳光,温暖了一个自卑、敏感的学生的心灵。

数学老师是刘引娣老师，教完我们这一届学生应该就退休了。老师人特别和蔼，因为年纪大了，思维没有那么灵活了。我们问老师题目，老师都是让我们写在一张纸上，写上自己的名字，然后坐到讲台上开始做题，做好以后再讲给同学听。我刚入学时，成绩比较差，老师会经常点我到黑板上去演算。因为不想算不出来丢人，所以逼得我提前做好预习，不懂的就去问同学。慢慢的成绩也就上来了，从八十多分进步到九十多分。刘老师看到我的进步，更喜欢让我回答问题了。后来我去了文科班，听同学告诉我，刘老师请同学回答问题时还在叫我的名字，引来一阵哄堂大笑，刘老师这才反应过来，我已经读文科去了。

我这样反思：我们都坐在一起，成绩相仿，命运类似，同是天涯沦落人。抱团取暖是人的天性，下课后，我们也会一起聊天，发牢骚。现在看来，我们多多少少是有些焦虑和抑郁的。我们并非不爱学习，可是无论怎么努力，都看不到效果。好比在黑暗中赶路，一个个谜团从我们身边呼啸而过，而自己却无能为力。我们需要鼓励，需要指导，需要疏导，但这在当时是不可能的事情。所以每次出成绩，就是自己舔伤口的时候。我有时会想起卖煎饼的河南人，把面饼放在火上慢慢煎，慢慢熬，让油完全渗透到面饼里去。我们也在这里慢慢煎，慢慢熬。前途明明暗淡，身后却是父母满怀希望的目光，身体上的煎熬可以扛，心理上的煎熬真是要命。所以，高考出成绩后，我再也不愿意复读，因为怕崩溃。

系列文章发布后，留言的同学和校友有很多，有位名叫"LuLu"的网友这样留言："荷道以躬，舆之以言。看完您六篇《荆中三年》，像追电视剧一样，每一个鲜活的人物，每一幕生动的场景，绘声绘色，历历在目。荆楚大地的勃勃生机在小镜头里得到了大绽放。每一篇大作都来之不易，每一句话都要千锤百炼。文字背后蕴含的深刻情感，熔铸于絮状的叙述中，看似累赘实则一线贯穿始终。虽说这不是中学生作文的典范，但是对于任何一个有思想有品位的灵魂来说，这却是一份莫大的享受！感谢您的出品，也感谢您的六篇大作，让我看到一个不甘平凡的无名之辈，在历尽坎坷备受阻挠的困境中，出人头地，斩获人间烟火中的那份纯粹。"

我觉得，这段留言是对我文字的最高褒扬！

附：下水作文

回忆爷爷二三事

"别时容易见时难，望断长空烟水寒"，两句诗道尽天涯游子的思乡之苦，今

年又回到了阔别已久的故乡。爷爷奶奶都已不在人世，父母早以随我定居佛山，故乡对我而言，从此转身是天涯。有些人，有些事却反而更加清晰。

我是1990年来到爷爷奶奶身边的，80年代末，盖哥和两位叔叔先后考上大学，在小城荆州也算是个不大不小的新闻。大大和小爷考虑到荆州的教育质量比较好，和父母商量后，把我从江陵转入荆师附中读书，希望我也能像盖哥那样考上一所好大学，可惜天不遂人意，最后有负大家期望。

在附中读书时，爷爷在老南门烧饼巷守门房。我平时住在玄帝宫街大大家，周末，我会去烧饼巷爷爷那里睡觉、做作业。晚上，爷爷把办公室的两张长沙发拼在一起，铺上床单被子，就成了我的临时卧室。烧饼巷古老悠长，老房子很多，经常有梨花或石榴从古老的墙头探出，院子里有各种花草，春天雨夜特别宁静，点点滴滴打在屋瓦上，落在花草中，就是一幅绝佳的春夜喜雨图。很多时候，爷爷会戴着眼镜看小说，奶奶在屋子里进进出出，我则趴在办公桌上完成作业，这个情境多次在梦里出现过。后来，我也曾路过烧饼巷，物是人非，再也找不到当年的感觉了。

一个周日，爷爷从烧饼巷回到玄帝宫街，问起了我的功课，我告诉爷爷因为教材版本不同，我没有学过《小石潭记》，爷爷让我拿出课本，先对着注解翻译课文，有不懂的地方他再讲给我听。爷爷的古文功底很好，《小石潭记》讲得很透彻，补充了很多课外知识。我永远记得爷爷解释的"潭""渊""池""湖"的区别和缘由，历史上忠臣和奸臣的遭遇，写景和抒情的关系。而且举了很多我闻所未闻的例子。爷爷在生活中是严肃的，那天帮我讲解《小石潭记》的时候，脸上始终带着微笑，我不懂的地方他一直很耐心地为我解释。奶奶则在院子里一边晒着酿造米酒的酒曲，一边笑着看着我们。晒台上的金银花开得正盛，整个院子里满是浓郁的香味。

玄帝宫街的房子是一所闹中取静的三合院，面积很大。有水井，有晒台，有花木，小爷还砌了条小水槽，下午用小马达从水井里抽水出来，顺着水槽沿着屋檐下潺潺地流出去。那段时间物质条件也许不丰富，但现在看来那应该是爷爷奶奶生活中最幸福平静的日子。后来房子几经改建，这个充满了诗意和美感的院子就不复存在了。

不久，我进入了百年老校荆州中学就读，高中生活，乏善可陈。经常在课间伏在栏杆上无聊地看着校园里的枇杷树，枇杷绿了又黄，而我的成绩毫无起色，鲜嫩的梧桐树叶也不能引起我的丝毫兴致。心情极度抑郁，我的天空是没有色彩的。高三下学期，我拿着三月会考的成绩排名表给爷爷签字，爷爷戴着老花镜反反复复看了许久，最后在上面题了一首诗，整首诗已经淡忘，只记得有"老师多指导,学生勤用功"的句子,字里行间对我充满了殷切的希望,依然勉励我面对困难不要丧失信心。

高考成绩很快揭晓,小爷和大大希望我再复读一年考上一所好学校。但三年高中对我而言是一段黑色的记忆,我没有勇气再次面对。爷爷一锤定音:"算了! 就读师专吧!"奶奶也说:"爷爷以前是老师,你今后做老师,把这脉书香续上,也是好事。"就这样,我去了荆师。大学毕业后,也是爷爷带着爸爸和大大到江陵找到典文大叔,帮我落实好工作。

爷爷是 2008 年离开的,当时我已经到广东工作了。接到电话后匆匆赶回荆州,也没尽到做孙子的责任。人近中年,总是喜欢忆旧。忘不了,我暑假在家,爷爷奶奶过来城南时总是会为我带上一份早餐;也忘不了,我回广东时,爷爷奶奶站在荆师池塘边送我时的目光,夕阳把他们的身影拉得很长很长。

"死去何所道,托体同山阿。"是陶渊明对生死的看法,爷爷是文化人,对生死二字参得很透彻。爷爷以前是老师,我想,努力工作,就是对爷爷最好的纪念了!

课堂剪影　»

领导慰问参赛学生

《白蛇传》演出现场

学生心语　»

《假如生活欺骗了你》是语文课本中为数不多的西方短诗,以一种独特的、豁达乐观的态度吸引着我, 敢于在绝望中保持斗志, 在热爱中追求理想, 这种"理想主义"的精神深深打动了我。在课上的仿写里"朋友、朝阳、背影以及并肩同行"这四个意象仿佛就在我面前,便写下了这首小诗,在新的启程中, 不会因为生活的欺骗而愤慨, 不会因为悲伤而被掩盖, 因为你身

边总会有一群朋友，会坚定地站在你身旁。

——任子皓（南海实验中学2017届学生）

　　戏曲艺术是我国的非物质文化遗产，在南海实验中学读书时曾在体艺节的舞台上看过《白蛇传》，几年过去了，这场演出依然烙印在我的脑海。《三生三世白蛇传》是宏哥编导的，当时就觉得故事情节十分有趣，小青和一些丑角的扮演者都把人物演得活灵活现。白娘子柔情似水，貌美如花；许仙性情善良，待人坦诚。宏哥扮演法海，小生的扮相更是别具一格。正如宏哥所言："看遍天下白娘子，犹惊南实三世情！"

——洪展俊（南海实验中学2017届学生）

　　《假如生活欺骗了你》是一首精短的小诗，孙老师却上得余韵悠长。诗无达诂，不同的人理解诗歌的内涵有异，恰到好处的写作背景交代是理解诗歌的重要补充，小小的悬念也吊足学生胃口，课后还能勾起他们继续了解甚至创作诗歌的兴趣。孙老师在教学过程中尝试引导学生走向诗歌深处，走近诗人的同时也关照自身，尤其谈到"生活于我们而言有顺境和逆境，机会总是给那些有准备的人，准备不充分而失败，是不能叫'被生活欺骗'的"，更是一语点醒梦中人。

——邓惠林（暨南大学实习生）

第七记 做个讲故事的人

　　莫言说他是个讲故事的人，因为故事让他相信真理和正义的存在。学生说我上课喜欢联系生活，讲去丽江古城遇到一位司机的故事，讲年轻时我面试的故事，讲和女儿斗智斗勇的故事，我是个装满故事的人。是的，我上课经常会和学生分享一些故事，这些故事，有的是自己的经历，有的是他人的故事，还有很多是史料故事和杂文轶事。

　　虽然是小故事，但都包含着世态炎凉，生活哲学，鞭挞假恶丑，歌颂真善美。学生也在故事中学习。有时候，故事没有讲完，下课铃声已经响起，只得匆忙下课，到下次上课时，学生看我开新课，会急得大喊："宏哥，你还欠我们一个故事！"

（一）

　　很喜欢《世说新语》，读来齿颊留香。他们的潇洒、淡泊、简傲，有千万种风光自在心头，在作者灵动的笔法下，尽显魏晋风流。《咏雪》是七年级上册的一篇课文，选自《世说新语·言语》，短文言简意赅地勾勒出了大雪骤降，谢家子女即景咏雪的情景，展示了古代家庭文化生活轻松和谐的画面。

　　"山阴道上桂花初，王谢风流满晋书"，谢安叔侄的故事在《世说新语》中有很多，我在备课时，又将《世说新语》粗略翻看了一遍，重点阅读了和谢安叔侄有关的篇目。教学目标最初设定为：1.积累文言字词；2.理解人物性格特点；3.激发学生阅读《世说新语》的兴趣。

　　考虑到学生初次学习文言文，采用质疑法教学。学生关于人物生平的困惑主要是：1.太傅是什么官职？2.太傅为何要召集子侄讲论文义？3.谢道韫还有其他的作品吗？关于文章内容的困惑是：4.谢朗和谢道韫对大雪进行了描述，太傅认可谁的比喻？5.谢朗和谢道韫的比喻哪个更高明？6.太傅讲的诗文是什么？关于写作手法的困惑是：7.《咏雪》告诉了我们什么道理？8.短文最后为何特意点出谢道韫是王凝之的妻子？

　　学有疑，才会有所思，然后有所得，学习本身就是发现问题并解决问题的过

程。他们的问题涉及方方面面,解决这些问题要秉承"先易后难,逐个突破"的原则。问题 1、2、3 属于知识性问题,没有讨论的必要。直接告诉学生:太傅是古代的官职,谢安因指挥淝水之战,死后被追赠;东晋是由士族地主支持建立起来的王朝,士族阶层为了使本家族能长期稳定地享有各种特权,十分重视家庭教育,因此谢安经常召集子侄讲论文义。谢道韫原来有文集两卷,后来失散,现存散文《论语赞》,古诗《登山》《拟嵇中散咏松诗》。

我们讨论这些问题时各抒己见,尽量求同存异。问题 5、7、8 是属于文章内容和写作手法方面的疑惑,这就需要引导学生发散思维,各抒己见,个别问题为开放性问题,没有统一答案。例如:问题 5 讨论后总结:谢朗比喻形似,谢道韫比喻神似。至于哪个比喻好,学生见仁见智。问题 7 讨论后告诉大家:《世说新语》是讲述魏晋风流的故事集,主要是记录魏晋名士的逸闻趣事,没有特殊写作目的。问题 8 讨论后明确:编者最后点出谢道韫的身份,既是一种强调,也是对谢道韫比喻的认可。

问题 4 的探讨是整节课的亮点,关于问题 4 很多教辅资料解释为太傅欣赏谢道韫的回答,然而有学生提出这问题,充分体现了学生的求知欲。我解释这一问题时,引用了《世说新语》中的另外两则小故事:"材料一:谢虎子尝上屋熏鼠。胡儿既无由知父为此事,闻人道:'痴人有作此者'。戏笑之。时道此非复一过。太傅既了己之不知,因其言次,语胡儿曰:'世人以此谤中郎,亦言我共作此。'胡儿懊热,一月日闭斋不出。太傅虚托引己之过,一相开悟,可谓德教。"材料二:"谢遏年少时,好箸紫罗香囊,垂覆手。太傅患之,而不欲伤其意,乃谲与赌,得即烧之。"

我讲完这两个小故事后,我讲了自己的看法:谢安教育子侄采用的是循循善诱的方式,既委婉地指出子侄们的错误,又保护孩子的自尊心。因此,即使谢安认为谢道韫的比喻好,出于保护谢朗的自尊心的需要,他也不会明确地表态,但是孩子们的奇思妙想,其乐融融的家庭氛围还是让谢太傅很开心,因此大笑了。学生听了,也很认可我的说法。

至于问题 6,确实有点偏,但学生既然有求知的欲望,我还是根据自己的体会,谈谈看法,这里又为学生引入了一则材料。材料三:"谢公因子弟集聚,问:'《毛诗》何句最佳?'遏称曰:'昔我往矣,杨柳依依;今我来思,雨雪霏霏。'公曰:'吁谟定命。远猷辰告。'谓此句偏有雅人深致。"

跟学生解释后告诉他们:整本《世说新语》留下了很多谢家子弟讨论《诗经》的故事,据老师推断,他们讨论的也许是《诗经》吧,仅为一家之言,大家有兴趣可以自己去读读《世说新语》。文言文离我们的生活久远,历史的变迁使很多文

字晦涩难懂,学生对文言文是比较头疼的,文言文教学也是我们面临的一道难题,但是几则小故事的插入却让课堂妙趣横生,这也是故事的魅力之所在。

(二)

《孙权劝学》是选自《资治通鉴》的一篇小短文,通过描写孙权劝导吕蒙学习及吕蒙接受劝告认真学习后发生的变化,点明了学习对于健全人格的重要作用。我在执教此文时继续延续短文长教的习惯,参考了清华附中王君老师的教学设计,在梳理文章内容时,学生反响强烈,有别开生面的感觉。其实能取得这样的教学效果,也离不开我补充的几则小故事。

上课的时候我先运用追问法,引导学生进一步了解文本。学生朗读"卿今当涂掌事,不可不学",提问:为何要采用威严的语气朗读?讨论明确:因为孙权是人主身份,他希望吕蒙能够广泛涉猎,增长才干,采用双重否定增强语气,希望吕蒙无可置疑地接受自己的意见。追问:吕蒙接受了孙权的意见吗?讨论明确:没有,蒙辞以军中多务,也许是孙权命令式的语气很难让人接受吧!总之,孙权的提议被吕蒙拒绝了。继续追问:自己的提议被下属否决,你如果是孙权,你会怎样说?

学生讨论交流:学生1:"大胆!罚俸一年!"学生2:"哎!孺子不可教也!朽木不可雕也!"进一步追问:可是孙权却说:"孤岂欲卿治经为博士邪!但当涉猎,见往事耳。卿言多务,孰若孤?孤常读书,自以为大有所益。"从中可以发现孙权有哪些优点?讨论明确:大度、好学、坚持。生气不能解决问题,沟通才能达到目的,我们和人沟通时不要以命令的语气和对方说话,要保持冷静,多替对方着想,以理服人。所以后来吕蒙和鲁肃交流时,也学习到了孙权的说话艺术。

《孙权劝学》中关于"结友而别"一笔带过,其实里面一波三折。接着,我出示几则材料,让学生了解故事的前因后果。出示材料一:"鲁肃代周瑜,当之陆口,过蒙屯下。肃意尚轻蒙,或说肃曰:'吕将军功名日显,不可以故意待之,君宜顾之。'遂往诣蒙。"提问:如果你是吕蒙,知道上级轻视自己还来拜访自己,你会怎么说?学生笑:"您不是瞧不起我吗?又来我这里干什么?"

出示材料二:"酒酣,蒙问肃曰:'君受重任,与关羽为邻,将何计略以备不虞?'肃造次应曰:'临时施宜。'"分析后明确:吕蒙没有反讽鲁肃,而是很郑重地和鲁肃谈论起国防问题。可是,鲁肃对于吕蒙的问题很应付,如果你是吕蒙,你会怎么说呢?学生1:"如果出了大事,你来负责?"学生2:"这么重要的事情,为什么不提前做好布置呢?"

出示材料三:"蒙曰:'今东西虽为一家,而关羽实虎熊也,计安可不豫定?'因为肃画五策。肃于是越席就之,拊其背曰:'吕子明,吾不知卿才略所及乃至于此也。'遂拜蒙母,结友而别。"分析明确:吕蒙没有像我们想象的那样指责鲁肃,也没有对鲁肃反唇相讥,而是摆正自己的位置,为鲁肃献上了五条计策。让鲁肃刮目相看,两人结友而别!分析完这则材料,学生频频点头,心中谜团也一扫而空。

《孙权劝学》言简义丰,寥寥数语,就可以感受到人物说话时的口吻、神态和心理。孙权首先使用双重否定句向吕蒙提出学习的要求,碰了钉子却依然没有放弃,主动为吕蒙降低学习难度,告知他学习方法和途径,并且现身说法,循循善诱,言辞恳切,让吕蒙心悦诚服地接受了孙权的劝告。其实,我们的生活中也经常会遇到一些问题,如果能掌握好的沟通技巧,也可以收到很好的效果。于是我和学生分享了生活中的小故事:昨天,再三叮嘱语文课代表小梁同学把放在阅览室的三摞语文作业抱回教室登记后发掉,结果晚修时还是发现漏抱了一摞。我问起原因,小梁同学辩解说,他已经抱回了两摞,剩下的一摞是其他同学忘掉了的。如果你是我,你会怎样说?

学生讨论交流,课堂气氛极其活跃。最后,我告诉他们,当时我是这样说的:"科代表责任重大,按时登记分发作业,既方便老师掌握同学们的作业完成情况,也可以让同学们拿到作业后抓紧时间完成。如果你觉得一个人不能胜任,可以让同学帮助你完成,但是你一定得做好跟踪落实。这次吸取教训,相信你以后一定能协助好老师的。"结果是让人满意的,后来的语文作业收得很整齐。

《孙权劝学》花了两个课时,第一课时侧重疏通文义,落实字词,以串讲为主,略显枯燥。第二课时分析人物形象,插入历史故事和身边的故事,学习沟通技巧,同时也渗透了情感价值观的教育,上课效果很好。故事调动了学生学习积极性,起到了事半功倍的效果。

(三)

《孙权劝学》执教过多次了,根据 2018 年的教学经验又做了一些修改。2019 年的感受更深刻一些,依然用了两个课时来学习,第一个课时疏通文言词句,分析人物形象,读背文章。第二个课时通过讲述故事,学习文章中反映出来的人与人之间的沟通技巧。熊芳芳老师曾经谈到过处理文本的观点,处理文本不仅要做减法,有时候也要做做加法。重新学习了王君老师的课堂实录,根据

学生实际情况,补充了几个故事,采用传统的讲授法,我讲学生听,尽管师生互动不多,效果也很好。

孙权和吕蒙的故事:孙权是东吴主公,雄才大略,有知人之明。他认为吕蒙非常优秀,将来可堪大任,美中不足的是吕蒙是个职业军人,没有多少文化。所以孙权希望吕蒙能够利用闲暇时间多读读书,来充实自己。然而吕蒙却说军中事务多,没有时间读书。孙权作为江东之主,面对臣子的推辞,既没有斥责吕蒙抗旨不遵,也没有觉得吕蒙不可救药而不再过问这件事情。孙权保持着冷静的态度,现身说法,指出读书的必要性,接着又为吕蒙降低学习标准,告诉他读书不是为了治经为博士,只不过是粗略读书,了解历史罢了。孙权劝学达到了很好的效果,吕蒙很快进入了学习状态。

孙权对吕蒙的影响不仅在于对待学习的态度,而且还影响了吕蒙的性格:当我们和人交流的时候,一定要保持冷静的头脑,做事不要冲动。所以当吕蒙遇到鲁肃时,他也运用了孙权和人沟通的技巧,这才有鲁肃和吕蒙惺惺相惜,结友而别的故事。

吕蒙和鲁肃的故事:话说周瑜去世之后,鲁肃继任大都督,驻扎在陆口,鲁肃身边有人说道:"吕蒙将军功名日显,您还是应该主动地去拜访他",鲁肃于是来到了寻阳,认为吕蒙是一介武夫,在心里还是有点瞧不起他。面对鲁肃的傲慢,吕蒙既没有生气,也没有冷漠对待,他摆正自己的位置,保持着冷静的头脑,热情地接待了自己的顶头上司。吃饭的时候,吕蒙问鲁肃:"面对咄咄逼人的关羽,您打算用什么样的策略来防备可能的突发事件呢?"鲁肃回答:"到时候再看吧!"面对鲁肃敷衍的态度,吕蒙说道:"现在和刘备虽然是同盟,但是关羽犹如虎熊,怎能不早做打算呢?"并为鲁肃献上了五条计策(涉及军事机密,史料没有记载)。

鲁肃听后大吃一惊,才有了课文中"卿今者才略,非复吴下阿蒙"的感叹并"结友而别"的故事。所以,吕蒙的进步不仅体现在才略的长进上,他的个人修养,待人接物的水平都有了很大的提升,当年孙权站在吕蒙的立场上替他着想,今天吕蒙又站在鲁肃的立场上替他着想。

吕蒙和孙权的故事:当初,孙权认为吕蒙"当途掌事,不可不学",因为他对吕蒙抱有了很大的期望,事实上,吕蒙也没有让孙权失望。建安十七年(公元212年),曹操再度南下,吕蒙建议在水口两旁立坞,众将认为没有必要。吕蒙认为:士兵有急有缓,不可能百战百胜,敌军步骑兵逼人,则无暇及水,安能入坞?成功说服孙权设立濡须坞,曹军从未攻破。建安十九年(公元214年),曹操以朱光为庐江太守,屯兵皖城,也是吕蒙力排众议,坚持带兵四面围攻,再顺水回军。清晨攻城,吕蒙亲手击鼓,士兵奋勇猛攻,生擒朱光。吕蒙去寻阳不

久，庐陵人造反，诸将讨伐无果，孙权感叹："鸷鸟一百只，不如一鹗"，最后也是吕蒙平定了叛乱。

从这些例子可以看出，吕蒙就学以后，才略增长得很快，面对纷繁的局势，能提出正确的见解；当遇到不同意见时，能够保持冷静的头脑，摆事实，讲道理。这也是需要我们学习的地方。

曹操和孙权的故事：孙权不仅和吕蒙之间有很多故事，他和曹操之间的故事也很精彩。建安十八年（公元213年），曹操和孙权开战，吕蒙为孙权献上的计策很有效果，曹操兵临濡须坞，却没有办法攻破。曹操见到吴军军容整齐，感叹道："生子当如孙仲谋，刘景升儿子若豚犬耳！"两军对峙，双方后勤都面临着巨大的消耗，打仗最终拼的是后勤。孙权面临巨大的压力，于是给曹操写信："长江春汛将至，您最好赶快撤军。足下不死，我心难安"，拿着孙权的书信，曹操展现出一代政治家的风范，对部将说道："孙权没有欺骗我啊！"于是率军撤退了。

曹操的智慧，在于面对孙权的挑衅，没有暴怒，也没有讥笑，而是能够冷静分析，并做出客观判断，最后做出正确的选择，避免一些不必要的损失。曹操面对孙权嘲讽的态度，也是值得我们学习的。建安二十四年（公元219年），吕蒙病逝，孙权悲痛万分。他这样评价吕蒙："子明年少时，仅不怕困难，勇敢果断而已，想不到后来，他学识极佳，计策精奇，仅次于公瑾，只有言议英气还不够，对付关羽，子明高于子敬。"

这堂课变成故事会，我成了说书人，学生听得津津有味！

（四）

2021年6月28日，我的新书《跟着生活学写作》正式出版上架，28日晚上举行了新书发布会，6月29日，佛山东方书城开通了线上购书程序，《佛山日报》《珠江时报》陆续报道了《跟着生活学写作》新书签售的消息。陆陆续续开始有人购买，有很多读者购书下单时注明要我的签名。

于是，从6月29日开始，我又多了一项签名的工作。每天早上，东方书城总店把需要签名的书送到鹿璟村分店，因为这家店离我们学校近。我中午过去签名，加上盖印章的时间大概需要一个小时。29日中午，我的学生周子乐同学过来帮忙，中考结束，他毕业了正好有时间，于是我签名，他专门盖印章。我的母亲6月13日在家里摔了一跤，送医院诊断腰椎骨折，6月22日正式手术。我医院单位两头跑。好在现在情况越来越稳定，我的情绪也稳定了很多。

6月30日中午从医院送完东西，我直接上到鹿璟村东方书城分店，果然，又有一大堆的书等着我签名。正值中午，书店里没什么人，我喜欢书店，因为里面有书的香味，特别好闻。我喝了口水，坐下来准备签名。发现我旁边坐着两个学生在看书，穿着校服。职业习惯，看见爱学习的孩子，我就喜欢。我招呼一个孩子过来，原来是东翔学校的孩子，中考结束了，过来看书。东翔学校是佛山的民办学校，主要招收外来务工人员的孩子就读。于是我请他们帮我盖印章，他们很开心。

一个孩子搬书，我签名，另外一个孩子帮我盖印章。我们分工合作，很默契。闲聊中得知，一个安徽人，一个湖南人。爸爸妈妈上班去了，他们相约过来看书。他们知道这本书是我写的，一脸仰慕地看着我。我笑了笑："叔叔送你们一人一本，要不要？""老师送给我们，肯定要啊！"我把书递给他们，他们拿着书爱不释手。这些签过名的书是要送给南海实验中学102班和116班的孩子们的，我答应过他们。

这几天读者购书后都想和我合影，我问他们需要合影吗？一个孩子用手挠着头，不好意思地告诉我，他用的是老人机，不能拍照。另外一个孩子羞涩地说手机像素太低，拍照不清楚，我看了一下，手机屏幕上有好几道裂痕，明显是父母淘汰下来的旧手机。我心中五味杂陈。这时，书城的工作人员找来塑料筐子，我们三个人把书放进去，然后抬到地下车库。他们帮我把书放到车上，我启动车子，车子缓缓移动，他们没有走，站在那里送我。我摇下车窗，跟他们俩挥手告别。突然，两个孩子冲我喊道："老师！我们会好好读书的！"我朝他们笑了笑，开车走了。很开心。

7月1日半夜1点，夜静人稀，玉漏更残。我敲击这段文字，眼泪汹涌而下，我无法控制，没有纸巾，太太已经睡了，我哭出声来。不是幸福，不是痛苦。这种感觉好复杂，眼泪不知道是为他们而流，还是为自己而流。可能是，也可能不是。那两个孩子在我临走的时候为什么要大声地告诉我他们会好好读书呢？

我想应该是出于这几个原因：他们的父母经济并不算宽裕，但仍然把他们带在身边，让他们在东翔学校读书，相比于留守儿童，他们是幸福的；他们目睹了父母艰辛的工作状态，明白知识改变命运的道理，所以要好好读书，哪怕将来去打工，打工的层次也要好过他们的父母；在书城内，感受到了陌生人对他们的关心。所以他们这样告诉我，一方面回应我的好意，另一方面也表达了他们的决心。

我将这个故事命名为《今晚不说，我怕忘了》发布在"宏文馆"上，有不少读者留言，一位名叫"Eileenlu"的朋友留言："我也稀里哗啦哭了！特别那句：'老师！我们会好好读书的！'孙老师如一盏灯，照亮了自己，更照亮了别人的一生！

我有时想,生命的意义是什么? 时候于我,就是活成一盏灯,照亮自己,温暖他人!"朋友的评价太高,"活成一盏灯"将是我的人生目标。

后来,我在学校上课,在外面讲座,常常把这个故事分享给别人听,我一直认为,打动人的不完全是语言和文字,更多的时候是真挚的情感和生活本来的面目。莫言说他是一个讲故事的人。讲故事让他获得了诺贝尔文学奖。今后的岁月里,他将继续讲他的故事。我也是个讲故事的人,因为生活本来就是一个个的故事,课文的背后也有好多的故事,今后的课堂上,我会继续分享那些感人的、温暖的故事。

附:教学手记

《你不能头发蓬乱地走出我的店》

《你不能头发蓬乱地走出我的店》是孙道荣老师的作品,讲述一个理发师和小伙子之间的故事。下大雨了,找工作的小伙子在理发店外躲雨,被热心的理发师请到店里,并顺手帮小伙子理了个发,理由是你不能头发蓬乱地走出我的店。小伙子很感动,向老师傅承诺,找到工作后一定来他店里理发。

故事很温馨,小伙子自尊自爱,理发师傅洞悉人情世事。孙道荣老师娓娓道来,如诉家常,读来很感人。这是一篇现代文阅读,我在评讲时有学生提出异议,认为这个故事很虚假,现实生活中是不大可能存在的,很多同学也认可这个观点。还有学生直接说宏哥你不是一直鼓励我们表现真善美吗? 为什么不批判这样的文章呢?

我略微愣了一下,然后表达我的看法:文学作品肯定有艺术加工的成分,个人认为这篇文章还是有一定的现实基础,因为多年前我也遇到过类似的事情。学生睁大了眼睛,兴趣来了,一致要求我讲述自己的经历。

思绪飘回到遥远的 2001 年,差不多二十年了。那年我从湖北来到广东,在南海实验中学面试后,时间还早,想着再去华英中学投递一份简历。那个时候的南海实验中学,周围还是大片的菜地,既无公交,也无出租。走到了东二中心村那里,看见一位大哥站在一辆摩托车旁边抽烟。我问他去不去佛山一中,他愣了一下,问我去那里干什么?

我告诉他我刚在南海实验中学面试,现在准备去华英投递一份简历,问他到佛山一中多少钱,他笑着告诉我不要钱。我以为他在开玩笑,就坐上了他的摩托车。来到佛山一中,我准备付钱给他,他依然说不要钱。我愣住了,他用不

太流利的普通话向我解释道:"我儿子在佛山一中读书,今天帮他送点汤水过来,正好顺路带你过来。"说完,还指了指他的饭盒。"你们出门在外找工作也不容易,不过你们有文化,很快就能找到工作的。"说完又朝我笑了笑。听了他的话,一股暖流涌上心头,鼻子有点酸酸的。

学生们的关注点和我不一样,"他的儿子后来考上哪里了?"他们异口同声地问我。

"我和这位大哥萍水相逢而已,也没有联系,不过有这么优秀的父亲,儿子又能差到哪里去呢? 好人有好报,我相信他的儿子一定能考上理想的大学!"这时,教室里响起了热烈的掌声,掌声不仅是对我看法的认可,更包含有对他们父子美好的祝福。

"其实,故事并没有完。"我顿了一下继续说道。同学们好奇地看着我,"因为要急着赶回湖北上班,可是已经买不到车票了,没有办法,只好找票贩子,该死的票贩子卖了一张假票给我。"学生们纷纷发出惋惜的声音。"那老师怎么回湖北呢?"又有学生问道。

那天的情景又浮现在我眼前,我拿着从票贩子那里买来的票在检票口就被拦住了,工作人员责备我不该找票贩子,我满头大汗地解释:因为要急着赶回去,窗口买不到票了才找票贩子买的。工作人员可怜我是受害者,放我进了候车室,让我上车后再去补票。上车后,我向列车员反映了情况准备补票,列车员告诉我过一会儿再补票。随后我在走道那里找了个地方坐了下来,过了很久列车员都没有让我补票。后来查票时经过我这里,我掏出钱包准备补票。列车员告诉我不用补了,并语重心长地告诫我出门在外,一定要多加小心,告诉我出站时用之前买来的票就可以了。

"哇! 宏哥你逃票。""宏哥,你运气真好!"学生开心地和我开起了玩笑。

"倒不是我运气好,我们在生活中,会遇到形形色色的人,有该死的票贩子,也有萍水相逢的好心人,这个世界上好人总是比坏人多。所以,我觉得这篇文章应该来源于生活,也有现实的意义。老师傅为什么会热心地帮助小青年,这是一种善良的传递,他帮助小青年就如当年自己受到别人的帮助一样。宏哥讲述自己的经历,其实也是一种传递,生活中我们要懂得感恩,要向社会传递善良,我相信你们也会是这样的人!"

话音刚落,又是一阵热烈的掌声。这堂课上,我对答题技巧的讲解并不多,更多的是带着同学们对文本进行解读,一起回顾,一起交流,分享我们对生活的认识和看法,也许对应试没有太大的帮助,但我还是很享受和同学们坦诚交流的乐趣。

课堂剪影 　»

周子乐同学在书城帮忙

上课故事

学生心语 　»

　　说到讲故事的人，不免想起某人纸扇翩翩，黑框眼镜，笑容可掬，悠悠哉哉地叙述着或奇幻，或清淡，或听了开怀大笑的逸事——正是我的老师宏哥。课本上与我们相距甚远的古人，在宏哥一摇一晃的扇子间仿佛活了起来。譬如庄子的要无赖，好似或是卖油翁的一点得意，再者是悠远令人唏嘘的爱情。那些考试的分数早已淡忘，但这一个个的故事都化作了晶莹的珍宝，一直留在渐远的岁月里。

——朱祉霏（南海实验中学2018届学生）

　　宏哥上课的时候，经常会给我们讲一些和上课内容有关的小故事。他讲故事时，下面没有一点声音，也没有什么小动作，所有人都在认真地听故事。每当孙老师讲完后，所有人都意犹未尽，想让孙老师再讲些故事，孙老师也只是笑而不语，此时所有人的注意力都集中在老师身上，他又会把我们的思维顺势引到课文上去。

——马琳丰（南海实验中学2020届学生）

　　我喜欢上语文课，尤其喜欢听老师上课讲故事，很多故事都可以提升语文阅读素养。莫言是个讲故事的人，宏哥也是个讲故事的人，我很喜欢他。故事里有哲理，有教训，他是个有教育智慧的人，能够通过故事指出我们的错误，又不会伤害我们的自尊心，我想这也是学生们喜欢他的重要原因。

——任冠睿（南海实验中学2020届学生）

第八记　标点符号的那些事

标点符号是书面上用于标明句读和语气的符号,用来表示停顿、语气以及词语的性质和作用,是辅助文字记录语言的符号,也是书面语的组成部分。它在我们的写作中必不可少,在以前的考试中也会经常出现,例如考查标点符号的正确使用方法,考查标点符号的感情色彩等。回忆我曾经上过的语文课,有几次是和标点符号有关系的,由于设置了这样的环节,整个课堂增色不少。

(一)

第一次将标点符号引入课堂教学是 2012 年 3 月,那是一堂竞赛课。我这里说的将标点符号引入教学不是指讲授标点符号的实用方法,而是把标点符号作为线索或者媒介,串起整个课堂,既让课堂内容显得新颖有趣,又让课堂节奏变得明快紧凑。

那年区教科所调研《初中作文实验教程》的使用情况,特地组织了这次青年教师赛课,赛课的内容是作文教学,必须从《初中作文实验教程》中选择素材,要求每所学校派一位老师参赛,初赛优胜者继续参加决赛,决赛获胜者代表佛山市参加当年广东省的青年教师优质课竞赛。参加过竞赛的老师都清楚,优质课竞赛绝不仅仅是上一堂课那么简单,每一个教学环节,甚至每一句话都要反复试教,反复讨论,磨一次课,掉一层皮,上完竞赛课后还要回来赶进度,赛课从来就不是一件容易的事。

初赛的时候,我抽到的题目是"说明文写作指导",几度开会讨论,我设计的几个方案,科组的老师都认为不妥,那天我在查找说明文的资料,有一篇介绍标点符号的说明文吸引了我,这是一篇生动的说明型文章,将标点符号拟人化,每个标点在讲述自己的作用,有点群口相声的意思。当时灵光一闪,我在上课的时候,可否将这则素材引入教学中呢? 因为有了思路,教案很快就形成了,在学校试教的效果很好。

首先,我用美国心理学家巴尔肯的故事进行导入:年轻人写了一则自传,只有三个标点符号,分别是破折号、惊叹号和句号。巴尔肯问年轻人是什么意思。

年轻人解释说："一阵横冲直撞（——），落个伤心遗憾（！），到头来只好完蛋（。）"。于是巴尔肯也提笔标了三个符号，分别是：顿号、省略号和问号，巴尔肯解释道：青春是人生的小站（、），道路漫长（……），浪子回头金不换（？）！接着顺势引出课题——抓住特征，生动说明。

紧接着我问你答，根据谜面猜谜底（猜标点符号）。谜面：（1）一句话说完，画个小圆圈。（2）发问或疑问，耳下附一点。学生很快猜出是"句号"和"问号"，然后进行第一个写作训练：一句话概括事物特征，要求学生为标点符号设计谜面。学生的思维很活跃，设计了很多谜面：如"四只蝌蚪上下游"（双引号），"左右开弓"（括号）等等，不一而足，颇有趣味，课堂气氛相当活跃。

下一个环节是"一段话展现事物特征"，我先展示了《作文实验教程》上的范例，归纳出生动说明的常用技法：在语言表达上采用拟人、比喻等修辞手法，在说明方法上经常采用打比方；在句式上经常选择设问句、反问句、陈述句、拟人句等（虽然是不同角度，但会不会跟前面有点儿重复？）；情境常常设置为自述、对话、书信、会议和争论等等。

紧接着进行第二个写作训练，我先给出了具体的情境：今天是个美妙的日子，标点符号王国正在广场上召开一年一度的年度表彰大会呢！你听，标点符号王国的成员在"谁功劳最大"的评选环节中发生了吵闹……然后要求学生根据所拟的情境，以标点符号为写作对象，抓住特征，用生动形象的语言写一段八十字左右的说明性文字。学生很快完成写作任务，然后分小组展示，效果不错。

第三个写作任务是"一条线贯穿事物特征"，这个环节实际上是在训练学生对于说明顺序的运用，依旧要求同学们以标点符号作为说明对象进行写作。由于时间关系，这个写作训练只是让学生完成了写作提纲后总结。因为是竞赛课，有很重的表演痕迹。总的来说，整堂课由三个板块构成：一句话概括事物特征，一段话展示事物特征，一条线串联事物特征，说明对象就是标点符号。

这堂课几经打磨，到最后正式比赛的时候反响很好，在初赛中顺利出线。

（二）

时光荏苒，六年后，我又上了一次和标点符号有关的课，这次不是竞赛，而是一次常规课，所上的篇目是《太空一日》，当天暨大实习生邓惠林同学来听课，所以留下了课堂实录。这堂课的亮点是给小标题加标点，不是我的原创，参考了浙江省永嘉县瓯北五中戴文杰老师的教学设计。

新课导入后,我让学生速读课文并思考问题:杨利伟身上的哪些经历让你印象深刻?学生反应很快,马上举手发言:1.俄罗斯航天员从来不告诉别人(下降过程的惊心动魄),说是不想让新手紧张,但是"我"却告诉了战友叫他们不要紧张。2.降落的时候杨利伟以为外面的玻璃裂开了。3.飞船发射过程中产生的共振跟自己内脏的共振是一样的,非常难受。

我表扬了学生看书认真,马上抛出了第二个问题:文章是按照什么顺序行文的?"时间顺序!"学生脱口而出。"文章按照火箭的发射、在太空中的遨游、再返回地球的顺序来写,而且分为四个章节,每个章节都有一个小标题。"紧接着,我让全班同学齐读文章的四个小标题:我以为自己要牺牲了;我看到了什么;神秘的敲击声;归途如此惊心动魄。

他们读完后,我笑着批评他们读得毫无感情,但是并不怪他们,因为这四个小标题没有表达感情色彩的标点符号。我马上抛出了第三个问题:如果给这四个小标题加上标点符号,加什么样的符号合适呢?给予学生发挥创造力的空间,学生的兴趣一下子就上来了,同座之间开始窃窃私语了。

关于"我以为自己要牺牲了"加标点。

学生1:加感叹号。因为课文133页的文中说"人的身体对10赫兹以下的低频振动非常敏感,它会让人的内脏产生共振。而这时不单单是这个新的振动叠加在大约6G的一个负荷上。这种叠加太可怕了",所以要加感叹号!

学生2:133页的"当我返回地球观看这段录像时,我激动得说不出话来"。因为心情激动,所以加感叹号。

学生3:也是133页,倒数第五段"不仅我感觉特别漫长……大家都担心我是不是出了事故"。大家都担心我,以为出了事故,以为我要死啦,所以加感叹号。

学生4:这段文章里面本身就有两个感叹号,快看啊,他眨眼了,利伟还活着!神舟五号报告,整流罩打开正常!所以这个标题要加感叹号。

学生5:133页写到"但在痛苦的极点……我真的以为自己要牺牲了"。原文加的是句号,所以我认为小标题应该加句号。杨利伟在生死关头仍然有一颗强大的心脏,他在叙述任何危险包括6G的负荷、共鸣的时候用的是句号,说明杨利伟面临这些困难的时候,他的心态是非常平静的。

我认为他们说的都很有道理,接着讨论"我看到了什么"加什么符号。

学生1:我觉得这里应该加省略号。因为他在太空可以看到很多东西,而他没有全写出来。

学生2:文中说"不知道那是什么,我认为那些也许是灰尘,高空可能不那

么纯净,会有一些杂质垃圾。那些物体悬浮在飞船外面,我无法捕捉回来,我至今还没弄清那到底是什么。"我觉得应该加问号。

此时,我表明了自己的态度:我认可这里加问号。首先就句式来看,"什么"是疑问代词,再看结尾的话,最后他看到了他无法说出的东西,至今为止还是疑惑,对吧?"也许是灰尘……我至今还没弄清楚……"他是带着一种疑问上太空的。

"知道带着什么疑问吗?"接着,我又抛出了第四个问题。

学生:他飞上太空的时候想验证一个说法——宇航员在太空中可以看到中国的长城。

我接过学生的话题:然而没有看到,而且对于"俯瞰长城"这一部分,作者用了三段文字来写,也表明了他对待工作严谨的态度。因为很早以前有这么一种说法,在太空能够看到的人类建筑,一是埃及的金字塔,二是中国的长城。杨利伟是中国人,他很自豪!所以飞上了太空,一定要看一看。因此,他在文中写到"可以准确判断出地球上各个大洲和各个国家的方位","飞经亚洲,特别是经过中国上空时,我就会准确分辨大概到哪个省,正在从哪个地区飞过"。因为下面有他的战友、他的亲人。他还想再看一次,"仔细"这个词语也表达了他对战友、对亲人、对祖国的热爱之情。他在太空用他深情的目光温暖地抚摸着我们的祖国大地。

学生对我的解释表示非常认可,接着继续讨论第三个小标题"神秘的敲击声"应该加什么标点符号。

学生:这个要用省略号。因为我觉得有一种神秘的色彩,所以用省略号比较好,引人思考。我总结:敲击声的确神秘,到现在也没有弄清楚,还是一个未解之谜,因此我也赞同使用省略号。

至于第四个小标题"归途如此惊心动魄",学生一致认为应该加感叹号,我们一起找出第四小节中的感叹号并齐读:"外面高温,不怕! 有碎片划过,不怕! 过载,也能承受! 这么大一个舷窗坏了,那还得了! 哦,可能没什么大问题! 他们找到飞船了,外面来人了!"

最后我总结:前后两处的感叹号其实有两层意思,137页的感叹号表现的是飞行员坚强、勇敢、镇定的品质;138页的感叹号表达了他们喜悦、激动的心情,因为任务顺利完成了。本文通过叙述航天员杨利伟首次太空飞行的经历,表现了杨利伟沉着果断,善于克服困难的精神品质,说明了航天员工作的危险性、艰巨性,抒发了作者热爱航天事业,热爱祖国的感情以及胜利返航的自豪之情。

（三）

三年后教学《昆明的雨》，上课时我又设计了一个更改标点符号的环节，效果还不错。有些环节的设计参考了山东潍坊刘丽娟老师的教学设计，即用诗词导入。想到刚刚结束的学校诗词大会上，彭诗莹同学一举夺得诗魁，班上还有几位同学是百人团成员，何不用"飞花令"开场呢？既贴景又自然。

上课铃声打响了，我走上讲台，打开课件，幻灯片上显示出诗魁——彭诗莹同学和百人团的合影。教室里一片欢乐，笑声和掌声四起。我按了一下翻页笔，幻灯片上显示出"超级飞花令"五个大字，同学们一脸疑惑。我缓缓说道："我们来玩飞花令的游戏，请彭诗莹同学来到讲台上！"我顿了一顿，接着说道："诗词大会上，我们和陈更老师的飞花令玩得还不过瘾，咱们今天车轮战，请百人团的同学对新诗魁！"

王凯悦、王灏等百人团的同学很兴奋，跃跃欲试！其他同学不干了，有几位同学噘着嘴巴说道："全班一起来吧！"我懂了，他们也想一起来，当初诗词大会初选时，怕培训影响学习故意保留了实力，没有进入百人团。我同意了他们的提议，按了一下翻页笔，幻灯片上出现了一个"雨"字，于是"飞花令"开始了。"黄梅时节家家雨""清明时节雨纷纷""巴山夜雨涨秋池"……佳句迭出，双拳难敌四手，几轮下来，彭诗莹渐渐感到不支，于是我接了一句"昆明的雨"，就此打住，教室里又是一阵笑声，接着开始进入课文的学习。

"我想念昆明的雨，独句成段，自然是句号，我昨天在备课的时候，想把这个句号改成另外一种标点符号，岳飞曾经喟叹：'知音少，弦断有谁听？'在座的各位，谁能猜中宏哥的心思？又有谁是我的知音呢？同学们再细读课文，谈谈自己的看法。"

话音刚落，邝可臻同学举手，然后侃侃而谈："我觉得应该是省略号。"他看了看我，我没有打断他，示意他继续说完。"因为——我想念昆明的雨——这句话在文中共出现两次，第一次位于第三自然段，第二次位于结尾段。第二自然段后是汪曾祺对于他的'第二故乡'昆明景物美、人情美的回忆，使用省略号能更好地引出下文内容，与结尾段形成呼应。同时，'我想念昆明的雨'作为一个直接抒情的句子，应该是言有尽而意无穷的，昆明的雨在当年下完了，可是对昆明的感情从当年到现在，是从未变淡的。省略号延续了句子的情感和语气，强化了表达效果。"

他刚讲完，陈文坚同学也举手发言："我认为——我想念昆明的雨——这句

话重点是'想念'一词,想念作为一种思绪,应该是绵绵不断、连绵不绝的,而不是像句号一样一下子就断绝了的,用省略号,增强了'想念'一词的表达效果,能让读者更深切地感受到作者对于家乡的怀念,对于昆明的雨的喜爱,对旧时家乡生活环境的向往。所以我认为此处用省略号更好。"

他们讲完,同学们频频点头。好吧!你们两人观点一致,可谓知音。"两位同学看法相同,我也很认可。其实我昨天看到这句话的时候,特别想将句号改为问号。"同学们好奇地看着我,连一贯埋头写作业的徐林兴同学都停下了笔。"文章题目是《昆明的雨》,我反复看了好几遍课文,发现汪曾祺先生直接落笔写雨之处其实不多,后面写的是昆明的仙人掌、蘑菇、缅桂花,还有和朋友喝酒的事情。备课时,我就在思考这个问题,为何不将此处的句号改为问号呢?既激发读者的阅读兴趣,又引出下文。"很多同学若有所思,应该是觉得我说的也有道理。

接着,我又抛出另外一个问题:既然文章叫"昆明的雨",又为何不重点描写雨,而要写昆明的各种景物呢?同学们的回答各具风采。我最后总结:"山之精神写不出,以烟霞写之;春之精神写不出,以草木写之。同样,雨之精神写不出,风物写之。纵观全文,汪曾祺先生写的仿佛不是雨,而是一种情怀,大家觉得是一种什么样的情怀呢?"

有好几位同学觉得是乡愁,李苹果同学眉尖微蹙,显然是不大认可这种说法,我让苹果谈谈自己的看法。李苹果同学说道:"我认为并不完全是思乡的情感,更多的是对过往美好岁月的回忆。一般来说,表达思乡的情感,往往会给人一种惆怅和忧愁的感觉;而昆明的雨却是在各种琐屑的小事之中,让人感到温馨。而且,课文中明确写道'不是怀人,不是思乡'。所以我认为昆明的雨更像是对过往美好岁月的怀念。"

同学们听得很入神,我接着补充:我很认可李苹果同学的看法,李苹果同学说是对美好岁月的怀念,那段时间到底是一段怎样的岁月呢?这就要讲讲汪曾祺先生的人生经历了,他因为没有参加西南联大组织的实习——给"飞虎队"当翻译,所以没有拿到毕业证。因为大学肄业,踏上社会后找工作并不顺利,一度想跳黄浦江自杀,还是他的老师沈从文先生骂了他一通,他才打消了这个念头。中华人民共和国成立后,他在杂志社当编辑,一度被打成右派,下放到张家口。

文章后面特意附上了写作时间——1984 年,此时汪先生已经退休了,从他大学毕业后,他的人生总是起起落落的。汪先生真正投入文学创作,是从他退休后开始的。他想念昆明的雨,应该是想念他的青春,虽然是抗日战争,但昆明

是大后方,还算安定。那里有他的同学,有关心他的老师如沈从文、闻一多,何况,他在昆明还收获了爱情,遇到了后来相伴一生的爱人。这段生活正如汪曾祺先生在诗中所言:"浊酒一杯天过午,木香花深雨沉沉",是那样的静谧美好。

后来,我们还讨论汪曾祺大俗大雅的语言,如仙人掌"极肥大"的"肥"字,虽然读来颇觉粗俗,却独有一番韵味。其实古诗词中不乏这样的描述,例如"红绽雨肥梅""应是绿肥红瘦"等等,无不蕴含着雅俗共赏的审美情趣,文章类似的句子还不少。

一节课上完有点意犹未尽,主要是对课文的语言和景物描写的鉴赏不够深入和彻底。我的学生邝可臻也有类似感受。

附:教学实录

《昆明的雨》

执教:孙宏 整理:李婧(南实青年教师)

一、飞花令导入新课

师:上个星期我们学校举办了第六届南实诗词大会,诗魁由我们班的彭诗莹同学获得。今天特邀彭诗莹同学一展风采,有请彭诗莹同学来到讲台。诗词大会上彭诗莹同学和陈更老师比赛了飞花令,今天有请彭诗莹和全班同学再玩一次飞花令。注意,我们这一次是车轮战,飞"雨"字。

彭:"好雨知时节,当春乃发生。"

生1:"夜来风雨声,花落知多少。"

彭:"天街小雨润如酥,草色遥看近却无。"

生2:"绿遍山原白满川,子规声里雨如烟。"

生3:"黄梅时节家家雨,青草池塘处处蛙。"

彭:"一川烟草,满城风絮,梅子黄时雨。"

生4:"春水碧于天,画船听雨眠。"

彭:"雨横风狂三月暮,门掩黄昏,无计留春住。"

生5:"青箬笠,绿蓑衣,斜风细雨不须归。"

彭:"雨打梨花深闭门,燕泥已尽落花尘。"

生6:"渭城朝雨浥轻尘,客舍青青柳色新。"

彭:"骊山语罢清宵半,泪雨霖铃终不怨。"

生7:"落花人独立,微雨燕双飞。"

生 8:"夜阑卧听风吹雨,铁马冰河入梦来。"

彭:"风雨送春归,飞雪迎春到。"

生 9:"君问归期未有期,巴山夜雨涨秋池。"

彭:"燕子不归春事晚,一汀烟雨杏花寒。"

生 10:"八方各异气,千里殊风雨。"

彭:"七八个星天外,两三点雨山前。"

生 11:"今我来思,雨雪霏霏。"

彭:"三月休听夜雨,如今不是催花。"

生 12:"清明时节雨纷纷,路上行人欲断魂。"

彭:"春风桃李花开日,秋雨梧桐叶落时。"

师:"同学们都很厉害啊,我接最后一句,昆明的雨"。(学生哄笑声)

二、介绍作者,分析标点符号

师:汪曾祺,江苏高邮人,作家。早年毕业于西南联大,历任中学教师、北京市文联干部、《北京文艺》编辑、北京京剧院编辑。在短篇小说创作上颇有成就。大部分作品收录在《汪曾祺全集》中。被誉为"中国最后一个士大夫"。为什么人们会给他这样一个评价呢?稍后我再跟大家解释,我们先来看看生字词。每个词语读两遍:

辟邪　鲜腴　篱笆　格调　吆喝　苔痕　暮年

师:备这篇课文的时候,我反复看了好几遍,课文中有这么一句话:"我想念昆明的雨。"是单行成段的,而且反复出现两次,首次出现是解释写这篇文章的缘由,告诉大家,我想念昆明的雨,后面是一个句号。使用句号很正常,因为一句话说完了。后来我把这文章反复看了好几遍,我想,这个句号如果改为省略号,也许会更好一点。现在请同学们把这篇文章再看一遍,猜一猜老师为什么想把句号改为省略号呢?

师:找到这个句子了没有?

生:第三段。

师:第三段说:"我想念昆明的雨。"大家想想,可以把句号改成省略号吗?

(学生开始讨论)

生 1:这个句子第一次出现在文章的第三自然段,第二次出现在文章的结尾部分。第三自然段承接的是他对昆明人情美和景物美的描写,而最后一段好像就把昆明的美写完了,句号表达的是一个句子的结束,但是这里是一个抒情的句子,句子结束了感情就结束了吗?我认为不是这样的。所以,第三自然段如果改成省略号承接的是人情美和景物美的描写,改成省略号,是言有尽而意

无穷,他对昆明的回忆只有这些,而对昆明的情感是无穷的。

师:好,坐下。从邝可臻同学的回答可以看出他对文章有独特的想法,而且对文章的了解很透彻。我们的语文课特别美好!首先从结构上讲,这是一种承接呼应关系,前面是句号,后面也是句号,如果把前面的句号改为省略号,正好形成结构上的呼应。内容上,前面的句子对昆明的雨,对昆明的情感才刚刚开始。正如昨天学习的《梦回繁华》,画卷才缓缓地展开。但是邝可臻同学的想法,和老师的想法不太一致,哪位同学再猜猜我昨天的心情?

生2:我觉得可能是老师想念家乡了。

师:所以改成省略号是触景生情了吗?我有时候确实是有这种感情,我曾经在朋友圈看过一张家乡的照片,我在底下留言:"古城的花柳已经错过了二十年。"因为每年春天的时候,我们荆州古城春暖花开,桃红柳绿,非常漂亮,但是我在南方生活,我要回荆州的时候,要么就是暑假,要么就是寒假,没有机会见到那些桃花垂柳。当然我也有乡愁,但是《昆明的雨》写的是不是乡愁呢?有一点点。梁韫杰同学还是没有完全猜中孙老师的心思。

生3:我觉得这句话重点在想念上,而这种思念应该是一种愁,一种绵延不断的。(师:离愁渐远渐无穷,迢迢不断如春水,是吧?)省略号在表达效果上就给人一种连绵不断的感觉。

三、分析环境描写

师:好,坐下来。它在表达效果上面有一种连绵不断的感觉。刚才同学们都谈到了这种乡愁,觉得这篇文章好像是在写乡愁,我们待会儿再来探讨。昆明的雨,作者是在写昆明的雨是什么样子吗?好像不完全是,他主要在写昆明雨后的各种景物吧?

他写"城春草木深,孟夏草木长",昆明的蘑菇,昆明的桂花,吃饭喝酒的时候还可以看见木香花,为什么不写雨而要写这些景物呢?其实文学创作上有这么一句话:山之精神写不出,以烟霞写之;春之精神写不出,以草树写之。什么意思呢?我们去画画的时候,山的精神我画不出来,我就画一些烟霞上去。春天的精神我画不出来,我就画春天的草木。同样对文学创作而言,昆明的雨的风貌,我写不出的时候我用什么来表示呢?就用雨后的景物来展现。其实雨后讲到的这些景物,它是各有侧重点的。

我们在写作上面有一种方法叫作"五官写作法",五官:眼睛、鼻子、嘴巴、耳朵、手(触觉)是不是?我们来看看文章,这篇文章里面能不能找到五官写作法的痕迹,找到了请举手。曾子轩,你先说。

生1:第七段,描写昆明的菌。描写它看起来怎么是这样的。还有描写它

的味道。

师：看起来那是什么？视觉！吃起来那是什么？味觉！而且在第88页最下面还有嗅觉。坐下来，非常好。

生2：还有吃杨梅那里，是味觉。

四、探讨思想感情

师：很好，主要就是这些，请看屏幕，第一句"城春草木深，孟夏草木长"，视觉！昆明的雨季一片葱郁，万物勃发，极富生命力，那么的美好。因为昆明属于亚热带气候，分为旱季和雨季，雨季是那么美好。"昆明蘑菇多。"从味觉的角度描写，杨梅多也是，桂花多是以嗅觉为主，木香花也是嗅觉。所以作者通过色香味各种角度的描绘，来凸显出春天昆明雨季的美好，而这种美好是不是一定来表现乡愁的呢？

有同学摇头了。

生：首先文章中说："使我的心软软的，不是怀人，不是思乡。"然后我们读这篇文章，其实他的情感基调并没有惆怅，更多的一种是回忆，他觉得这个情景温暖，没有让他伤心。

师：这是李苹果同学的感受，"乡书何处达，归雁洛阳边""日暮乡关何处是，烟波江上使人愁"都是体现一种离愁别恨。雨，有时会引起人一点淡淡的乡愁的，如《夜雨寄北》，而汪曾祺先生的文章更多表现的是一种温馨生活。所以就需要介绍这篇文章的写作背景了。

这篇文章写于1984年，改革开放初期，一切都是欣欣向荣的。汪曾祺先生到人生的晚年才绽放光彩！抗日战争的时候作者考入了西南联大，取道越南来到昆明。这一去以后，从此就再也没有回到过家乡了。

他在昆明读书，生活上很清贫，但精神是愉悦的。虽然是抗日战争，但昆明毕竟是大后方，没有接触到战火的洗礼，他的老师们特别优秀，比如沈从文、闻一多等人。当时西南联大的学生，男孩子毕业以后要去当一年兵，去给飞虎队做翻译，好像要去拍照。汪曾祺说他的裤子不好，没去拍照，因此也没有去做翻译，没有去做翻译就相当于没有实习，没有实习就没毕业证。汪曾祺后来在昆明教书，认识了他的人生伴侣。昆明不仅有他的青春，还有他的爱情和友情。昆明对他来说，是一个难以忘怀的地方。

中华人民共和国成立以后他回到了北京，通过沈从文的介绍，他进了一家杂志社，后来被打为右派，去张家口一个农科所画画，去画植物的标本。后来又返回北京，参与了《沙家浜》的创作，他的剧本写得特别好，"文革"后期还算是比较安稳的。"文革"结束以后，他又受到了冲击，最后结论说没有问题，这个时候

他已经快要退休了。

他退休以后才重新开始进行文艺创作。当他多年后回忆昆明的这段生活，他当然有一点乡愁，他儿子叫作汪朗，大学毕业以后，以记者的身份回到家乡，拍了一些视频给汪曾祺看，汪曾祺老泪纵横。

五、分析语言特色

师：我们来看这篇文章的语言。有人这样评价汪曾祺的语言："朴素，平淡，却又韵味无穷，常常使用独特的口语化语言，以个人细小琐屑的题材，口语化地展现日常生活。"这段话里面反复出现了一个词语，"口语化"，同学们再看课文，把口语化的词语找出来。

生：第七段。牛肝菌色如牛肝，滑，嫩，鲜，香，很好吃。很好吃就是口语化的语言。

师：好，坐下来。还有吗？

生：第88页。里头还有许多草茎、松毛、乱七八糟！

生：第88页。这个名字起得真好，真是像一球烧得炽红的火炭！一点都不酸！

师：读起来非常的亲切，还有吗？

生：可是下点功夫，把草茎松毛择净，撕成蟹腿肉粗细的丝，和青辣椒同炒，入口便会使你张目结舌：这东西这么好吃?! 还有一句，颜色深褐带绿，有点像一堆半干的牛粪或一个被踩破了的马蜂窝。

师：这个倒不是口语，但是"这种东西也能吃?!"这绝对是口语。好，接下来还有一句，"这东西这么好吃?!"我们把这句话读一遍。

生齐读：入口便会使你张目结舌：这东西这么好吃?!

师：口语化有什么样的优点呢？读起来娓娓道来，显得亲切。另外这篇文章它不光有口语化的词语，有句话叫作"大俗而大雅"。在第87页说："昆明仙人掌多，且极肥大。"我们觉得这个"肥大"是很俗气的词语，但是"昨夜雨疏风骤，浓睡不消残酒。试问卷帘人，却道海棠依旧。知否，知否，应是绿肥红瘦"。"绿肥红瘦"俗气吗？再如："匈奴草黄马正肥，金山西见烟尘飞。"也有个"肥"字，这篇文章还有没有读起来特别典雅的句子？

生：带着雨珠的缅桂花使我的心软软的，不是怀人，不是思乡。

师：那你觉得它好在哪里呢？

生：有抒情但是又不是直接抒情。

师："带着雨珠的缅桂花使我的心软软的，不是怀人，不是思乡。"和"这种东西也能吃?!"完全是两个不同的风格，但是它就是在这篇文章里面，而且我们觉

得一切都那么自然，"不是怀人，不是思乡"，这是一种慵懒的感觉，但是又传达出作者当时的心态，确实恰如其分。他的确不是怀人，也不是思乡。他是对那段美好的青春岁月的回忆，不仅有很好的友情，还有他在那里遇到的爱情。

比如说最后的一首诗，那就更典雅了，我们齐读一下。

"莲花池外少行人，夜店苔痕一寸深。浊酒一杯天过午，木香花湿雨沉沉。"

午后下雨的时候，跟朋友在一起，这种经历不是很难得吗？"莫放春秋佳日过，最难风雨故人来"，木香花开的时候和好朋友喝酒，外面下着春雨，注意是春雨，而不是秋雨，秋雨感觉又不一样了。所以四十年之后，他依然记得这种美好，这种美好是对他青春生活的一段回忆，包含了很多美好的东西，当然也有对家乡的这种思念，我们有一些同学毕业后回到南海实验中学，说："我特别想念南实的饭堂。"他不是说南实的饭堂有多么好，他是怀念在南海实验中学度过的那段难忘的时间。比如说在饭堂抢汤圆和饺子等等。所以我认为，我想念昆明的雨。他可以加省略号，也可以加问号，还可以加感叹号。

当然，第二处我们也可以加省略号，言有尽而意无穷。他对昆明的雨的思念和怀想，没有停止的时候，昆明求学是他人生中最美好的一段经历！

六、小结课堂

我们再回顾这一堂课的内容。首先我们要明确课文对昆明的雨描述不多，更多是在写昆明雨季的各种景物和风情，然后透过这些景物来衬托出昆明雨季的美好。语言风格上，口语和书面语相结合，浅白直俗的语言和艺术典雅的语言在此文中完美和谐地统一。作者为什么反复强调他喜欢昆明的雨，因为那里留下了他的青春和爱情，他难以忘怀！今天的课就上到这里，下课。

 **课堂剪影** »

课间阅读

彭诗莹和同学合影

学生心语

宏哥对《昆明的雨》的教学秉承了他一贯的教学风格，采用了探究式教学的方法。我对课堂的最大感受可以用四个字去概括：引人入胜。宏哥先是以飞花令进行引入，再是提出对标点符号的修改建议，引导我们对全文的选材、立意和语言产生思考。从而，我很好地把握了文章的思想感情，体会到了汪曾祺对于他的"第二故乡"的怀念与热爱，这是一节意犹未尽的课。

——邝可臻（南海实验中学2020届学生）

飞花令的导入很有新意，既紧承诗词大会的精彩，又引出了我们对课文的内容，很好地激发我们对《昆明的雨》的兴趣。这是宏哥上课的魅力所在。他上课喜欢和我们互动，很少有一言堂的时候。发言赞成兼容并包，尊重学生的看法，没有特别固定的答案。我很喜欢这种上课的丰富，有时候下课铃响了，还觉得意犹未尽。

——陈文坚（南海实验中学2020届学生）

感觉孙老师的这堂课一气呵成，衔接紧密，层层深入，引人入胜。先从诗魁的飞花令比赛导入，创设良好的学习氛围，接着以学生为主体，问题为导向，引导学生进一步了解作者生平，体会文章感情，品读语言特点，最后在欢笑声中结束课堂，这堂课最让我难忘的地方是突破了让学生体会汪曾祺对昆明的感情的难点，让我眼界大开。

——李婧（南海实验中学青年教师）

第九记　在诗歌中漫步

古典诗词是我国历史长河中的璀璨明珠，中华的诗风词韵陶冶了一代代的华夏儿女。孔子云："不学诗，无以言。"诗歌教学在语文教学中占有重要地位。初中诗歌应试以默写为主，很少考到诗词的鉴赏，有时候学生不太重视对诗歌的学习，以为会背会默即可，往往忽略了对诗歌之美的享受，这对于学生提升语文素养是不利的。因此，我在诗歌教学中，还是比较重视引导学生去感受诗歌的意境，常常带着学生在诗歌中漫步。

（一）

《木兰诗》是我国古代民歌中的优秀作品，通过描绘木兰代父从军和辞官还乡的不同寻常的经历，展现了中华儿女忠孝坚贞的优秀品质。故事传奇，富有浪漫主义色彩，繁简安排极具匠心。我带领学生学习该篇目，一共花了两个课时。

诗歌教学首重朗诵，看了很多名师的教学设计和课堂实录，概莫能外。朗诵教学非我所长，只能借助名家的朗诵音频来教学。经过反复比较，我选用了牟云老师的作品来指导学生。牟云老师的朗诵不仅富有激情，而且有画面感，极有感染力。在播放音频时，我提醒学生，注意诗歌朗诵的伴奏乐器。听完音频后，学生们意犹未尽，仿佛还沉浸在诗歌的意境中。针对视频，我开始了提问：刚才的朗诵，你们都听到了哪些乐器的声音？学生这才反应过来，纷纷回答：有碰铃、有长笛、有琵琶，还有竹笛排箫一类的乐器。继续追问：为什么会选用这些乐器来伴奏？

讨论明确：开头用碰铃，节奏轻快，模仿机杼的声音；战前准备用长笛和各种号，乐音凄厉，好似画角争鸣，渲染战前紧张气氛；奔赴沙场和军营生活，选用琵琶伴奏，弦乐铮铮，有金戈铁马的感觉；辞官回家用竹笛，清越悠扬，表现乡村生活的静谧与美好。通过分析伴奏乐器，学生大体了解了本诗各部分的意境和情感。接着，我将诗歌分为五个部分，让男女生各派五位代表进行赛读，因为有了音频的示范，赛读效果很好。

"疏可走马,密不透风"是一句俗语,意思是疏的地方可以让马驰骋,密的地方连风都透不过去。书法、绘画和诗词都讲究结构的疏密相间,呈现出一种"建筑美",作为乐府诗的代表的《木兰诗》更是体现了这一特点。同学们默读诗歌后,我进行提问:你认为本诗中最疏淡和最繁密的地方各在哪里?学生很快回答,"沙场征战"最为疏淡,"荣归故里"最为繁密。讨论后明确:沙场生活整整有十年的时间,作者仅用 6 句诗来概述,1、2 句"万里""关山"对举,写行程之快;3、4 句从声音和色彩两方面写军营之苦;5、6 句用互文手法,写战争残酷惨烈。"荣归故里"最多半天时间,作者却不厌其烦,用大段的语言详细地刻画了父母、姐姐、弟弟、木兰还有伙伴的行为和心理。

于是我引发同学们思考作者这样安排文章结构的内在原因。学生们的讨论很热烈,袁奕舒和朱祉菲同学归纳得很有道理:作者歌颂的不是一个侠女形象,而是一个平民少女的形象。她勤劳、勇敢、热爱亲人,不慕高官厚禄,热爱和平。因此作者对木兰的战场生活一笔带过,将回家和亲人团聚描写得浓墨重彩。代父从军是形势所迫,共享天伦则是心中所想。话音刚落,班上热烈的掌声响起。看到同学们讨论问题的热情,我又总结了中国古代文学中对于战争的描写的特点,给同学们进行知识的拓展,无论是对赤壁之战、淝水之战,还是一些较为著名的战争的记载,作者都侧重写战前准备,对战争场面往往一笔带过,这似乎成为了中国古代文学的传统。

然后,我们把目光投到文章的详写部分,"衣锦还乡,荣归故里,亲人重逢自然是百感交集。亲人们见到木兰,会对她说些什么呢?今天的你又想对木兰说些什么?"课堂的最后,我们进行分组训练写作,进一步挖掘木兰形象,通过想象拉近学生和木兰的距离。学生们兴致很高,一挥而就。以下展示学生从不同身份进行写作训练的成果。

周芷名同学以父母的身份这样写道:女儿啊!你可算回来了,你知道我们有多么思念你吗?我们怕这辈子都见不到你了,回来就好啊!让我看看,身体有没有受伤?两军阵前,有没有受到惊吓?走,咱们回家!

袁奕舒同学则以伙伴的身份这样写:木兰,你真是个巾帼英雄,同行的十二年中,你和我们一起越过了无数道关塞山岭,经历了千百次战斗,你做了男子汉应做的事情,承担了男子汉应承当的责任,真让我对女子刮目相看,你的机智勇敢让我们钦佩。

马凯蓝则是以弟弟身份写道:姐姐,你终于回来了,在外多年,你都没有好好吃过家里的饭菜,今天我杀了猪羊,你一定要尝尝家的味道!姐姐,你替父从军,说来容易,可谁又知道其中的艰辛?你真是我的好榜样!

这一环节极大地激发了学生的创造性,同学们的想法丰富多彩,但都无一例外地充满了人情之美,同时也赞颂了花木兰忠孝勇敢的美好品质。

(二)

2021年秋,华南师大又来了一批学生前来实习,我担任了何运同学的指导老师,我们约定每周听2次课。那天准备上《古诗五首》,《钱塘湖春行》是其一。几年前,我曾围绕白居易的作品上过一次群诗品读,感觉没有达到预期效果。这次小何要过来听课,我决定重新备课,再试一次。课上得很顺畅,可惜当时忘了让她录像,所以没有留下上课实录。

这次课,我用《忆江南》进行了导入:"江南好,风景旧曾谙,日出江花红胜火,春来江水绿如蓝,能不忆江南?"对江南而言,白居易似乎是个匆匆过客,公元822年,他出任杭州刺史,824年调离,825年曾担任苏州刺史,由于生病,回到洛阳。满打满算,不过三年多的时间,白居易是河南人,江南仅仅只是他的做官之地,为何白居易能对江南产生如此深厚的感情呢?

这就要从白居易做官的经历说起了。因为朋党之争,白居易在江州经历了4年的贬谪生活。江州是个什么地方?"浔阳江头夜送客,枫叶荻花秋瑟瑟。"江州是个长满枫叶荻花的地方,在一个秋夜,他遇到了琵琶女,两个互不相识,也不必相识的天涯沦落人,用音乐和诗歌搭起了沟通的桥梁,相互倾诉这悲苦人生。这是一个诞生《琵琶行》的地方。

在江州度过了4年的贬谪生活,他又重回长安,这时,朝廷中发生了武元衡遇刺的事件,白居易害怕遭到权贵的迫害,不敢久留朝中,主动请求外任,于是美丽的江南在公元9世纪与失意的诗人猝然相遇了。

来到杭州,他就爱上了这座城市,杭州的风景给他留下了深刻的印象:"绕郭荷花三十里,拂城松树一千株。"他对这座城市充满了感情:"为我踟蹰停酒盏,与君约略说杭州。山名天竺堆青黛,湖号钱唐泻绿油。大屋檐多装雁齿,小航船亦画龙头。所嗟水路无三百,官系何因得再游?"来到杭州,作为官员的白居易,找到了另外一条更切实地实现自己抱负的道路,他写下了勉励自己的话语:"苏杭自昔称名郡,牧守当今当好官""岁熟人心乐,朝游复夜游!"。

他对这片土地爱得深沉,用饱含深情的笔触描写了钱塘湖,春天他看到了"孤山寺北贾亭西,水面初平云脚低"的景象。第一句阐述的是地点,第二句描述的是远景。孤山坐落在西湖的后湖与外湖之间,峰峦叠翠,上有孤山寺,登山观景,美不胜收。贾亭,又叫贾公亭,贾全任杭州刺史时,曾在西湖造亭,杭州人

称为贾公亭,是西湖的一处名胜。白居易来到了孤山寺的北面,贾公亭的西畔,放眼望去,只见春水荡漾,云幕低垂,湖光山色尽收眼底。

由于连绵不断的春雨,使得湖面看上去比起冬日来上升了不少,眼看着似乎就要与视线持平了,这种水面与视线持平的感觉是只有人面对广大的水域时才能产生的感觉,也是一个对西湖有着深刻了解和喜爱的人才能写出的感受。此刻,脚下平静的水面与天上低垂的云幕构成了一幅宁静的画面,而正当诗人默默地观赏西湖宁静的神韵时,耳边却传来了阵阵清脆的鸟鸣声,打破了他的沉思,于是他把视线从云水交界处收了回来,从而发现了自己实际上早已置身于一个春意盎然的美好世界中了。

"几处早莺争暖树,谁家新燕啄春泥。乱花渐欲迷人眼,浅草才能没马蹄。"这四句是此诗的核心部分。几处,是好几处,甚至是多处的意思。用"早"来形容黄莺,体现了白居易对这些充满生机的小生命的由衷喜爱:树上的黄莺一大早就忙着抢占最先见到阳光的"暖树",生怕一会儿就会赶不上了。一个"争"字,让人感到春光宝贵,不可辜负。而不知是谁家檐下的燕子,此时也正忙个不停地衔泥做窝,用一个"啄"字,来描写燕子那忙碌而兴奋的神情,似乎把小燕子也写活了。这两句着意描绘出莺莺燕燕的动态,从而使得全诗洋溢着春的活力与生机。黄莺是公认的春天歌唱家,听着她们那婉转的歌喉,人们就会感到春天的妩媚;燕子是候鸟,她们随着春天一起回到了家乡,忙着重建家园,迎接崭新的生活,看着她们飞进飞出地搭窝,人们就会倍感生命的美好。

在对天空中的小鸟进行了形象的拟人化描写之后,白居易又把视线转向了脚下的植被,"乱花渐欲迷人眼,浅草才能没马蹄"。花而言其乱,乃至要乱得迷了赏花人的目光,在旁人的诗句中,很少有这种写法,而这种独到的感受,却正是白居易在欣赏西湖景色时切身的体验,五颜六色的鲜花,漫山遍野地开放,在湖光山色的映衬下,千姿百态,争奇斗艳,使得白居易简直不知把视线投向哪里才好,也无从分辨出个高下优劣来,只觉得眼也花了,神也迷了,真是美不胜收,应接不暇。

"乱花渐欲迷人眼"一句是驻足细看,而"浅草才能没马蹄",则已经写到骑马踏青的活动了,在绿草如茵、繁花似锦的西子湖畔,信马由缰、自由自在地游山逛景,该是一件多么惬意的事情。马儿似乎也体会到了背上主人那轻松闲逸的兴致,便不紧不慢地踩着那青青的草地,踏上那长长的白堤。诗人在指点湖山、流连光景的不经意间,偶然瞥到了马蹄在草地上亦起亦落、时隐时现的情景,觉得分外有趣,忍不住将其写入了诗中,没想到就是这随意的一笔,却为全诗增添了活泼情趣和雅致闲情。

白居易以一个官员的身份,将自己与江南连在了一起,与江南的百姓连在了一起,于是,诗人以这种形式回到了江南。公元824年,白居易回到京城,为官二十余年,竟然凑不足买房钱,最后卖了两匹马,于此可见他的清廉。此后的白居易也曾担任过刑部侍郎等职务。但离开江南后,他已经不愿意做官了,也许,在某个风和日丽的早晨,垂暮的诗人还会想起那些青山绿水,想起那个没有权谋、没有诡计、没有陷害的地方。那片真正属于自己的地方,然后,暗暗地问一句:"能不忆江南?"

(三)

2019年初冬,南海实验中学第十三届读书节如约而来,"诗词大会"是读书节的一项重要活动。那天,校长在校门口遇到了我,说准备让我担任本届诗词大会的点评老师,校长说完笑脸盈盈,于我而言,这个消息则是晴天霹雳。本来诗词大会和我没有太大的关系,往年我就是出一出海选的题目,百人团培训时负责维持一下纪律而已。诗词大会是现场直播,担任点评老师不仅需要广博的诗词积累,还必须要有流畅的表达能力。我一口湖北话加上间歇性的口吃肯定不能胜任。

我表明顾虑后,校长丢下了一句话:"易中天的普通话也不好!"转身留给我一个潇洒的背影,没有留给我推辞的机会。我也深知,去年两位点评老师休了产假,校长无人可用,也只能勉为其难了,好在有刘巍才女和帅哥东升在前面撑着,我上去凑个人数问题也不大。接下来就是中段考,评卷,分析。忙完这些已经是12月份了,马不停蹄,接下来就是诗词大会了。

本以为可以打个酱油,筹备时才发现自己成了主力,桃未芬芳杏未红,我情何以堪!匆忙中我参考了一些样题,拿着《唐诗三百首》挑选合适的题目。那天校长满面春风地告诉我们邀请陈更的事情已经敲定,说完匆忙出门,准备去机场接陈更了。我既喜又忧,和陈更同台,当然是莫大的荣幸,然而压力也如同山大。

准备工作如火如荼,午间休息的铃声已经打响了,幸福驿站依然热火朝天,办公桌上摆着饭堂送来的饭菜,我们依然讨论着诗词大会的流程和研讨直播中可能会出现的问题。主持讨论的是刘巍,干练果断,是学校有名的才女,文人的傲骨和女性的娇媚在她身上得到了完美的结合。秉承能者多劳的原则,学校的重要活动无役不予。对于诗词大会她早已驾轻就熟,已经出好样题,然后组织我们审题,精益求精。她犹如岭上梅花,冲寒先笑,为诗词大会的成功报来春天的消息。

　　刘巍依旧在字斟句酌,点评原则是谁出的题目谁负责点评,她出的题留给陈更,明确好任务后就开始自行准备了。晚上回家看了一阵中央电视台的诗词大会,我发现中央电视台的点评始终围绕一个话题,几位点评老师从不同的角度进行解释,突然想到如果我们按照这样的模式是否更好看一点呢? 想到这里,我给刘巍打了个电话,时间已经是晚上 11 点了,她刚把孩子哄睡,听了我的想法,她先是安慰我不要焦虑,然后重新打开电脑,把题目和流程发给我。刘巍的淡定是实力使然,虽然诗词大会上,绝大多数人是冲着陈更而来,但我觉得刘巍的表现更抢眼,在我看来,她的表现不拖沓,更凝练。在我家人看来,刘巍语言表达更流畅,普通话更标准。

　　见到陈更,是 12 月 15 日下午,她来到办公室和我们对词。戴着帽子和口罩,穿一件白色的长款羽绒服。摘下口罩后,她和我们点头示意。如同蒙曼老师所言:陈更是个骄傲的女孩子,话不多,因为实力在那里。对完词后,我拿出新书请她签名。她稍微愣了一下,一笔一画开始签,然后很郑重地盖上印章,双手递给我。翻开扉页,上面题着两句诗:"丹山万里桐花路,雏凤清于老凤声",言明写给楚惟。我想楚惟一定是非常喜欢的,也希望借她吉言,将来果如其然。

　　再次见到陈更,已经是上台前了,她穿着白色的连衣裙,戴了个发卡,脖子上挂着手机,孤独地坐在嘉宾席上,这时下起了毛毛细雨。我过去跟她打了个招呼,告诉她我年纪大了,恐怕记不住那么多词,到时候在台上帮我圆一下。她依然像上午一样,客气中带着距离感:"您太谦虚了。"

　　天公作美,雨在 7 点钟的时候停了,诗词大会准时开始,陈更神采飞扬,和台下判若两人。我出于职业习惯,不爱拖堂,点评选手点到为止。看得出陈更很喜欢我们的学生,想把读诗学诗的经验教给学生,尽管稍显拖沓,但氛围很好。结束后,学生过来签名,她笑脸盈盈,非常有耐心。看来岂是寻常色,人和梅花一样,既冷冽,又火热。

　　第四届诗词大会曲终人散,回到家已经很晚了。睡前习惯性拿出手机,我看到了校长发的朋友圈。空荡荡的舞台上,校长一个人在整理桌子上面的东西,并配了两行文字自我调侃:今年亮点多多,精彩连连。我这个搞幕后的也只能跟我两位女神合影。往年的诗词大会我更多的是个观众,今年参与之后,深知一项活动的成功远没有想象中的简单。出题、选拔、培训、舞台、嘉宾、安全、技术等等,方方面面需要协调,学校事务繁多,每一项工作都很重要,协调起来谈何容易? 有人感慨,南实一直被模仿,从未被超越。很多人只看到光鲜的表面,没看到背后的艰辛。

校长说在诗词大会开始前几天,她曾经痛快地哭了一场。当然她是笑着说的。很难想象平时很淡定、从容坚韧的人也会有脆弱的一面。也许是压力过大,也许是孤独无助,也许是不被理解,我们不得而知,但任何事情的成功都来之不易。化妆时,工作人员送来饭菜,我吃了几口准备上台。管老师、周永老师、惠林和萍慧匆匆进来,原来下午他们一直都在忙着百人团选手的培训,到现在连饭都没有吃。

陈更以梅花自比,我们何尝不是?多少次加班付出才赢得了诗词大会的成功。她是璀璨的梅花,我们是旷野中的寒梅,浓淡由它,在冰天雪地中恣意绽放,如主持的刘巍,出题的东升,培训的管老师、周老师、萍慧、惠林,绘画的建华,还有负责宣传的孔老师、雪峰,负责技术的吴蔚宁、伍晶宁……

2021年11月,南实第六届诗词大会举办,陈更又来到了南海实验中学担任点评嘉宾,同来的还有中山大学的博导张海鸥教授,这次我们再度同台。在这届诗词大会上,我的学生彭诗莹夺得诗魁称号。

附：教学实录

《黄鹤楼》《使至塞上》

执教:孙宏 整理:黄家健(华南师范大学实习生)

一、导入新课

师:中国是一个诗歌的王国,从遥远的《诗经》开始,优秀诗歌浩如烟海。唐诗更是我们中华民族优秀的文化遗产之一。今天我们就学习《黄鹤楼》和《使至塞上》。这两首诗大家非常熟悉,让我们一起背诵古诗。

师:使至塞上,王维,预备,起。

(生背)

师:这是我们非常熟悉的两首诗歌,我们都会背诵。可我们静下心来仔细阅读时,依然会有很多的困惑,今天我们利用这堂课的时间一起来解决这些困惑。同学们提了二十六个问题,我昨天归纳了一下,主要涉及写作背景,内容理解和艺术手法三个方面。

二、小组合作,解决问题

(学生积极地讨论,教师下讲台即时指导)

师:首先有请第一小组。

生1:首先我想解决《使之塞上》的第七个问题:"王维到底是感叹仕途不顺?还是感叹边疆荒凉,还是表达自己的孤独寂寞呢?"首先,我认为王维的确

有点仕途不顺。因为我了解过他那个历史,他刚刚做官的时候很积极,就向皇帝提了很多的建议。一开始皇帝是接纳他的建议,但久而久之的就感觉很烦,一脚把他踢到凉州去了,没什么随从,好朋友也在中原,所以也是会有一点的孤独寂寞。然后我还想解释艺术手法类的第五个问题:"萧关逢候骑,都护在燕然。用意何在?好像和全诗毫无关系?"

师:好的,请继续!

生1:"萧关逢候骑,都护在燕然"。燕然应该是作战的前线。王维写的时候是有一点热血沸腾的,感觉就像自己马上要上战场跟敌人去搏斗,所以也是有关系的。

师:为什么有关系呢?还是没回答清楚这个问题呀。前面都是描写大漠风光的诗句。

生1:前面就用……好,好吧。

师:这个问题先放一放,请其他同学继续分享。

生2:我想分享内容理解的第二个小题:如何理解"烟波江上使人愁"?

师:好的。

生2:烟波江上是作者登上黄鹤楼看到的场景,然后触景生情,引发了浓厚的思乡之情。

师:(笑道)引起了浓厚的思乡之情,还有吗?

生2:没有了。

师:请坐,我们听听第三小组的意见。

生3:我们小组讨论的是艺术手法类的第四题:三个"黄鹤"有区别吗?我们认为三个"黄鹤"是有区别的,第一个"黄鹤"指的是仙人所骑仙鸟。第二个是指黄鹤楼。第三个"黄鹤"指的是一种鸟。然后我们了解了一个神话传说,有个人救了一位老人家,老人家就在墙上面画了黄鹤,然后给他一个笛子,说只要他吹响这个笛子,黄鹤就可以飞出来。恶霸知道了这件事,就把他的笛子抢走了。但是吹笛子黄鹤并没有飞出来。这个时候老人家又出现了,吹着笛子骑在黄鹤上飞走了。所以我觉得可能也和"黄鹤一去不复返"有一定关系的。

师:和"黄鹤一去不复返"有关系吗?不太明白,你可以把你的问题再重复一下吗?

生3:这个问题是三个"黄鹤"的区别。

师:三个"黄鹤"有没有区别?这个问题已经解决了。第一个"黄鹤",第三个"黄鹤"是指一种鸟,第二个黄鹤是指黄鹤楼。那你的第二个问题是什么?你是说那个神话故事?

生3:不在这里面。

师:不在这里面是吧?你就觉得这个神话故事可能……

生:和诗是有关的。

师:和诗歌有联系的,对吧?好,坐下来,有请下面的小组。

生4:我们小组就讨论了第六题:《黄鹤楼》抒发了对沧海桑田的感慨和对家乡的怀念,哪种情感是主要的?我认为主要是对沧海桑田的感慨,因为《黄鹤楼》前面的四句都在讲世事变化大。你看,就是"昔人已乘黄鹤去",仙人已经乘着黄鹤飞走了,然后这里只剩下黄鹤楼了,这就是用一个典故,然后"黄鹤一去不复返,白云千载空悠悠"都表现了世事变化大。我觉得对沧海桑田的感慨……

师(接):大过对家乡的……

生4:怀念。

师:关于这一点,我们一起再把《黄鹤楼》背诵一遍。黄鹤楼,预备,起。

(生背)

三、继续讨论《黄鹤楼》表达的情感

师:刚才我们几个小组的同学对这两首诗进行了一些探讨,其实这两首诗都是前面写景,后面在抒情。《黄鹤楼》到底是表现对沧海桑田的感慨多一些,还是对家乡的怀念多一些?我们再讨论讨论。

(学生积极地讨论,教师下讲台即时指导)

师:好,好,停,停,请××来回答一下。

生1:我们组讨论出来还是沧海桑田比较多。因为昔人已乘黄鹤去,用的典故本来就是一个飘渺的神话传说,没有现实的史实作为基础来叙述,所以此地空余的"空余"和"一去不复返"都强调了作者对于世事沧桑变化的感慨和世事茫然的感觉。"晴川历历汉阳树,芳草萋萋鹦鹉洲",对仗工整,写的是汉阳景色,只是为抒发思乡之情做铺垫,所以我觉得按结构来说还是沧海桑田的感慨相对多一些。

师:按结构来说还是沧海桑田多一些,前面写世事的虚空,后面写黄鹤楼景色美好,两相对比表现了一种什么?沧海桑田的感觉,斯人已去,斯楼独存!对不对?好,坐下来!

了解一首诗,必须要了解作家的创作背景和生平。崔颢年轻的时候就已经出名了。少年出名,中年困顿,老年的时候诗风一转,变得非常刚健。他来到了黄鹤楼以后,诗情喷薄而出,老师今天在上课时觉得"日暮乡关何处是"特别奇怪,孙老师的家乡在湖北荆州;陈雨果同学的家乡在福建三明;袁奕舒同学更是

来自遥远的呼伦贝尔。问你的家乡在哪里？我们可以脱口而出。"日暮乡关何处是?"崔颢怎么可能连自己家乡都不知道呢？是不是有点不合常理？

(同学们激烈讨论)

师:好,停,停,停,哪位同学可以发表一下自己的看法？

生5:我觉得这里"日暮乡关何处是",首先日暮我觉得不只是指时间,也可能指他到了人生的暮年。

师:已经步入了人生的老年。请继续。

生5:他年轻时达到名誉的顶峰后又半生困顿,四处漂泊,我觉得他可能是希望找到一个尽管不是家乡,但能让他很安稳地度过晚年的一个地方。

师:找到一个灵魂的栖息所、灵魂的归宿,所以说问苍茫大地,日暮乡关何处是？但是找不到,烟波江上,使人愁是吧？好,坐下来。还有其他的补充吗？

生6:我觉得他说的家乡更是一种感觉,更是一种温暖。他想要找到的就是心灵的住所。

师:温暖的心灵的住所,可是找不到,所以说"何处是?"。还有想补充的同学吗？

生7:就是我觉得他应该是比较迷茫的。他一生漂泊,他少年出名,就一生漂泊,去过很多地方,对自己的根源有一点怀疑,然后就比较迷茫。

师:古人曾经说过:"匈奴未灭,何以家为?"崔颢半生困顿,并没有建立功业,家对他而言,更多的是一种概念,而不是实实在在的东西。再者,我们说有父母的地方就是家。他已经步入了人生的晚年,父母未必在堂,暮色苍茫,他举头四顾,前进已经不太可能,甚至后退都是一种奢望。因此他有这样的疑问,日暮乡关何处是？既表达对家乡的思念,也可以说是在寻找灵魂的栖息处,可是找不到。

然而崔颢毕竟是盛唐的诗人,有颓势但不颓唐。他对景物的描绘充满生机。晴川历历汉阳树,芳草萋萋鹦鹉洲(师生共读),风景美丽,阳光晴朗。远处是鹦鹉洲,一笔带过。鹦鹉洲是三国时祢衡的丧生之地,祢衡的身世跟他是否有相同的地方？他没有明说,给了我们充分想象的空间,于是愁绪油然而生。当我们明白这些时再读这首诗,语气是不同的。

(生自读)

师:有没有哪位同学想为我们展示一下？来。

生7:昔人已乘黄鹤去,此地空余黄鹤楼,黄鹤一去不复返,白云千载空悠悠。晴川历历汉阳树,芳草萋萋鹦鹉洲。日暮乡关何处是？烟波江上使人愁。

四、讨论《使至塞上》

师：如果《黄鹤楼》表现的是因为事实的变化无常而引发出对自己人生的感慨，那《使至塞上》就是作者来到了广阔大漠以后的所见所想。对于这首诗同学们也有很多的问题，刚才我们是展示到第五小组，现在由第六组的同学分享！

生8：我想说的是第四题："《使至塞上》描写关外大漠，为什么会提到黄河呢？"我觉得如果写作背景在甘肃，是看不到黄河的。上文说"大漠孤烟直"是一种苍茫孤寂的感觉，所以我觉得"长河落日圆"应该是联想，将夕阳和黄河组合在一起，更加衬托出作者当时孤寂的心情。

师：我纠正一下，甘肃的省会在兰州，兰州就在黄河边上，是可以看到黄河的。

生8：我是说如果深入大漠，应该是看不到黄河的。

师：这个问题姑且存疑，谢谢你的分享，我们请下一组同学展示。

生9：我要分享问题1：课本上说"征蓬"比喻远行之人，那"归雁"又代表什么？我认为这两句都用了比喻修辞手法，征蓬和归雁都是比喻了自己，因为自己出去到塞外去慰问，就把自己比作征蓬，归雁就是北归的大雁，也是作者自指，都表现了自己的孤寂之情。

师：你觉得征蓬、归雁它实际上都是代表作者，写出了自己的一种孤寂之情。好，坐下来。第七个问题：王维到底是在感叹仕途不顺？还是在感叹边疆的寂寥？还是要表达自己的孤独？或者除此之外，还有没有其他的情感？（同学们讨论）

师：有哪位同学谈谈自己的看法？好，陈曦。

生10：我觉得除了写出他的一种孤独和寂寞，其实也有一种激愤和抑郁在里面，因为他曾经在朝为官，但是后来被贬官了。古诗中一般都是用征蓬来比作游子，但是本诗中是自指，可以看出他心中其实是愤愤不平的。而且我感觉这首诗里不仅有这种情感，也有对驻守边疆将士的赞叹。

师：为什么会有赞叹之情呢？

生10：因为"萧关逢候骑，都护在燕然"，就是指他一路上都没有看到迎接他的人，但是后来一问才知道他还在燕然打仗。所以我觉得是有赞叹之情的。

师：我是非常认可陈曦同学的看法，第一确实是有寂寞甚至抑郁在里面，何以见得？"征蓬出汉塞，归雁入胡天"，是痛苦寂寞。然而再联系到作者的身世，王维也是少年得志，后来也不太顺利。他曾经官至右丞，出使河西是变相发配。他来到塞外，除了孤独寂寞外，还有对戍守边疆战士的赞美之情。

"萧关逢候骑，都护在燕然"，他见到了使者，使者告诉他将军在哪里，正在

战斗的前线。之前的孤独抑郁一扫而空,显示出要建功立业的豪情。"大漠孤烟直,长河落日圆"历来为我们所传颂。这两句诗好在哪里? 是它给我们留下了大片的空白。其实这两句诗就是一个圆圈和一条直线,其他是大片的空白,正是因为有大片的空白,才显得这首诗张力巨大。

个人的得失和国家的命运相比起来其实算不了什么。尽管自己像蓬草一样,像孤雁一样,可是他看到前线的战士在奋战,一种爱国之情油然而起,这就是盛唐气象。尽管个人不顺,但是展现在我们眼前的依然是晴川历历,依然是都护在燕然。

五、联系生活,品读诗句

师:所以我们应该如何读诗? 有人说:少年时代读书如隙中窥月,中年读书如厅中望月,老年读书如台上看月。读诗也好,读书也好,感受是跟人生的历练有关系的,你们眼前的诗歌跟孙老师眼前的是不太一样的。孙老师当年路过衡阳的时候,曾经有感而发……

生(齐读):《夜宿衡阳》,孙宏。一路风尘出粤疆,暮色苍茫到衡阳。夜阑犹闻人语响,当时明月照西窗。

师:很明显"西窗"用典。因为到衡阳的时候,李商隐的诗歌引起了孙老师的共鸣,所以我用这个典故。其实在你们的生活中,有没有类似的地方? 想一想,一起分享。

(学生激烈讨论)

师:好,我们请几位同学来分享一下。陈新妍同学,你先说。

生11:我暑假的时候去广州的黄花岗那里参观了烈士陵园。那次期末考试考差了,心情不好。我妈妈带我去广州散散心。坐地铁的时候经过黄花岗,于是就想去看一下,然后到了烈士陵园,通过讲解员的讲解,感觉到自己比较惭愧,然后觉得要振作起来,作为新一代的人,我们要努力学习。

师:你的感受,跟诗中的哪一句比较像呢?

生12:我觉得和"萧关逢候骑,都护在燕然"比较像,它也是从忧郁到豪迈。

师:非常好! 还有哪位同学跟我们分享一下?

生13:几年前我和我爸一起去山东旅游。当时我妈就是在家里照顾我外婆,我和爸爸两个人玩了十几天,当时登上了泰山顶上,感觉一目了然,然后想到家在远方,感慨很深,又想起了千里之外的母亲还在那儿照顾生病的外婆,然后觉得有些小小的孤独寂寞。

师:好,你觉得跟哪一句诗比较像?

生13:有点像"征蓬出汉塞,归雁入胡天"的这种感觉。

师：以前和爸爸出去旅游，因为外婆生病了，妈妈在家照顾外婆，自己登上了泰山，云雾缭绕，看到美好的景色的时候，他突然觉得孤独寂寞。眼前的美好的大好河山已经激起不了他半点的兴趣，他心中只是想回家，和"征蓬出汉塞，归雁入胡天"的这种感觉，特别的相似。还有哪位同学跟我们分享一下？

生14：国庆假期的时候，我到江门市参观宋朝灭亡的崖山海战遗址。当我来到遗址上面的一个官殿，解说员告诉我们：脚下所处的那片土地在一千多年前的宋朝是一片辽阔的大海，崖山海战结束时，十万百姓跳到江里面殉国。一千年前那种炮火连天的场景在今天已经不存在，只剩下一条比较窄的出海口，还有旁边两个小小的村落。我心里很感慨，真的就产生了一种沧海桑田的感觉。

师：好，坐下来。这段感慨很能引起我们的思考，在中华民族历史上，崖山海战是很悲壮的，陆秀夫抱着幼帝跳海以后，十万军民跳海殉国，从此陷入了异族的统治。多年后，肖瑞麟和父母再次来到此地，硝烟已经散去。现在的中国民族团结融合，但是想到过去依然有一种"白云千载空悠悠"的感觉。还有要分享的吗？

生15：我也是去泰山玩，和所有人都走散了，我在那里等了一个多小时，雨小了一点，我才跑出去。云雾淡了一些，看到有一座特别漂亮的山峰，因为我的位置很高，所以看见的风景特别清楚秀丽，虽然还下着小雨，但我觉得淋雨也挺值得的，就有点像王维当时觉得个人的命运和国家比起来非常微小那种感觉。

六、课堂小结

师：个人和国家相比是非常渺小的，我们也很感谢这几位同学跟我们分享，孙老师还是那句话：读诗的感受和人生阅历是相关的，你们十几岁看到的诗跟孙老师现在中年读到的诗感受是不一样的。就两位作者而言，他们少年时代写的诗跟中年、晚年写的也不一样。我们不是要求每个人都成为诗人，但是我们还是要带着一颗诗人的眼睛去观察生活，生活多一些诗意，我们的生活也就更加美好。今天跟大家分享两首古诗，也许十年以后你们再读这两首古诗，感受又不一样。今天的课就到这里，下课。

生：谢谢老师，老师再见。

附：

《黄鹤楼》《使至塞上》学案

1. 展示预习中的疑惑，分组讨论交流。

文学常识类：

(1)《黄鹤楼》的创作背景是什么？（袁奕舒 韦韬 李思静 潘骊文）

(2)崔颢经历了什么,才发出"烟波江上使人愁"的慨叹?(唐梓箫)

(3)"燕然"如何理解?(3位同学)

(4)《使至塞上》描写关外大漠,为什么会提到黄河呢?(莫晓昀)

资料链接:《黄鹤楼》具体创作时间已经无从考证,全诗写登楼所见所生的联想,以及从昔人仙去,江山盛景依旧而抒发的世事茫茫、人生短促的感慨。

燕然:古代山名,就是今天蒙古国境内的杭爱山。东汉车骑将军窦宪曾登燕然山,刻石勒功。

内容理解类:

《黄鹤楼》

(1)黄鹤为何一去不回?烟波江上如何使人愁?(张存恺)

(2)如何理解"烟波江上使人愁"?(钱丞璟)

(3)崔颢见到黄鹤楼为何泛起思乡之情呢?两者之间有必然的联系吗?作者家乡和黄鹤楼有联系吗?感觉写景过渡到抒情有点奇怪。(张辰宇 陈桢涛 何励璇 林韵诗 杨济豪 黄思华 陈雨果)

(4)《黄鹤楼》本是写景诗,最后为什么落在思乡之上?(关悦 吴沛鸿)

(5)《黄鹤楼》只是表达思乡之情吗?(李文杰)

(6)《黄鹤楼》抒发了对沧海桑田的感慨和对家乡的怀念,哪种情感是主要的?(肖瑞麟)

《使至塞上》

(1)课本上说"征蓬"比喻远行之人,那"归雁"又代表什么?(潘健宇)

(2)王维看到"大漠、长河"时的心情是如何的?(陈曦)

(3)《使至塞上》颔联写到思乡,颈联写大漠风光,气势雄浑,作者到底想表达哪种思想?(何善卿 王佩瑶)

(4)慰问军队为什么心生孤寂?为什么会莫名出现悲伤之情?(梁曦雯 陈皓朗)

(5)王维为什么会感到孤寂?王维此番出塞仅仅是慰问军队吗?(刘子著 陈曦)

(6)《使至塞上》想表达怎样的情感?(陈心妍)

(7)王维到底是感叹仕途不顺,还是感叹边疆荒凉,还是表达自己的孤独寂寞呢?(林希羽)

艺术手法类:

(1)《黄鹤楼》为何首句用典,而不直接写景?(马凯蓝 张宇涵)

(2)黄鹤楼除了尾联外都是写景,尾联与其他三联有何关系?(郑洋祺)

(3)黄鹤一去不复返,跟白云有什么关系?(陈思言)

(4)三个"黄鹤"有区别吗?(麦健)

(5)萧关逢候骑,都护在燕然。用意何在?好像和全诗毫无关系?(朱祉霏 邓粟尧)

(6)为什么最后一句特别提到候骑,而且还要强调都护在燕然?这一句和前三句有何联系?是否不合逻辑?(庞靖淇 周靖翔)

2.拓展延伸

回顾经历,分享感受,在旅游中或者生活中你是否看到过类似诗人描绘的画面,或者产生过诗人类似的情感经历?

3.课后作业:

(1)带着感情背诵两首古诗。

(2)任选一位作者,为他们创作一则小传。

课堂剪影 »

担任第四届诗词大会点评嘉宾

第六届诗词大会接受媒体采访

学生心语 »

在上宏哥的课之前,我一直以为古诗只要背下来了就行。但直到上了宏哥的课,我才知道原来每一首诗背后都有一些背景故事,值得我去了解。就像《黄鹤楼》和《使至塞上》这两首诗一样,宏哥在给我们上这两首诗的课的时候,宏哥根据典故和我们的一些猜测引出每句诗句中的故事和结构,随后发挥他的想象力,把我们带入诗歌的世界。这种教学方法对我来说是很少见的,也勾起了我对语文的兴趣。

——李至(南海实验中学2018届学生)

很幸运，在南海实验中学第六届诗词大会上，我夺得"诗魁"称号，颁奖的时候与陈更姐姐在"飞花令"环节同台竞技，深感荣幸。宏哥也是点评嘉宾，回想半个多月的集训，真是获益匪浅。诗歌是那样的美好，杏花春雨江南，铁马秋风塞北。诗词在点滴迷蒙之间，令倦怠的双眸得到暂时的停歇，在诗歌中漫步，这种感觉真好。

——彭诗莹（南海实验中学2020届学生）

孙老师讲《钱塘湖春行》时把这一节命名为"白居易从江南走过"，采用知人论世的方法在课堂上大量补充了白居易的诗篇，有《忆江南》中"日出江花红胜火，春来江水绿如蓝。能不忆江南？"的情有独钟；有《琵琶行》中"座中泣下谁最多，江州司马青衫湿。"的官途无奈；有"安得人心乐，朝游复夜游。"看淡被贬转而寄情于山水与民风之间的泰然处之，在知人论世的基础上进入白居易《钱塘湖春行》的赏析中去……由情入诗，以诗观情，45分钟的课堂里充满了诗情画意，听后如沐春风，印象深刻。

——何运（华南师范大学实习生）

第十记　笑起来真好看

美国教育家爱德华说:"课堂充满欢声笑语是优秀教师的重要特征。"不敢说我有多优秀,但我的课堂的确有几次让人捧腹大笑,我和学生都全心全意地投入到教学活动中,沉浸于当下的教学愉悦之境,享受教学中的自由、轻松、和谐、融洽和温暖,看着孩子们的一张张笑脸,由衷感受到每一朵花开,都是幸福的模样。

(一)

2021 年 11 月 18 日,在两个班上完了《走一步,再走一步》,16 班的同学扎实,稳重,每个教学环节都落实得很好。2 班的孩子活泼,跳脱,现在想来,依然让人忍俊不禁。《走一步,再走一步》是莫顿·亨特的作品,讲述父亲陪伴孩子成长的故事。故事曲折而有哲理,孩子们很喜欢听。文章中有九处使用感叹号的地方,每处感叹号包括的感情都有所不同,我们能够正确地分析品读这些感叹号的作用,也就完成了文章人物形象的分析。今天上课依然从分析感叹号的作用开始学,16 班按部就班,循序推进;2 班则状况百出,课堂欢乐无比。

花絮一:"嗨! 我有主意了。我们很久没去爬悬崖了。"此处的感叹号表现一个调皮的孩子发现一个新的游戏后的得意、惊喜、期待之情。也许 2 班男生和这个孩子气质近似,齐读时效果出人意料的好。于是继续品读,"快来呀!""我来了!"前一句表示杰里对朋友的关心,后一句表示一个胆怯孩子对危险游戏的期待和恐惧。男生读前一句,女生读后一句。男生读得特别兴奋,有的男生还在做鬼脸。女生读得稀稀拉拉,有气无力,明显不愿意担任懦弱胆怯的角色。没有达到想要的效果,我马上进行调整。1、2 小组读第一句,3、4 组读第二句。这下女生开心了,3、4 组的男生也愁眉苦脸地读第二句。效果很好。

花絮二:继续分析课文,"突然我听到了杰里和爸爸的喊声。爸爸!"此处的感叹号表现绝望中的惊喜,爸爸,"我"最大的依靠来了,有救了。分析完后全班同学开始朗读这句话,前一句读得很好,2 班刘志言同学沉浸在角色里,大声读着"爸爸!"语气中带着莫大的惊喜。其余的同学异口同声回答"唉!",刘志言的

脸红了。我有点无可奈何，停了一下，轻轻地说了一句："刘志言今天不用做语文作业了！"小刘同学大喜，其他同学不干了，要求重读一次。重读就重读吧，见证奇迹的一刻到了。他们读完第一句后两眼巴巴地望着我，眼神里充满了期待，然后声嘶力竭，撕心裂肺，声震屋顶地喊道："爸爸！"声音之大，穿透力之强吓了我一大跳。下课后我还特别兴奋地告诉班主任戴老师，说今天语文课他们全班同学一起喊"爸爸"。

花絮三：继续分析课文："不，我不行！太远了，太困难了！我做不到！"此处的感叹号包含的感情并不复杂，就是一个小男孩，面对自己的父亲，拼命夸大眼前的困难，希望父亲帮助自己解决困难，所以前两个感叹号有撒娇的意味，后一个感叹号有要求不能满足后的要赖。分析完后，孩子们秒懂，生活中他们也经常这样干，所以他们读来本色当行，效果很好，特别是要赖的语气，活灵活现，听着他们的朗读，我控制不住笑场了。

最后以一个故事作结：孩子爬到树上摘风筝，爸爸说道："跳下来，我接住你！"于是孩子闭着眼睛往下一跳。"啪！"（他们异口同声配音）孩子摔在了地上，爸爸语重心长地告诫孩子："孩子！不要随便相信别人，哪怕是你的爸爸！""咦——"他们拉长声音嘘我。为了让孩子记住教训，爸爸要求孩子再跳一次。于是孩子闭着眼睛又往下一跳。"啪"（又异口同声配音），孩子跌进了爸爸温暖的怀抱，爸爸语重心长地继续告诫孩子："孩子！不要随便怀疑别人，何况是你的爸爸呢？""咦——"他们拉长声音继续嘘我。

下课后，男生在校园里疯跑，一边追逐一边大叫："不要随便怀疑别人，何况是你的爸爸！不要随便相信别人，哪怕是你的爸爸！"

（二）

2020年6月10日，上过一次《一滴水经过丽江》，现场也是笑成一片，这是阿来的散文，以"一滴水"作为线索和流动的"镜头"，串起了丽江的地理环境、自然风景、历史发展、当代风貌、文物古迹、民风民俗。前五段以水滴"自述往事"的方式，叙写历史；后十一段，以水滴"旅途记事"的方式，描写现在。文章在真实的叙事框架中缓缓展开，让虚构的叙事者娓娓道来，构思巧妙，令人赞叹。

美文应该美教，我们应该重点品味语言。归纳思路，可能是课堂的切入点问题，同学们脑洞大开，预定的教学目的没有完成，美文成了闹剧，课堂成了市场，很难说是一堂成功的课，但是课堂充满了欢声笑语。

备课时看了阿来的博客，阿来自己写道："当地政府知道我到了丽江，邀我

写一篇适合小学生读的关于丽江的文字。这是很不好写的文字,试着写了。交卷给丽江当地外,也贴在这里,聊作丽江之行的一个纪念。(2012 年 8 月 27 日)"所以,课堂的第一个问题:为什么阿来觉得丽江不好写?目的在于引导学生思考文章的选材问题。同学们的回答让我的课前准备完全翻车。

陈延沣:刚才老师介绍了,阿来是我国最年轻的茅盾文学奖获得者,丽江政府知道他来丽江旅游,所以请他写一篇关于宣传丽江的文章。他是个大作家,接受了写作任务,阅读对象又是小学生,写深刻了小学生读不懂,写浅了有损大作家形象,所以阿来觉得难写。

陈皓朗:既然是政府行为,阿来的写作任务肯定不是无偿的,他要迎合大众的口味,又要符合宣传丽江的要求,还要有自己的思想,同时不能违心,所以丽江的文字难写。

杨济豪:写游记必须要有真情实感,这篇文字从写作目的而言可以算是一篇政府公文,是一项作业,作为一个作家,写文章不能抒发自己的真实情感和独特感受,阿来还要自重身份,不能在文章中出现欢迎大家来丽江之类的语言,当然难写了。

同学们的思维太活跃,场面一度失控。赶紧打住话题,继续下一个环节:游记写人的所见所感,所以抒情主体是人,例如《小石潭记》等,那《一滴水经过丽江》为什么以水的角度进行写作,不以人的角度呢?同学们的回答又是脑洞大开。

谭凯玲:现代的丽江,其实已经掺和着许多商业的元素,失去了原来的质朴,很多人都已经不喜欢丽江了,所以丽江政府才请阿来写公关文章。以水的角度能很好地避开一些商店、酒吧的元素,还有一些过于商业化的景点,扬长避短,从而展现丽江的自然之美和人文之美。

曾德韬:丽江的景点很多,历史也很悠久,文章的阅读对象是中小学生,也不可能用太长的篇幅描写,以免造成阅读障碍。但是以水的角度,顺流而下,流到哪里写到哪里,也方便处理详略。同时以水的角度描写,也有童话色彩,便于小学生接受理解。

朱祉霏:丽江是一座依水而兴的城市,上善若水,水的形象贴合丽江的气质和文化,更有意味,也能吸引人。以水的角度行文,抒发作者对丽江不同一般的喜爱。从表面上看,是水在观察丽江,是水喜欢丽江。实质是阿来喜欢丽江,向游客推荐丽江,不露痕迹。

同学们的思维很独特,这样的情况,关于文章语言鉴赏的环节很难开展了,因为我不知道他们还会说出什么稀奇古怪的话来。所以直接取消讨论,改成了

仿写课文第三自然段或等十三自然段了。

一片叶子飘过佛山(邓粟尧)

我是一片叶子,静静地挂在树木的枝丫上。有一天,一阵风吹过,我被带入风中,和其他的叶子一起飘向这座城市,经过无数的人群,听见了无数的语言,语言不同,但一个词却反复出现:佛山,佛山!

一朵云飘过佛山(梁栩)

我是一朵云,飘浮在蔚蓝的天空,我飘过一座山,那座山叫作西樵山。我俯瞰着它,山中长满了树林,苍翠欲滴,几只小鸟站在树杈之间,啁啾着,欢叫着。我还看到,行人们在布满浮雕的台阶上缓缓前进,一个大佛矗立不动,微笑着欢迎八方游客。

一阵风掠过佛山(莫晓昀)

我是一阵风,在遥远的大海中形成,奔向佛山。我对祖庙期盼已久,我从祖庙的屋顶上方掠过,看见"黄飞鸿"正在表演武术,看见正殿上摆放着兵器,来不及多看几眼,就被同伴们挤走,我又来到一个黛瓦红墙的地方,原来是大名鼎鼎的梁园,我还想看看,可后面的风又推着我向前走。

一滴水流过佛山(何浩寅)

我是一滴水,缓缓地流淌在北江里,我想起前生,正是由水变为云雾,又落到这儿,我挤到水面附近,跳起来张望。一间间小村屋,变成了一栋栋楼房,远处的字好像是智慧新城,呀!原来沉睡了好多年,都变了!那儿的玻璃幕墙亮亮的,我想,我要到那里去。

(三)

《陋室铭》是古典文学中的名篇,以其立意鲜明,构思巧妙,韵味深长而脍炙人口,以前也曾多次执教,主要教学环节是朗读,背诵和仿写。2019年执教的时候参考了浙江省金华四中郑永威老师的设计,又有了一些新的变化,课堂气氛也是相当热烈。

首先由故事导入:唐穆宗长庆四年(824年)八月,刘禹锡被贬和州通判,按规定,通判应住衙门内三间三厅的房子。但是,和州的知县看到刘禹锡被贬为通判,便横加刁难,安排他住在城南门,面江而居。刘禹锡不但没有埋怨,反而还说:"面对大江观白帆,身在和州思争辩。"

这可气坏了知县,于是将他的住所由城南门调到城北,并把房屋从三间缩小到一间半。新宅临河,杨柳依依,刘禹锡触景生情,悠然自得地说:"杨柳青青

江水边,人在历阳心在京。"知县见状,又把他的住房再度调到城中,而且只给他一间仅能容下一床一桌一椅的房子。半年时间,刘禹锡连搬三次家,住房一次比一次小,最后仅是斗室,想想这县官实在欺人太甚,于是便愤然提笔写下了《陋室铭》。所以安徽和州的老百姓说,《陋室铭》是被气出来的。故事没有讲完,学生已经笑倒了一大片。

紧接着是情景教学:带着学生扫除字词障碍后进一步解读文章,在这一环节采用了情景教学。设计了三个问题:知县给刘禹锡分配好住房后,又来到刘禹锡的住所,想看看刘禹锡的笑话。看到刘禹锡一副安贫乐道的样子,于是口出不逊,开始讥笑起刘禹锡来:1.你看你的房子,都长青苔了,长青草了,你还说不简陋?2.你看你的穷酸样,估计不会有人与你为朋友吧?3.你既无丝竹,又没有案牍,你有什么好乐的呢?这三句话一投影出来,整个教室一片笑声。

然后提出问题:如果你是刘禹锡,你会怎样反驳县令呢?

学生分组讨论,交流示例:

虽然说我既无丝竹管弦之乐,但这反而能使我的心静下来,又有什么不好的呢?虽然我没有官府的公文撰写,但这反而不会劳神伤身,为什么不为此而快乐呢?(何文杰)

我虽然贫穷,但精神富有,学识渊博,自然是有许多知识渊博的人与我交朋友。我们一起弹琴吟诗,处处彰显高雅,我的私人生活,便不劳您费心了,县令您还是多关心自己吧,您的朋友都是酒肉朋友,咱们怎么可能相提并论呢?(甘甜)

那当然了,长青苔,长青草就说明我的屋子很古老,有种古朴之美,在这里生活让我感到大自然的美妙,当然不简陋了。(胡朝策)

听着学生们的反驳,我自己也控制不住,大笑起来。

接着补充诗歌:刘禹锡是与众不同的,"自古逢秋悲寂寥,我言秋日胜春朝。晴空一鹤排云上,便引诗情到碧霄。"愁是心上秋。自古以来的文人们叹惋着秋的萧瑟与寂寥,寄托着复杂纠结的情愫。而他却一扫往昔的悲秋之气,颂扬着鹤舞秋日的昂扬。难道他真的想一辈子蜗居陋室,调素琴,阅金经吗?我们来看下面两首诗歌。第一首,是他谪贬后重回长安后所作,结果因诗获罪,再遭谪贬。第二首则是再次回到长安之后所写。

游玄都观

紫陌红尘拂面来,无人不道看花回。
玄都观里桃千树,尽是刘郎去后栽。

他不写花本身之动人，而只写看花的人为花所动。去国十年，后栽的桃树都长大了，并且开花了，因此，回到京城，看到的又是另外一番春色，真是"树犹如此，人何以堪"了。他这种轻蔑和讽刺是有力量的，辛辣的，使他的政敌感到非常难受。所以此诗一出，作者便立即受到打击报复了。

再游玄都观

百亩庭中半是苔，桃花净尽菜花开。

种桃道士归何处，前度刘郎今又来。

以前的权贵，经过二十多年，有的死了，有的失势了，因而被他们提拔起来的新贵也就跟着改变了他们原有的煊赫声势，而让位于另外一些人，正如"桃花净尽菜花开"一样。而桃花之所以净尽，则正是"种桃道士归何处"的结果。对于扼杀那次政治革新的政敌，诗人在这里投以轻蔑的嘲笑，从而显示自己的不屈和乐观，表示他将继续战斗下去。这个环节主要分析刘禹锡的形象。

从上面两首诗歌看来，刘禹锡是一个永不屈服的人，他在谪贬期间，依然高声吟诵"沉舟侧畔千帆过，病树前头万木春"。李白被称为"诗仙"是因为他诗歌的浪漫主义色彩，杜甫被称为"诗圣"是因为他悲天悯人的胸怀。而刘禹锡也因为他的豪气冲天，被后人称之为"诗豪"。同学们再次诵读《陋室铭》，看看哪里可以看出他的"诗豪"气质。

明确："山不在高，有仙则名，水不在深，有龙则灵"把自己比作仙人，比作潜藏在水底的蛟龙。"南阳诸葛庐，西蜀子云亭"，把自己和古代的圣贤相类比。"孔子云：何陋之有？"用孔子的话作结。

所以，他是一个自视甚高的人，事实证明，他也许比不上诸葛亮，但是，和扬子云相比，他毫不逊色。可以说，他是一个豪气冲天的人。由此可见《陋室铭》并非是自命清高、孤芳自赏之作，而是愤世嫉俗之作。所谓清高是"不问政治，与世无争，安贫乐道，洁身自好"。刘禹锡写《陋室铭》本身就是与恶势力进行不屈的抗争，为官而不计较居室的大小、陋与不陋，恰是他为政清廉的真实写照。

这三次课让我印象深刻，《走一步，再走一步》和《一滴水经过丽江》是临时生成的，有没有完成教学目标真不好说！但师生双方都扎扎实实地走进了课堂，真真实实地展现了自己的角色。我在倾听花开的声音，想方设法调动学生参与教学过程的积极性。这些课堂是鲜活的，是充满欢声笑语的，欢声笑语的课堂充满生命的张力。

附：心情随笔

每一朵花开,都是幸福的模样

7月10日,在东方书城的大力支持下,《跟着生活学写作》第三次签赠活动圆满举办,可谓盛况空前。说来惭愧,本来是签赠活动,后来变成促销活动,前来捧场的各位师友拿了赠书后,立刻又去前台下单,表示对我的支持。南实来了很多老师帮忙,自家兄弟姐妹,我就不一一谢过了。

晚上8点多我来东方书城补签,发了一则朋友圈,又有三位同学过来捧场,他们分别从上海、澳门和新疆回到佛山,听说我在签书,立马过来。签赠会上,来了很多学生,从2002年的曹颖仪,到今天的任冠睿、伦浩坤、陈善炜等,每一届都有学生过来捧场。他们的优秀,自不必多说。但是看到三位同学,又想起了一些往事,我也特别开心,在心里默默感叹:每一朵花开,都是幸福的模样。

电话里的哭声

大概是七八年前的一个周末,我接到电话,是小张同学打过来的,在电话里面哇哇大哭,那时他已经初三。男儿有泪不轻弹,一个男生,哭得那么伤心,吓我一大跳。我连忙问他什么事,他一个劲儿地哭,说不出话来,过了好久才憋出了一句话:"老师,您和我妈妈讲吧!"

他的妈妈彭女士接过电话,说小张同学在月测中又退步了,她着急地说了孩子两句,孩子就受不了。我和彭女士在平时多有接触,这是个有点焦虑的母亲。我觉得肯定不是说了小张几句话那么简单。在电话里说不清楚,好在我们住得近,我问她是否方便带小张过来。二十分钟后,母子二人来到我家。

我已经忘了我是怎样做工作的,最后小张同学破涕为笑,母子二人高高兴兴地回家了。最后一次见面是在马路边上,一天下班后我踩着单车回家,听到有人大声喊我,我停下来,原来小张坐在妈妈的车上,摇着车窗在叫我。本想再聊几句,后面的车狂按喇叭,只好作罢。小张同学后来上了警官大学,现在已经是一名光荣的人民警察了。

10号的签赠会上,小张因为有任务,无法分身,拜托母亲来到现场向我祝贺。我取笑彭女士当年的焦虑纯属多余,彭女士连连向我道谢,一边还向周围的家长说她以前真是太焦虑了,现在看来,焦虑真的没有必要。儿子有出息,她当然开心,眉梢眼角都是笑。

当了一回调解员

小姚是我2010年的学生,我当过他一年的语文老师。从成绩上看,他和优秀不沾边。有一次听写,错的比对的还多,检查他的作业,也没有完成,我当时很生气,问他怎么办?他说下午一定补给我,听写他以后会努力的。

到了下午,他找到我,把作业补给了我,虽然不是特别优秀,但是看得出来,已经尽了最大的努力,应该是利用午睡时间补的。当然他身上也有很多的不足,但的确是个单纯的孩子。家长会上,他课桌的抽屉里乱七八糟,他妈妈则跪在地上帮他清理,我看见了连忙跑过去帮忙。

他妈妈连连向我表示感谢,说小姚同学在家里常常提起我,说自己是个幸运的人,在中学又遇到了孙老师这样的好老师。"好老师"三个字简直让我受宠若惊,其实我对他并无特别关照之处,如有,无非稍宽容一点,他居然有寸草春晖的感受,这件事对我影响颇深,我懂得了老师对于孩子的影响力,所以,以后的教学中,我尽可能地多包容学生。

也是一个周末,接到了小姚妈妈的电话,妈妈在电话里哭,说小姚和她吵架了,还用手推她,孩子以前不是这样的,不知道为何如此。听了小姚妈妈的话,我大吃一惊,想约小姚好好聊聊。当天晚上,他们夫妻二人带着小姚,我们就在花苑广场的绿苑,聊了两个多小时。具体聊了什么也忘了,实在是太久了。

后来换了手机也就失去了联系。10号的新书发布会,我觉得有必要告诉他们。他们不拿我当外人,今天,我有喜事不告诉人家,那就是失礼了。辗转得到了小姚的联系方式。签售会上,有个青年一直在安安静静地排队,轮到他了,我觉得面生,他拉下口罩,笑着说:"老师,是我啊!"原来是小姚,现在已经是律师了。

我的"小尾巴"

小黄也是我的学生,我觉得有必要把他的故事讲出来,尽管他谦虚,说只能当反面教材,但我觉他的故事很有代表性。

有一年暑假,他简直就是我的小尾巴。那年夏天,我父母带着楚惟去上海歇暑,我一个人留在佛山,那时候楚惟妈妈还在广州那边上班,家里常常只有我一个人。小黄是个手机控,一放假就机不离手。为了手机的事母子势同水火。我们两家住得近,他把我家当成了避难所,一有时间就过来,中午我吃饭也跟着,好在他不挑食,我吃什么他吃什么。把我家当成了自己家,我想要是邀请他过来睡觉,他绝对不会拒绝。

小黄见到我第一句话就是"哎!昨晚又是火星撞地球",意思是又大吵了一架。我也要求他少玩手机,他口里答应,手里照玩不误,我也很头痛。有一天,

他终于没有玩手机，我很开心，以为他良心发现改过自新了，结果他说和妈妈吵架，生气砸了。我说砸了就砸了，也是好事，不曾料想，几天后，又买了部新手机，功能更多。

这是他初中时的基本情况，但我坚信他肯定会成才的。因为有一次他妈妈和我闲聊，说是去喝喜酒，听说有一家人情况不太好，孩子准备辍学，小黄问妈妈，可不可以资助一下别人继续读书，小黄的妈妈当时特别震撼。

我们常常说，成才先成人，小黄的心地善良，是个富有爱心的人，只是自控能力不强而已，假以时日，终将成器。果然，签售会上他告诉我他现在在温哥华读书，已经大三了。

前段时间，我母亲住院，阳台上的花草无人打理，我一个星期才过去浇一次水，花草无精打采，行将就木。这段时间，母亲回家，每天按时浇水，它们又鲜活起来，还有一棵开花了，晨风轻拂，花枝招展，真好看！每一朵花开，都是幸福的模样！

课堂剪影

笑起来真好看　　　　　　笑起来真好看

学生心语

令我记忆犹新的是，宏哥带着我们上《走一步，再走一步》。老师带着我们走进课文中，这篇文章讲述父亲陪伴孩子成长的故事。故事曲折而有哲理，我们也听得十分入迷。接着老师领头带着我们齐读课文，嘿！齐读的效果果然好！在读到"突然我听到了杰里和爸爸的喊声。爸爸！"有些同学回答"哎！"宏哥有点无可奈何，叹了一口气，又继续讲课了。当老师讲到最后一个故事时，文章结尾有句话却让我难以忘怀："不要随便怀疑别人，何况是

你的爸爸！不要随便相信别人，哪怕是你的爸爸！"手中扇一收，下课铃声响起。这是一堂充满欢声笑语的课。

——叶卓夫（南海实验中学2020届学生）

《一滴水经过丽江》生动活泼，充满了童真与趣味，是一篇视角独特的写景课文。学了这节课，我对写景文章又有了更多了解，写作要注重描述视角的选择。不同的视角可以带来不同的感受，对一件事也可以产生不同的评价；视角还需要根据写作背景、写作目的来进行选择。在这节课中，我感受到了来自西南的风土人情和彩云之南的独特光芒。

——何浩寅（南海实验中学2018届学生）

《走一步，再走一步》这篇经典打动了无数人，予以学生将困难化整为零的勇气。但对这一篇幅较长课文进行结构梳理、人物分析及主题挖掘，引导学生作出个性化解读，十分考验教师的功力。在执教这课时，孙老师以四两拨千斤之法，着眼文本的细微之处，以标点立骨，重点关注"我"下崖时焦急、恐惧等心理描写，领着学生体悟九个感叹号背后丰富细腻的情感。以学生自读、教师教读、师生共读的三步朗读法，在琅琅书声中，以心理描写为轴，剖出丰富主题面。

——杨颖贤（南海实验中学青年教师）

第十一记　那些温暖的瞬间

　　滴水藏海，寸土蕴山，大的生活由小的细节构成。池莉曾经这样说过："我偏爱生活的细节，人类社会发展了这么多年，大的故事怎么也逃不出兴衰存亡，生老病死，只有细节是崭新的。"教学也是如此，知识点是相对固定的，每一次循环，学生是不同的。教学中的那些小细节，看在眼里，就是风景，记录下来了，就是绝美的文字。这些温暖的瞬间，让教育拥有了温度。

（一）

　　第一次月测结束了，公布成绩后，有人欢喜有人愁。孩子们或欢呼雀跃，或沉默寡言。对我而言，年年岁岁花相似，岁岁年年人不同。但这次评卷课前课后的几个小花絮，却激起了我心底的小浪花。

　　课前，15班的小梁同学笑着对我说："进了南实，我这次语文考试终于上了90分了！"就要上课了，我对他笑了笑，说了句"要继续努力！"。正准备上课，突然发现他明亮的眼睛似乎有些暗淡，于是又追问了一句："考了多少分？"小梁同学高兴地回答："99分！"原来，小梁同学是特意来告诉我他取得了很大的进步，希望得到老师的肯定。我拍了拍他的肩膀，高兴地说："进步很大，下次要上100分！"小梁有些羞涩地回到自己的座位，看得出他非常开心。

　　南实有很多成绩优异的学生，不过像小梁这样的孩子也不在少数，也许他们没有什么特别引人注目的地方，但他们一直在努力，一直在进步。以前经常考70多分的小陈同学这次也接近了90分。每一棵草都会开花，越是这样的孩子越需要老师的肯定。

　　杨老师身体抱恙，我临时去14班代课评讲作文，一篇名为《本来我可以保持沉默》的作文讲述了作者自己的故事：公开课上回答问题答案错误被同学取笑，因而产生了心理障碍，后来在同学的鼓励下，终于放声歌唱。选材真实，情感细腻，是篇难得的佳作。我正准备展示时，作者却大声说："老师，不要读！"我犹豫了一下，问道："文章是你真实的生活经历吧？"学生点了点头。我观察她神态犹豫，既希望我朗读，又有所顾虑。我扫视了作文一眼，明白了她的顾虑所

在,原来在作文中对同学有所埋怨,怕引起同学的误解。我讲了作者的顾虑,14班的孩子特别可爱,异口同声地说:"老师! 读吧,如果是我们错误,我们一定改正!"当我读完文章,班上响起了热烈的掌声。

每个学生都渴望得到老师的表扬,当他们不太愿意展示自己的作品时,我们还是要做个有心人,尽可能地帮他们打消顾虑,给他们一个展示自我的机会。因为,这种机会对孩子而言并不多。

回到办公室,隔壁班有个孩子很好奇地向任老师打听:"老师,你们班的小黄语文考了多少分?"任老师虽然是班主任,但肯定不清楚语文成绩。我很纳闷地问她:"你为什么要打听小黄的成绩?"这个孩子告诉我:她和小黄是小学同学,小黄昨天一直问她的语文多少分,却不告诉她自己的分数。我查了一下小黄的语文成绩——112分,原来如此! 两人从小学到现在一直都存在着竞争,小黄这次语文成绩不错,想和对手比比语文成绩。

小黄是个优点和缺点同样突出的孩子,遣将不如激将,这也是个难得的教育契机。中午带队去饭堂时,我特意告诉小黄同学,你的对手来办公室打听你成绩了,估计下次要超越你! 小黄很坚定地说:"我会继续努力,不会让她超越的!"我也相信小黄会继续努力的!

老师对孩子们的影响巨大! 一句简单的表扬可以让孩子幸福一整天,一句不经意的批评也许会让孩子郁闷一整天。

(二)

九月的佛山,天空澄澈瓦蓝,阳光热烈却又不刺眼,空气中流淌着丰收的味道。在广东没有连绵秋雨,也不见遍地落叶,有的是金风送爽和秋灯月色。正是岭南一年最美的时节。

我依旧从事着日复一日的工作,备课,改作业,回家长短信。

突然,收到袁奕舒妈妈的信息:"孙老师,刚刚看到唐梓箫同学的作文,一下子归乡的情感爆发了,随手写了几句,可以作为观文小感,发给孩子吗?"我表示欢迎后,很快就收到了袁奕舒妈妈的作品。拜读之后才知道袁奕舒妈妈太谦虚了。哪里是观文小感,分明是天涯游子对故乡深情的呼喊。上周给学生布置了一篇《人在旅途》的随笔,唐梓箫同学写了自己在呼伦贝尔旅游的经历,文笔不错,写出了她第一次来到草原的新奇经历。我利用周末时间简单编辑后,发布在了"宏文馆"上。

美丽辽阔的呼伦贝尔大草原是袁奕舒同学的故乡,奕舒同学多次在文章中提到过自己的家乡,那里有蓝天白云,有牛羊牧犬,还有一直陪伴她成长的外公。外公就像草原上的鸿雁,在奕舒上到初中开始寄宿后,一个人又独自返回了家乡,因为在那里有同事和朋友,那里有他熟悉的圈子。奕舒父母在广东打拼,这里有他们的事业,故乡也就只能在梦里出现了。猛然看到唐梓箫同学的文章,奕舒妈妈自是百感交集。

君自故乡来,应知故乡事。情感喷薄而出,不能自已。文章前面还能心平气和地为我们介绍海拉尔的过去和现在,但到了文章后半段,奕舒妈妈以"我想……"领起文段,情感如浩荡长江,滔滔而下,无法抑制。随心所欲,想到哪里写到哪里,不讲逻辑,也不管章法,而打动我们的恰恰是这股汪洋恣肆的思乡之情。

奕舒妈妈的心情,我感同身受。我在 2002 年随滚滚打工潮南下,已经离开家乡多年,故乡荆州古城春日的花柳只会在梦中出现。在大多数人心里,故乡是个不可取代的地方,也许没有美丽的景色,也许没有深厚的历史,可就是什么地方都比不上它。

我们对故乡的怀念源于对自己当年过往的记忆,在那里包含了我们在家乡的欢笑与悲伤,是我们对过去岁月的投影,因此无论身在何处,只要提起故乡,就会心生感慨,这份感慨针对的不仅仅是故乡,也是当年的自己。

我好想……

作者:袁奕舒家长

阿箫,谢谢你把我的家乡写得那么美,对于家乡的记忆是我心底最甜蜜最美的珍藏,其实,我小时候居住的地方距离海拉尔还有大概 400 公里,那是地地道道的大兴安岭林区,也是建国后国内的木材主产区。那里有原始森林,有野熊,有麋鹿,有兔子,有松鼠和狐狸,我们家曾有一只松鼠到访。因为当地地广人稀,海拉尔是当地较为集中的大城镇,我记忆中还不算是很大的市区,但是它的辖区面积是很大。当地民风粗犷,和南方的细腻不同,不知你是否有感触?欢迎你再来我的家乡,我愿意做你的向导。你的作文让我思乡的心情爆发,我写了些我的记忆,愿和你分享。谢谢。

秋日的阳光分外明亮,干净清爽的风凉凉地吹来,我就在窗边读了一篇阿箫的作文,她仿佛把我带回到了呼伦贝尔家乡的草原上。最近一次回去是在春末,应该是赶上了春季的最后一场大雪,将整片的草原装裹成起伏连绵的白,唯有一座寺庙在蓝天和白雪之间显得圣洁宁静,让久在逼仄的城市楼宇中忙碌挣扎的我瞬间得到释放。我在寺庙前感受到自己的渺

小，天地的广阔。

我常想起，某一个下午，坐在教室向外看，深蓝的天空中，一只鹰在自在地飞翔，阳光洒在它的翅膀上是一片金黄，自由的力量从心中迸发出来。从此，每当想要偷懒，总会想想那蓝天和自由的鹰。我想，在山野里跑惯了的孩子是有点野性的，无奈办公室的方格子太小……

赵雷有一首歌《画》，一个大大的月亮，一扇大大的窗，一床花边的被子，一个姑娘在炉火旁。歌声带来甜甜的幸福，时间的车轮滚滚向前，我们都再也回不去那种纯朴、宁静的生活模式，如果可以——

我还想，早上起来，推开门是凉凉的晨风，精神一振。在自家院子里梳头发，跑去看黄瓜又长长了多少，露水洒满了裤脚；

我还想，坐上爸爸的摩托车去上学，走出院门是一大片草地，车轮压在草地上软软的，我伏在爸爸背上，看草叶上的露珠折射太阳的光；

我还想，光着脚丫走进小溪，追着一两尾小鱼，我不动，看你动，看你围着我的小脚钻来钻去；

我还想，五月漫山遍野的杜鹃花开的时候，折上一大把插在玻璃瓶里；

我还想，蒲公英、野百合、格桑花、黄花菜都到我的花瓶里来，满地金黄的蘑菇，深红地毯似的雅客达，深蓝深蓝一片片的蓝莓，翠绿翠绿的松树塔；

我还想，闻着松树油的香味去捉虫，坐在高高的原木架子上背历史；

我还想，看看工人挑灯夜战的灯光，听听原木滚落的声音和起起伏伏的油锯声；

我还想闻闻他们身上的松木味道，混合着烟味、汗味和冷冷的冬天的味道；

我还想，在冬日的夜晚，烛火中邻居聚在一起聊天，老人们说着东家李家的事，低低的温和的声音，掺杂着山西的、四川的、河北的调子……

我还想再回去，摸摸家里的木门，晒晒太阳……

（三）

广东的冬天总是喜怒无常，虽然桂澜路上的洋紫荆依然云蒸霞蔚，但是身上的毛衣提醒着我们冬天真的来到了。今天和学生一起学习了罗素的《我为什么而活着》，孩子们很坦诚，我也很坦诚，彼此间的坦诚相待，让寒冷的今天特别

的温暖。

《我为什么而活着》很简单，作者罗素告诉我们：他为爱情、知识、人类的和平而活着，活得很有意义，如有可能，他愿意再活一次。朗读分析完文章后，给学生放了段小视频《活着》，按照张天朗同学的话说这是孙老师独创的课堂形式。这是时尚公益街的一则公益广告，讲述了老人和子女的故事。

看完视频后，同学们潜然欲泪。我提了个问题：生活就是这样真实，罗素为了他的理想，活成了伟人，我们都是普通人，有我们的普通生活，视频中的父亲为了儿女而活，我们的父母又为谁而活？我们又为谁而活呢？能分享你的生活经历，谈谈你的感受吗？同学们发言很踊跃，他们的发言温暖了我，相信也会温暖家长们。

胡朝策是 209 班的一个男孩子，妈妈今年去了四川凉州支教，周末回家陪伴他的只有爸爸了。我提出问题后，平时有点内向的他举手了，于是我马上让他起来和我们分享。朝策眼睛有点红，他站起来后，顿了顿，说道："我想分享一下我和爸爸的事情。上周出成绩后，我考得不好，爸爸就开始教育我。本来没考好，心情就很糟糕，加上爸爸的唠叨，我很生气，于是把自己反锁在房间，然后周末返校的时候，我也没有怎么理爸爸。结果，我收到爸爸写给我的一封信。"说着，他打开笔袋，拿出了爸爸写的信，看得出他很珍视爸爸的信件，把信件放在朝夕相伴的笔袋里。"看到信后，我差点就哭了，我觉得我真的很过分，本来一个星期才回去一次，因为矛盾，我不理他，我特别后悔。"话音刚落，教室里响起了热烈的掌声，有对小胡同学勇于承认错误的赞扬，也有对小胡同学拥有睿智宽容的父亲的羡慕。

陈铭超同学也举手了，小陈同学热情开朗，少年的纯真朝气在他身上一览无余。起立后他大方地说道："我分享的是吴诗阳的故事"，同学们嘘声一片。他自己也忍俊不禁，继续说道："我们都知道，吴诗阳的爸爸就是我们的数学老师。""咦——咦——"同学们的声音拖得很长，明显嫌弃的语气。"吴老师对诗阳要求很严格，经常把诗阳训得哭了起来，但是诗阳妈妈就对诗阳特别好，因为我和他们是一个小区，所以诗阳妈妈就要我多注意诗阳，看看她有什么不开心的，有没有早恋什么的。"教室里又是一片笑声。"但是，只要有人说吴老师什么，诗阳总是第一个站出来维护爸爸，所以，我觉得诗阳有时候不理解吴老师的教育方式，但她从来不否认爸爸对她的爱！"教室里又是一片掌声，吴诗阳也趴在桌子上大笑。

210 班的课也上得很顺畅，同学读得认真，听得认真，看得也很投入。在观看视频时，我注意到好几位同学的眼睛都是红红的，王佩瑶同学的眼睛更是红

通通的。看完视频后,我直接请王佩瑶同学分享她的经历。小王同学未语眼先红,但很快控制住了情绪。跟我们分享她和爸爸的故事。依然是周末,佩瑶爸爸带着她去喝早茶,佩瑶是个手机控,坐在餐桌前就旁若无人地开始刷朋友圈。爸爸很快点完餐了,早餐端上来后,佩瑶就不开心了,因为点的东西很多不是自己想吃的,于是大小姐脾气发作,满脸的不开心。爸爸看到佩瑶玩手机已然不悦,现在看到女儿发脾气自然更加不快。父女俩矛盾一触即发。"我只是周末玩一下手机你们都不给。"这是佩瑶同学的转述,当时以为自己很有道理,所以万般委屈,振振有词。但是今天看到这个视频,想到自己,想到父母的不易,想到自己的任性,所以特别后悔,因此在课堂上感受深刻。她分享完自己的经历后,教室里短暂安静后掌声如雷。这掌声包含了对佩瑶勇于认错的肯定,也有对自己的反省吧!

庞靖淇同学的眼睛也是红通通的,看来有很深刻的感受,自然也请她分享一下,靖淇同学没有推辞,人一站起来,眼泪就夺眶而出,刚一张嘴就泣不成声。同学们都惊呆了,教室里一片寂静,我能清楚听见第一排同学的呼吸声。庞靖淇同学没有要坐下去的意思,我静静地站着,等待她平复情绪。"我看这段视频时,特别难受,因为我的外祖父前几天走了,就是中段测验的时候,爸爸妈妈怕影响我的情绪,等考试完了才告诉我,虽然我早有准备,但还是很难接受……我总觉得以后还有机会陪伴他……但现在真的没有机会了……"

靖淇同学的话让我当场泪奔,我突然想起了我的外祖父,也是在我上初二的时候,也是在中段测验,当时父亲就在校门口等我,一直等表彰会后才接我走。我也哽咽着和同学们分享了自己的这段经历,好多同学都在揉眼睛。

课上到此处,已然是此时无声胜有声,但还是需要总结:不是我们泪点太低,是生活太感人。罗素为爱情,为知识,为和平而活着,毕生为之奋斗,他是一个伟大的人。我们是学生,我们很平凡,我们的父母也很普通,但我们都不是一个单独的个体,抬头是前进的方向,身后是期待的目光。我们要完善自己,理解父母,包容他人。如果我们对成绩还不太满意,我们就做一个勤奋的学生,如果我们有点叛逆,我们以后就做个懂事的孩子。我想就是这一节课给我们的启发。话音刚落,又是一片掌声。

下课铃响后,我走出教室,冬日的暖阳让我的血有点沸腾,何善卿跑了过来,眼睛也是红的,对我说道:"宏哥,为什么他们的生活都这么感人,而我的生活就这么平淡呢?"我看了看他,笑了笑。其实我想说:"孩子,你的生活也感人呐,只是你没有注意到而已!能被别人的故事感染,这本身也感人啊,你是这个感人故事中的一部分。"

控制不住发了一条朋友圈,收到很多回复:

王佩瑶家长:早上和爸爸一起出差,回到车上看到您的信息,我和爸爸都是鼻头一酸。独生子女的孩子很难告诉他们怎样更恰当地和别人相处,因为一家人所有的爱都给了她一个人……

庞靖淇家长:靖淇平时对待亲情貌似不在意,很要强的样子,但内心柔软,稍微一提起就会触动内心,泪流满面。

李宜霖家长:我们爸爸考前谈心写信,看来现代父母不易呀,希望孩子能理解。

姚竣文家长:我偶尔也会写信给孩子,当感觉语言沟通无法进行或没有效果的时候,信件可以很好地传达个人想法,因为看信的人也会安静地边看边思考。

(四)

2020年,又回头开始教初一。今年秋天不同往日,淅淅沥沥的秋雨一场接着一场,一阵秋雨一阵凉,九月末的佛山,秋意渐浓。今天开始学习《秋天的怀念》,是我很喜欢的一篇文章,第三次教了,少了些束缚,多了点随意,一节课下来还是有点常教常新的感觉,记录一点花絮,留作纪念。

刘志言很可爱,皮肤白皙,漆黑的眼睛透出一股灵气。今天课前诵读古诗,他声音最大,简直就是扯着嗓子在喊,最后干脆把双手放在嘴边当喇叭,一边喊一边摇头晃脑,可爱极了。读完古诗后开始上课,我播放了电视散文《秋天的怀念》,他看得很专注,边看边喃喃自语:"太感人了!"我问他:"被感动了?"他点点头,"哪句话感动了你?""咱们娘俩儿好好地活。"他带着感情读出了这句话。他的回答和我的教学设计不谋而合,于是就以这句话为纲展开教学:母亲为什么要说这句话?从哪些地方可以看出母亲希望我好好活?母亲好好活着了吗?我活成了母亲希望的样子吗?逐层推进,课上得很顺利。我每抛出一个问题,他总是第一个举手!

晚修前,我坐在走廊上,他在和同学打闹,远远地看见我,一阵风似的冲过来对我说:"我写了你!"说完又一阵风似的冲走了,回头又补了一句:"很好看的!"我明白了,上周布置的随笔题目是《我的新老师》,他写的是我。自习课的铃声打响了,他很快拿出作业本开始安静地完成作业。我表扬了一批同学,读到他的名字,他握紧拳头,举到胸口,很是兴奋,似乎在告诉我,他会继续努力。

张晋昊是个帅气的小伙子,有点腼腆,像我一样也很喜欢折扇。他拿扇子

的时候比我有气质多了,有古典舞《纸扇书生》的那种味道。今天楚惟一脸醋意地告诉我,女生现在不叫他张晋昊了,管他叫孙晋昊,因为她们觉得小张同学像我儿子,每天都拿着一把折扇。当然,这是同学们的玩笑话。比起小张同学的父亲,我真的很惭愧。昨天,晋昊爸爸告诉我,小张进入了初中,有适应的地方,也有不适应的地方,自己写了一封信给孩子,让我方便的时候鼓励一下小张同学。今天学习《秋天的怀念》,晋昊爸爸的书信正好可以作为我们上课的素材。

我分析完课文"从哪些细节可以看出母亲希望我好好活"后,清了清嗓子,对同学们讲道:"父母对子女的爱都是无私的,哪怕自己身患重病,母亲的重心依然放在儿女的身上,史铁生的母亲如此,你们的父母也是如此。我想和同学们分享一下张晋昊同学的故事。"我走到小张同学的身边,他很开心地拿出爸爸的信。爸爸管小张叫"昊哥",在书信中对小张有肯定,有理解,最后表示:爸爸永远是他的战友,是他的帮手,是他的"奥利给",总之,爸爸是他坚强的后盾。读完书信,教室里响起一片掌声,掌声中有理解也有羡慕。我相信,有爸爸的鼓励和支持,晋昊会越来越棒。

李书欣是个很优秀的孩子,秀气而文静。上课的时候经常主动分享自己对问题的看法。今天上课最后一个环节是分享成长过程中难以忘怀的情节。书欣同学犹豫一下后举手了,于是我让她分享她的经历。她的表达能力很强,回忆往事,娓娓道来:"我读小学的时候,有一次我把同学打哭了!"话音刚落,教室里一片哗然,同学们很难想象文静的书欣同学会去打人。书欣连忙解释:"其实不是像你们想的那样,是同学先踩我的脚,然后我急了,一推他,他就摔倒了,然后他就哭了。"

原来如此,"总之,打人是很不对的,老师批评了我。我特别害怕,爸爸妈妈都出差了,哥哥在家照顾我"。教室里又是一片哗然,书欣同学连忙解释,哥哥比她大十二岁。她又接着说:"我打电话告诉了妈妈,妈妈并没有批评我,她告诉我,她相信我不会无缘无故地打人。后来哥哥也知道了这件事,说要送我去上学。在成长过程中,我遇到困难时,妈妈和哥哥对我的理解,让我特别难忘。"教室里又是一片掌声。

我继续总结:"成长的过程中,总会有矛盾,有坎坷,有挫折,有了亲人的理解和分担,我们会发现,我们不是一个人在战斗,于是我们不再孤独和脆弱。史铁生的妈妈走了,她留给了儿子一句话:'咱们娘儿俩好好地活'。史铁生读懂了这句话,最后成为伟大的作家。父母在我们身上付出了很多,不是希望我们将来回报他们什么,而是希望我们快乐,我们幸福,这就是对他们最好的报答。"

话音还没落,下课铃声响起,我有点意犹未尽。

(五)

期末考试成绩很快出来了,两个班的成绩还算正常。学生们的成绩,有的进步,有的退步,既出乎意料,又在情理之中。每个学生对我而言是百分之一,对家长而言,是百分之百,所以,从看到成绩的那一刻,我就接到了很多的电话和短信。可怜天下父母心,这些我都能理解,却不知道如何安慰各种焦虑的家长。看到了四位同学的成绩,想到了复习备考期间的一些事情,和各位家长们分享,也许会带给我们一些思考。

当我看到了 110 班陈诺同学的语文成绩——110 分时,大吃一惊。什么概念呢?这个成绩在班上可以排到第三位,高过很多语文学霸。当然,从成绩上看,小诺现在也是语文学霸了。他之前的语文成绩很一般,这次为什么会有如此大的突破?我想起了复习期间的一个电话。

那是一个周末,我带着孩子在小区散步,突然接到了陈诺爸爸的电话,我如实向家长汇报了他这一阶段的学习情况后,向陈诺爸爸核实了他教育小诺过程中的某个细节,并就他教育孩子的方法提出了我自己的看法。最后说了这么几句话:"我很心疼小诺,请务必转告您的孩子,老师很喜欢他,他将来肯定会大有作为。"我是这么想的,也就这么说了。

因为之前看过陈诺写的练笔,上面写道:"爸爸要求很严格,不写完作业不能睡觉,有一次,超过了 12 点还没有写完。"让人感动的是,他并不怪爸爸,他能理解爸爸的做法。看到他写的东西,我特别难受,也很心疼,每个家庭情况不同,如鱼饮水,冷暖自知。

反思:小诺这次的语文成绩如此出色,是否因为"罗森塔尔效应"暂不讨论。我想,这次电话后,小诺爸爸肯定会反思自己对待孩子的态度,也肯定会调整自己的教育方式。老师和家长的爱也肯定会化作小诺前进的动力。当然,以后小诺在学习上也许会有起伏,但起码这次的语文成绩会燃起他的希望:原来,我也可以成为学霸。

这个案例,可以给我们很多的思考:沟通的重要性,爱的教育,当然,还有"罗森塔尔效应"。

我又看到了 110 班钱丞璟同学的语文成绩——103 分,按照之前我和学生们的约定,这是一个可以拿到我的奖品的分数。虽然不以分数论成败,但这个成绩还是让我很满意。小钱的妈妈也是一位语文老师,所以,平时的沟通相对

多一些。看到小钱的成绩,想起了之前给予他的一顿惩戒。

期末复习是比较无聊的,整天做卷,改卷,评卷。突然,我改到了一张试卷,古诗文默写只有二分。十分的题,错了八道,天天在背诵默写,居然全是错别字。一看名字,是小钱的试卷,这下不淡定了。好在小钱的妈妈也教语文,大家好沟通,我拍照后发给了小钱的妈妈看。小钱的妈妈看了也不淡定了,直接让我揍小钱消消气。

晚饭后,我让小钱来到办公室,找出试卷给他看,小钱也大吃一惊,非常不好意思。我笑着问他:该不该打?学生一般会说:不该打,下次改正。我教育一通后也就算了。谁知道,小钱很严肃地说:"该打!"看着他一本正经的样子,我又问了一句,打几下呢?他很严肃地说:"我扣了八分,那就打八下吧!"

于是,我进退两难,本来是开个玩笑提点一下就算了,谁知道他当真了。这下不打不行了,只有打了他才能感受到老师的严格要求。于是,咬咬牙,违反教育法,拿起手中的折扇,打了八下手心,当然是高高举起,轻轻落下,以示警诫而已。

反思:小钱同学是个很可爱的孩子,开学初在一次网络直播课中给听课的家长们留下了深刻的印象,平时我布置的一些任务都完成得很好,就是基础知识不扎实。期末考试成绩有了很大的进步,是否和这次惩戒有关?我想惩戒起码让小钱明白:老师很在意他的古诗文默写。

考试前的周末,收到了何政熹同学妈妈的短信,大意是:最后的两天,在家该怎样复习?我是这样回复的:课外名著,时间允许可以看看课外书,听他说这学期很少看课外书,对优秀的学生而言,这是比较可怕的。

不知道小何在家是否真的看了课外书籍来放松,我总觉得他把分数和名次看得过重,太在意成绩。我和班主任胥艳老师也曾多次交流过对他的教育问题,现阶段广泛涉猎课外书籍,广采博收也是我和胥艳老师的共识。这次期末考试小何考了109分,我很满意,他自己也许不满意,他给自己定的目标很高。

小何来自肇庆,也是我的语文课代表,平时帮我拿电脑,上学期我骨折的那段时间,他和伍诺天同学每天在饭堂帮我打饭,可以说是个非常懂事的孩子。从肇庆来佛山读书,各种困难曲折,非我们能够理解。总是感觉小何背负着很大的压力在学习,第一次月考成绩刚出,他就跑过来问我下次考试什么时间,因为成绩不理想,想在第二次考试中证明自己。

反思:小何这次期末考试成绩很好,总成绩排到了全年级第三名,我不知道有这么大的进步是不看课外书的功劳,还是看了课外书的原因。学习是一件辛

苦的事情,但其实学习也可以是快乐的。如果在学习中,只关注分数而忽略知识的美好,并不是一件好事。我也经常告诉小何,要做学习的主人,不要做分数的奴隶!

我是男老师,和男生的互动相对多一些,所选的案例都是男生的例子。学习是一个长达十几年的事情,面对孩子的成绩,焦虑也很正常。我想家长们也要尝试着调整心态,对成绩少点关注,对孩子多点包容。这总归不是坏事。三个案例是否也可以说明,老师对学生稍微关注一点,孩子学习的动力更明显?但现实很尴尬,因为老师精力毕竟有限。

附:教学手记

一张贺卡,惊艳了时光;一个故事,温润了岁月

熏风南来,芒果飘香,又是一年中考季,今年在七年级任教,中考的硝烟似乎和我没有太大的关系,我按部就班地上课,开会,批改作业。可是今天改到了一篇名为《感动》的习作,我的心好像被什么东西猛然撞击了一下,眼睛居然湿润了。

一块饼干

居然被学生的作文感动得哭了,也许是环境使然吧!台风过后,久雨初晴,紫荆怒放,树影摇窗,一切是那么的安静美好,在美好的环境下看到美好的故事,被纯真打动,温暖的感觉油然而起,如血液奔涌,从脚趾直到头顶,这种感觉来得太突然,无法抑制,因而泪眼盈盈。故事很简单:小男孩随手为初三同学写了一段祝福,在空白处又画了一幅插图,就被班长匆匆送到了初三。第二天初三学姐居然找到小同学,并送给他回信和一块饼干。接着,老师布置了一篇题为《感动》的作文,小男孩把这段经历写了出来,于是有了上文那一幕。

戳中我泪点的应该是这块饼干。走亲戚时,总会为亲戚家的孩子带点小零食,初三学姐是把小男孩当成了自家亲戚,何况学校不允许学生夹带零食,这块饼干也许是源自老师的奖励,也许是自己偷偷夹带。将来之不易的饼干送给小同学,代表了她最真挚最美好的情感,这种最真最纯的情感最为动人。

家长感言

好的东西总是喜欢和人分享,我也不能免俗。正好班主任大伟在场,他也非常喜欢此文,用手机拍下发在了班群,也引发了家长们的讨论。有位家长这样说道:"文笔细腻,有感而发。作文的最高境界就是此时无声胜有声,与初三

小姐姐中考前的联动,确实写到了心里的动情点,连我看了都有点感动。如果作文能够写到走心,套路又不能太老,很不容易。孩子要学会观察生活,常存一颗感恩的心。现在好多公益广告都是走这个路线。"家长是从写作技法上来评论此文的,我更多关注的是事情本身。公益广告虽然唯美感人,但毕竟有艺术的加工和美化。此文如同婴儿的笑脸,干净而澄澈。写作有思路无套路,打动人的是故事本身而非技巧。

追根溯源

男孩母亲在微信群看到了儿子的文章后很感动,告诉我孩子把学姐写给他的信拿回了家,并叮嘱妈妈过塑保存。母亲还将初三学姐的回信拍照发给了我。信中写道:"初一时也曾写信给初三同学,当时并不在意。现在才知道那种临近中考紧张的感觉,突然听到别人的鼓励,有种感动和温暖的感觉。'人生若没有一段想起来就热泪盈眶的奋斗史,就白活了',这句话也同样送给你。"后来,我见到了这个孩子,举手投足间的自信与开朗,也深深地感染了我。她告诉我,这是一段美好的记忆,男孩送给她的贺卡已放在家里保存。我想她一定能考上心仪的学校。志存高远,心怀感恩,这样的孩子做什么事情不能成功?

杂感随想

校园里洋溢着鲜花和掌声,空气里流淌着爱意和幸福,在这样的环境下,我们怎会不感动?又怎会不感恩?每位初三的学子都收到了初一同学写来的贺卡,看似平常的细节成了学生心中最美好的回忆,这些生活中的美好又将陪伴着孩子在人生路上砥砺前行。

感　动
115班　王禹博

感动,驻足心间;感动,如火如荼;感动,缀行甚远,生活中处处充满着感动,唯独那件事情,让我深思,心潮久久不能平息……

"叮铃铃",伴随着校园上课铃声的响起,哄哄闹闹的校园顿时变得安静,班主任进来了,郑重地说:"初三年级马上就要中考了,学校让我们初一给初三写鼓励信,希望你们能认真对待。"我听了以后,脸上露出了一丝不屑的表情,心里悄悄地抱怨着:"写什么嘛,初三学生平时那么喜欢霸场和插队,从不把我们七年级的同学放在眼里,写了他们也会无视的。"

当铃声再响起时,同学们都陆陆续续地写好了,唯独我还在发呆。这时,一个同学走过来对我说:"人生路上并不是所有人都是坏的,你的鼓励将会成为他们无尽的动力。"我看了看我的同桌,他是那么的认真,已经写了两版了,我也心

有不甘地写下了我的鼓励和祝福，当时也并不在意。

我写完文字后，还有一版是空白的，所以就随手画了幅画，写了大大的"祝福"两个字。

时间转瞬即逝，到了第二天，走廊上有许多初三的同学下来找我们。初三同学昨天收到我们的贺卡后纷纷送来感谢信。随后，有许多初三的同学来我们班了，看到初三同学的到来，我不禁有点期待。我们的贺卡是按照对应的学号写的，大家相互都不认识，他们过来都是叫学号的，听到了许多学号，没有我，我更着急了，如同热锅上的蚂蚁。

初三的同学来了一批，走了一批；又来了一批，又走了一批，如同四季不断更迭，可还是没有人来找我，我心里又想着那个念头：初三同学哪会都那么好！我逐渐打消了那个念头。在一节大课间里，我正坐在座位上发呆，忽然有一个人说要找我，我一开始以为有什么小事，便漫不经心地走过去，抬头一看是一个初三的学生，她问我："你是三十五号吗？"我回答："是啊。""谢谢你的鼓励信，这是给你的！"说完，她便给了我一张信纸和一块饼干。

信上是这样写的："谢谢你的鼓励……如果人生没有一段想起来就热泪盈眶的奋斗史，就白活了。"我看完这封信以后，心里很感动，望了望她给我的饼干，我眼眶里不禁有点湿润。学校是不让带零食的，我们吃到的零食一般都来源于老师的奖励，奖励也不是天天都有的，所以这块饼干就弥足珍贵了。学姐居然把自己都舍不得吃的饼干送给了我，我就像是鲁迅得到了《山海经》，浑身都震悚起来。

这就是感动，感动与我们永不分离，再次祝福她考上理想的学校。

课堂剪影 »

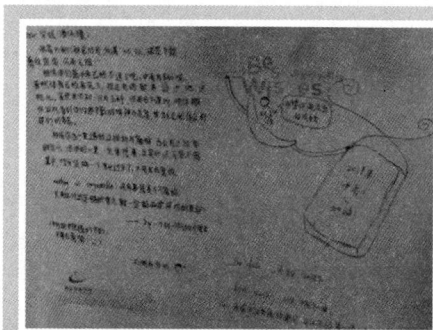

王禹博同学绘制的贺卡

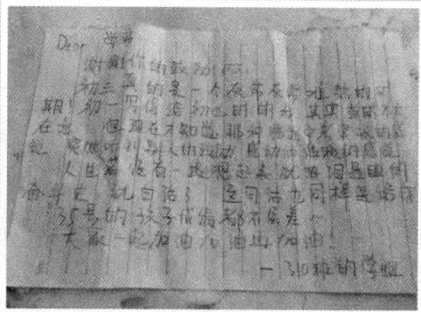

学姐的回信

学生心语

我们的语文老师宏哥是一个风趣大度的人。他的课堂一向生动有趣，我们总能在他的教诲中领悟文章字句间的真谛，进而转化为人生的真理。在宏哥的引领下，我也逐渐培养了自己对语文的兴趣，摸索出了学习的方法。那次学习《秋天的怀念》给了我很大的触动，在为作者思念母亲而动容的同时，我也想起了妈妈教我的故事，感慨很深：要趁着光阴尚存，机会犹在，珍惜与家人相伴的点滴。

——李书欣（南海实验中学2020届学生）

曾经我当真陷入分数的泥潭，一切学习以分数为中心，以至于到了对提分无用的知识就不学了，学习态度到了这种地步，但成绩似乎也没什么起色，反而自己越陷越深，一度难以自拔！宏哥看到我状态不对劲，他找到我，缓缓地告诉我："你要做学习的主人，而非分数的奴隶"，那天午后的阳光下，这句话我记得最为清晰，宏哥坐在阳光里笑脸盈盈，非常悠闲地摇着手中折扇。

——何政熹（南海实验中学2018届学生）

记得有次测验，十分的诗歌默写我才拿了二分，宏哥总说诗歌默写是送分题，这下倒好，我一共就得二分。陈同学幸灾乐祸地告诉我，我被老师"传唤"了，我惴惴不安地走向办公室。宏哥举着手机给我看。手机上是我母亲"那得惩罚他一下"。宏哥举起扇子，"啪啪啪"一共八下，却没有丝毫疼痛感。宏哥严肃地告诫我："要认真背诗啊，下次背不好还要打你。"我连忙说："对对对，我一定好好背书！"孙老师又变回了和蔼的模样，拍了拍我的肩膀，让我回了教室。现在虽然毕业了，但这个场景还经常在我脑海中反复闪现。

——钱丞璟（南海实验中学2018届学生）

第十二记 对比的艺术

从语文教学实践来看，同样的教学内容因课堂结构不同，教学效果会存在明显的差异。科学流畅的课堂教学结构，不仅能够充分调动学生的学习热情，也可以让老师在教学过程中有一种酣畅淋漓的感觉，收获教学的愉悦，进而达到提高教学质量的目的。"对比式"的课堂结构，就是一种很有效的课堂教学结构模式。

这种课堂结构把具有明显差异，矛盾和对立的教学环节安排在一起，进行对照比较，有利于显示矛盾，突出教学内容的本质特征，能够加强课堂的教学效果和艺术感染力。从教学实践来看，如果我们有意识地从艺术手法、阅读体验、文艺体裁三个方面进行探索，就可以很容易地使语文课堂形成一种"对比式"的结构模式。

（一）

教师深入解读文本，梳理文章的脉络，从对比本身作为一种艺术手法的性质出发，通过对比这种形式来串联课堂的教学内容，使课堂形成一种"对比式"的结构模式。

"对比手法作为一种表现手法，在古今中外的文学作品中俯仰即是，运用对比手法可以使主题更加突出，人物形象更加鲜明，思想感情更加深刻，能够达到以少胜多的艺术效果"。在我们的初中语文课文中，也有很多篇目运用了这种手法。

例如：《曹刿论战》中通过曹刿和鲁庄公人物形象的对比，来突出曹刿的智谋和胆略；《从百草园到三味书屋》中，通过百草园和三味书屋生活趣味的对比，突出了"儿童喜欢自由的天性要倍加呵护"的主题；《范进中举》不但把范进中举前后的语言、生活以及社会地位的变化进行了妙笔生花的对比，而且将范进的岳父胡屠户对女婿中举前后的言行进行了细致入微的刻画与对照，使其前倨后恭、欺贫惧富的象栩栩如生，让人过目不忘。

初中课文运用对比手法的篇目很多，而且有些文章含有多处对比，这就要

求教师深入解读文本,梳理文章脉络,将文本中运用对比手法的地方充分分析和解读,明白各处对比的作用。然后,根据单元教学目标将这些对比手法进行筛选,按照由浅入深、由易到难、由显到隐的原则排列,将教学目标进行有机串联,使得整个课堂形成一种"对比式"的结构模式。

例如:《秋天的怀念》叙述史铁生对已故母亲的回忆,表现作者对母亲深切的怀念和无尽的爱,以及作者"子欲养而亲不待"的悔恨之情。这篇文章主要从人物形象、生活态度和环境描写三处构成重要的对比,我们在执教此文时,如果有意识地去引导学生发现梳理并鉴赏这三处对比,会发现核心问题不是鉴赏这三处对比的表达效果,而是通过对比来完成环境描写的作用、人物形象的塑造和情感态度方面的教学。

《秋天的怀念》中"我"是病人,母亲也是。面对疾病的折磨,我自暴自弃,而母亲把痛苦埋藏在心里,用坚定的爱鼓励着儿子,这是人物形象的对比。母亲生前,"我"没有能力和机会回报母亲,母亲去世后,"我"明白:乐观坚强地活着,就是对母亲最好的报答。于是作者由自暴自弃转变为对生活充满了希望,懂得生命的意义,这是生活态度的对比。文章描写秋天窗外的落叶,以动衬静,突出我孤独、痛苦、无望的心情,又写到秋天北海泼泼洒洒的菊花,写出了菊花蓬勃的生命力,烘托出"我"从痛苦无望转向明朗坚强的变化,这是环境描写的对比。

当然环境描写除了烘托人物心情外,还有内在的联系。母亲看到萧瑟的落叶,用身子挡在窗前,怕"我"触景伤情,于是提出让"我"去北海看菊花,因为盛开的菊花可以让"我"感受到生命的蓬勃;同时菊花凌寒斗霜的品质也是"我"所欠缺的,母亲肯定也希望菊花高洁坚韧的精神对"我"有所触动,激励"我"同病魔作斗争。

对比手法是文学艺术中常用的手法,学生在比较中可以分清好坏,辨别是非,运用这种手法,能加强文章的艺术效果和感染力。课堂教学采用这种对比式结构模式也可以达到同样的效果。"对比式"课堂结构的重点不是让学生分析对比手法的作用和效果,而是通过对比这种形式来串联课堂的教学内容,将人物形象分析、艺术手法鉴赏、人生价值取向等教学内容通过对比这种形式来呈现,让课堂教学流畅简洁,从而高效地完成教学目的。

(二)

引导学生研读文本,挖掘阅读体会,我们可以根据学生的感受,从阅读体验

上进行对比,使课堂形成一种"对比式"的结构模式。

"一千个读者,就有一千个哈姆雷特",文本解读具有差异性是古今中外文学鉴赏的共识。如《关雎》的主旨就有"后妃之德说""青年恋爱说""婚典乐歌说""婚俗教化说"等,莫衷一是,董仲舒也有"诗无达诂"的感叹。

诗文同理,在文本鉴赏过程中,个体千差万别,角度各异,解读结果自然存在差异。同时,学生的生活经历和文本作者的经历是有时代差距的,学生用自己的生活体验去解读名家作品,也许会和作者的体会存在差异,有差异自然就有对比。如果我们根据学生阅读体验,将课堂设计为"对比式"的课堂结构,让学生自由主动地解读文本,在讨论中摩擦出思维的火花,也可以收获到良好的教学效果。

例如七年级课文《台阶》,父亲在家庭极其贫穷的境况下,历经艰苦卓绝的拼搏,终于建成梦寐以求的九级台阶的新屋,然而父亲却出人意外地若有所失。故事发生的背景离现在学生成长的时代久远,学生根据自己的生活经历,也许对文本有多种解读。我们可以根据学生的阅读体验,将课堂设计成"对比式"的结构。

文章篇幅较长,我们可以长文短教,抓住文章的关键词,将父亲的"快乐"和"不快乐"进行对比,直接设置问题:"父亲为什么不快乐?""父亲什么时候快乐?"来引导学生讨论交流。于是学生讨论后可以明确:父亲发现自己老了,青春不再,所以不快乐;房子盖好后,父亲发现自己社会地位并没有真正提高,所以并不快乐;虽然台阶很高,但是父亲的经济地位并没有从实质上发生改变,所以父亲不快乐。

造屋的那些日子,父亲是最快乐的。因为父亲的人生目标就要实现了;父亲年轻的时候背回三块青石板的时候最快乐,因为三块石料是石匠送的,是对父亲能力的肯定,父亲很自豪,当然很快乐;父亲坐在旧屋台阶上休息的时候最快乐,因为那时人很年轻,为实现理想而奋斗也是一件很快乐的事情。

快乐和台阶无关,和心情有关。高高的台阶不能从实质上改变父亲的经济情况,只能徒增名不副实的烦恼。通过这一处对比,就可以完成对文本的解读了。

接着,我们可以再设计第二处对比,从课内到课外进行拓展,进而完成情感价值目标的教学。台阶中的父亲,是中国传统农民的典型形象,在他身上集中了中国传统农民的优点和缺点。他倔强,好强,从不服输,只想凭借着自己的努力和拼搏,用自己的肩膀挑起生活的重担和希望,有优点,也有缺点。你们的父亲不同于《台阶》中的父亲,但有些东西是相同的,想一想,你最欣赏自己父亲身

上的哪一点？

学生讨论交流后可以明确：《台阶》中的父亲是典型的中国农民形象,他的生命是卑微的,但绝不是失败的。父亲就算有些可悲,但他的伟大也超越了他的可悲。以父亲为代表的这些草根阶层,正是中国的筋骨和脊梁。无论是文中的父亲,还是同学的父亲,都是家中的顶梁柱,承载着太多的责任和压力,中华民族也正是在这样坚韧的精神的支撑下才繁衍不息的。

当然,阅读是学生个性化的行为,提倡"探究性、创造性、多角度、有创意"的解读是新课程的要求,我们在坚持多元解读文本、构建"对比式"课堂结构模式时,也要坚持教学的规范意识,如在《我的叔叔于勒》中,学生认为母亲是个"爱孩子,勤俭持家的好妈妈"则是明显误读,我们在课堂教学中应该因势利导,及时纠正。

（三）

拓展教学的容量和视野,立足名家名篇,我们可以将不同文艺体裁的同题作品进行对比,使课堂形成一种"对比式"的结构模式。

语文学科不同于其他学科,很多经典篇目都会被改编成其他门类的艺术形式,这些改编后的文艺作品,融入了改编者的艺术见解,是作品的另外一种解读。初中课文中,《范进中举》被改编成戏曲,《卖油翁》被改编为动画片,《植树的牧羊人》被改编为电影。这些作品因为具备深刻的艺术性和丰富的美学价值受到读者欢迎,所以又被改编成其他门类的作品。

在学习课文的基础上,如果要将经典篇目与这些内涵丰富的作品进行对比探究,在一个课时内很难完成教学目标。我们在设计教学时,可以专门用另一个课时的时间,来引导学生对不同体裁的同题作品进行对比鉴赏,不仅可以加深学生对作品的理解,也能使他们得到一种艺术的熏陶。改编后的作品,考虑到观众的感受,我们要对原作进行裁剪和处理。我们以《卖油翁》为例,剖析一下这种"对比式"课堂结构的教学设计。

三维动画片《卖油翁》由语文出版社制作,时长八分钟,画面生动,动作精彩,结构紧凑。前面是对文章内容的动态展示,后面是文章的配乐朗读和主旨分析,是一则很实用的微课视频。观看动画片后,我们可以引导学生思考:动画片和课文有哪些相同之处？讨论后明确:人物对话相同,主要情节相同,故事场景相同。这是第一处对比。继续讨论:动画片和课文有哪些不同之处？讨论明确:动画片比试了三次,课文一次;动画片增加了转葫芦的细节,课文没有;动画

片增加了路人反应;动画片结尾康肃公对卖油翁很尊重,课文只是简单地说"笑而遣之"。这是第二处对比。

接着,继续引导学生思考:动画片为什么会增加这些情节?

交流后明确:可以让故事跌宕起伏,吸引观众;运用烘托的手法,使得人物形象更加鲜明;动画片承担一定的教育意义,主要观众是小孩子,告诉小孩子在生活中要培养谦虚的品质。通过这一环节,我们不仅可以加深学生对文章的理解,还可以让学生了解不同文艺体裁的特征。最后提问:这些情节的增加对我们的写作有什么借鉴意义,以进行从阅读到写作的迁移。讨论后明确:运用心理描写、神态描写让文章更生动;写作时要注意运用侧面烘托的技法;中心一定要明确,结尾要点明主旨。

再如:《范进中举》被改编为戏曲后长演不衰。中国的传统戏曲以"歌舞演故事",重写意和抒情,在重要的关口之处会安排一些核心的唱段,这些唱段体现了作家对文本的理解。故事虽然脱胎于文本,但唱词由剧作家重新创作,对原作重新进行文学化和音乐化的解读。我们将学生的理解和剧作家的解读进行对比,会看到不同的风景。

例如,在《范进中举》一文中,我们不妨这样设计:范进参加乡试前的心理活动描写被作者一笔带过,但在戏剧演出时,这是一个重要的场次,如果你是演员,你会说些什么呢?

引导学生谈谈自己的看法。然后投影唱词:

"倘若此番不应试,愧对老娘与贤妻,老娘留下口边食,贤妻为我缝破衣,含辛茹苦多少年,就为范进上丹墀。考考考,第第第,遭败运,走残棋。此番应试心已决,无银哪怕沿门乞。考不中举就去死,阴曹有学还科举。人不中举鬼中举,权把幡旗当锦旗。范进不是窝囊废,中举要让鬼神泣。"

对比学生的看法和剧作家的唱词,我们可以看出,这段唱词强化了原著的讽刺意味,"人不中举鬼中举"是无奈的自嘲,悲凉酸楚中透出怪诞与滑稽,气势越豪迈,讽刺意味越浓烈,越让人慨叹他的可怜与可悲。

当然我们还可以继续设置对比:范进苦读的时候,他会怎样演唱,你会如何设计对白?当范进发疯后,他会怎样演唱,你会如何设计对白?

值得注意的是,将不同体裁的文艺作品进行对比,一定要控制视频时间,尽可能将视频控制在五分钟以内,不然会喧宾夺主,将阅读课变成了影视鉴赏课。

从教学实践来,同样的教学内容因课堂结构不同,教学效果存在差异。如果我们尝试从课堂结构进行梳理,探寻语文课堂结构的内在规律,会使整个课

堂结构疏密相间、节奏分明、充满活力,给学生美妙的艺术享受,使其在身心愉悦中接受教育,也让老师在上课时收获教学的成功感和满足感。"对比式"的课堂结构就是一种比较有效的形式,大胆尝试使用,会有意想不到的效果。

附:课堂实录

《秋天的怀念》

执教:孙宏　整理:孙萍慧(南实青年教师)

一、新课导入:古诗句

师:有一种爱,伟大而无私,这种爱就是母爱,我们之前学过很多关于母亲、关于歌颂母爱的诗词,你们记得哪些?

生:《游子吟》。

师:哪一句最能表现出对母亲的歌颂?

生:谁言寸草心,报得三春晖。

师:母爱因为无私而伟大,所以值得每一个人歌颂和赞美。今天我们将要学习的课文表现了母亲对子女无私的关爱以及子女对母亲的无尽怀念。请同学们翻开课本,我们来看第五课《秋天的怀念》。按照孙老师的惯例,下一件事情干什么呀?

生:听朗读。

师:不是听朗读,是欣赏朗读视频。在欣赏朗读视频的过程中,同学们要思考这篇文章讲了哪些内容?尝试着用几句话来概括,概括和复述是有些区别的,现在,让我们欣赏朗读视频。

二、朗读欣赏:概括文章主要内容

师:我们欣赏完这饱含深情的朗读,请同学来回答老师的问题:文章主要描绘了哪些内容呢?

生1:文章讲了,一开始的时候,"我"看到大雁在飞、听到李谷一的歌声时,就会摔东西。然后母亲想要推"我"去北海看菊花,"我"就答应了。但是母亲出去了就再也没回来。最后妹妹推"我"去北海看菊花,"我"和妹妹明白了母亲没有说完的话。

师:好的,还是能抓住一些主要的内容。请另外一个同学再说说,注意是概述不是复述。

生2:就是讲作者瘫痪后脾气暴怒无常,他的母亲多次想要让他去北海看菊花,什么事都迁就着作者。作者竟不知母亲的病已经非常严重。直到……

师：去北海看菊花之前。

生2：最后是母亲大口吐血，被送去了医院。想表达的是母亲想要我们好好活。

师：也是能概括出主要内容，要是再精练一些，就更好了。

生3：我觉得本文的主要内容是，一位身患绝症的母亲精心照顾双腿瘫痪的儿子。这篇文章表现出母爱的无私和伟大。从作者的身上，看出他对母爱的感怀，表现他要好好活。

师：这次概括得已经是比较好了，还有继续要补充的吗？你来说。

生4：本文讲的是一位身患绝症的母亲，一直在不停照顾她的儿子，非常爱她的儿子。这个儿子一开始比较任性，不愿意去看菊花。通过这件事可以看出母亲对他满满的爱意，也表现出母亲希望他能好好活。后来作者和妹妹也真的好好地活下去。

师：非常好了，稍微长了一些。我觉得上一位同学概述得更凝练一点。课文记述的是什么呢？重病缠身的母亲精心照顾下肢瘫痪的儿子，直至生命的最后一息的事，表现了母亲对子女真挚无私的爱，也表达了子女对母亲深深的思念与愧疚。同学们在概括的时候一定要注意概括和复述之间的区别，复述是把主要事件按照顺序重复出来，而概括主要是讲清楚，什么人在什么地方做了什么事情，产生什么结果，表达什么情感即可，这一点还请大家注意一下。文章的内容大家都很熟悉了，这是散文名篇。但文章中也出现了一些让人难以理解、感到困惑的地方，同学们再默读课文，思考一下，你还有哪些困惑。

三、默读课文，思考并提出问题

师：好，我们一起来总结一下。哪位同学先谈谈自己的困惑。

生5：我的困惑是第一自然段，"望着望着天上北归的雁阵，我会突然把面前的玻璃砸碎；听着听着李谷一甜美的歌声，我会猛地把手边的东西摔向四周的墙壁。"为什么作者看到或者听到美好的事物会暴怒无常？

师：这是第一个问题，为什么会暴怒无常？

生6：第一自然段"我"拒绝去北海看花，但是第三自然段又突然答应了，这中间好像没有任何的交代，为什么"我"会突然答应去看花？

师：好，就是为什么会突然改变自己的态度？

生7：为什么当一切恢复沉寂，母亲的眼圈红红的？

师：在第几自然段？

生7：第一自然段。

师：好，母亲眼圈为什么红红的？

生8：第一自然段"在我看不见的地方偷偷地听着我的动静。"为什么母亲要躲出去，又偷偷注意"我"的动静？

师：好。

生9：整篇文章母亲都一直想让"我"去北海看菊花，这里看菊花是单纯的因为菊花漂亮吗？

师：好，继续。

生10：为什么说母亲的生活是艰难的？

师：还有吗？

生11：第三自然段为什么母亲要挡在窗前？还有"我"懂得了母亲没有说完的话，母亲没有说完的话是什么？

生12：因为整篇文章都在写"我"和母亲，那为什么结尾要写"黄色的花淡雅，白色的花高洁，紫色的花热烈而深沉"？

师：为什么结尾又要强调菊花？

生13：为什么母亲对于"跑"和"踩"一类的字眼儿，她比"我"还敏感？而且"我"答应看花母亲就喜出望外了？明明看花就是一个普通的要求。

师：好，还有问题吗？

生14：为什么母亲侍弄的花会死？

师：好，还有最后一个问题。

生15：母亲死前没有来得及和"我"去看花，那这个看花的地方应该是个伤心的地方。为什么作者最后还要去看花？

师：时间问题，我们最后再提一个问题。

生16：为什么母亲没有告诉儿子病情，让儿子多陪陪她？

四、思考并回答问题

师：这里就是全部问题了，我们看一下有哪些同学可以来帮忙回答这些问题？

生17：我回答第一个问题。

师：为什么看到美好的事物会暴怒？

生17：因为他双腿瘫痪后，一直没好，可能对生活没有希望，脾气就变得暴怒。

师：我解释一下，因为作者在大好的青春年华双腿瘫痪，后半生将会在轮椅上度过。所以他看到这些美好的事物，想到自己悲惨的生活，他会产生强烈的对比，对他脆弱的内心产生了刺激。他感到了命运的不公，所以脾气暴怒无常。好，这个问题可以删掉了。

生18：我想回答母亲为什么要挡在窗前这个问题，第七个。

师：好的，你说一下。

生18：就是每一个母亲都希望自己的孩子能像春天的树木一样苗壮成长。但是这里飘零的落叶……就是作者的母亲不想让他像这样子继续消沉下去。

师：好的，我来解释一下。为什么要挡在窗前。刚刚那个同学说得很好，每一个母亲都想自己的孩子能像春天的树木一样苗壮成长，而不想看到他们像秋天的落叶一样凋零。何况作者当时的心情抑郁，她就更不想让这种环境来影响作者。我们想想有一部小说，不知道大家有没有看过，就是两个病人在病房里看最后一片叶子……

生：哦，看过……

师：好，这个问题解决了，下一个同学。

生19：我回答第五个问题，为什么母亲一直想要带作者去看菊花？因为作者小时候去过北海，那么母亲就想带着他重温儿时的回忆，然后唤起作者对生活的信心。

师：好，母亲之所以一直想要带他去北海看花，是因为，小时候看过，在那里玩过，那里有他童年美好的记忆，希望通过这段行程来唤起他美好的回忆，从而让他重生对生活的希望。好，有补充吗？

生20：还有！还有！因为花在自然界中就是比较美好的事物，然后北海的那些菊花是新开的，比较有生机有活力。所以母亲想要带我去感受一下美好的事物，来让"我"不再死气沉沉，燃起希望。

师：好，我再重复一下你的观点。因为菊花开在秋天，我们刚才说了，秋天有落叶，可是母亲不想让"我"看到落叶，想让"我"看到菊花。"我"刚刚瘫痪，希望"我"的心花能随着鲜花一起怒放，希望"我"能够变得阳光起来。好的，还有要补充的吗？

生21：母亲希望秋天的菊花可以感化"我"。因为秋天，其他花都已经凋谢，菊花却开得那么美……

师：菊花身上有什么精神？

生21：进取、有上进心。

师：进取？有上进心？好的，我来总结一下前面三位同学的观点。第一，北海是"我"童年去过的地方，带有很多美好的回忆。第二，这个盛开的菊花它是一种旺盛的生命力的象征。第三，菊花是不是我们经常歌颂的一种花卉呀？

生：对对对。

师：那它有什么精神？开在秋天，很寒冷。其他花一般都在春天开放。可

是它在这种恶劣寒冷的环境下,依然能够顶风冒霜,傲然挺立。这跟作者当时的经历有没有相似之处?

生:有有有。

师:所以,这里反复地去强调菊花。因此上面有些问题也可以迎刃而解了。当"我"答了母亲去看花,母亲为什么会喜出望外?因为当"我"答应去看花,就可能有重新乐观地面对生活这种希望。所以母亲看到了希望,她当然"喜出望外"。好,这个问题解决了。

生:还有那个为什么看花的问题也解决了。

师:对,这一个也解决了,还有哪些同学想来回答问题。

生22:我想回答第十二个问题,我相信每一个母亲都不想让自己的儿女知道自己生病,不想让他们为自己担心。更何况史铁生当时瘫痪,脾气本身就很暴躁,母亲就更不想看到他为此脾气更不好,更担心他。

师:对,主要母亲不想看到儿子担心自己的身体,所以不告诉他。

生23:我想回答为什么要答应母亲去看花。因为史铁生在家里都是看到一些抑郁的景物,比如凋零的落叶,所以他自己有一种本能,想要让自己看到美好的事物,让自己重新站起来。

师:想看一些美好的东西,所以答应母亲。有要补充的吗?

生24:我觉得还有一种可能是,他妹妹告诉他,母亲的"肝常常疼得她整宿整宿翻来覆去地睡不了觉",还有后面写到"她憔悴的脸现出央求般的神色",他同意也是同情母亲,答应她……

师:满足一个母亲最基本的一个需求,一个愿望。母亲都央求了,不想让母亲失望,所以就答应了。好,还有要解决的问题……

生25:我想回答第四个问题,因为母亲要照顾作者,而且这也显示出母亲对儿子爱得深沉,宁愿为儿子牺牲自己的花。

师:好,这个问题比较简单。因为已经发生了这么多……母亲没有闲情逸致去养花。连人都没时间去照顾了,更没有时间去照顾花。

生26:我回答第三个问题。因为母亲看到"我"如此的消极,所以她心里也是非常心痛、伤心的。所以我猜测她偷偷躲出去可能是为了默默擦眼泪。

师:其实母亲承受的痛苦比作者的痛苦还要多,她身上也有病痛的折磨,儿子是病人,母亲也是。儿子是母亲生命的延续,母亲都希望儿子能生活得好。可是在这种情况下,作者双腿瘫痪,母亲会过得很开心吗?所以说看到儿子在大好青春年华时这样,母亲心里是很受折磨的。想哭,又不能在儿子面前……

生:哭。

师：就只能偷偷地抹眼泪了。好，还有什么问题？

生：艰难的生活。

师：在这种情况下，生活肯定是艰难的。好，我们再回顾一下，这篇文章有哪些最重要的表达手法？这个写作手法是什么呢？对比！你们找一找文章中有哪些对比？

五、赏析对比手法

师：找到的同学请举手。

生27："窗外的树叶'刷刷拉拉'地飘落"，这里的情绪比较低沉，是一种负面的能量。第七自然段就写到各种各样的花，这是一种正能量。这形成了对比。

师：好，这里开头写萧瑟的秋景与后面描写的热烈的菊花，你觉得这样的对比有什么好处呢？

生27：前面的景物表现出之前作者的生活是比较压抑的，双腿瘫痪。后面的菊花可以写出他和妹妹领悟到母亲的遗愿，就是要两个人一起好好地活下去，就像这些花一样。

师：好。回答得很好。你看我们这个结尾有对这个菊花的描绘，刚才也有同学反复提到为什么要去看花。我总结了一下有以下几点：第一点，母亲是在去看菊花的路上去世的。这个任务有没有完成？没有。"我"去看菊花是为了完成母亲的遗愿。第二点，"我"明白了母亲对"我"的要求，希望"我"和妹妹要好好地活着，我和妹妹有没有做到？做到了。这些菊花就是证明。第三点刚刚讲到了，母亲的这种精神，跟菊花像不像？菊花可不可以用来象征母亲？母亲也是在这种恶劣的环境下，那么的坚强。所以说菊花在某种意义上也是对母亲的一种象征。这是一种什么手法？

师、生：借物喻人。

师：好，我们一起把最后一段再读一遍。"又是秋天，妹妹推着我去北海看了菊花……"

生："又是秋天，妹妹推着我去北海看了菊花。黄色的花淡雅，白色的花高洁，紫红色的花热烈而深沉，泼泼洒洒，秋风中正开得烂漫。我懂得母亲没有说完的话，妹妹也懂。我俩在一块儿，要好好儿活……"

师：好，还有其他对比吗？

生28：请大家看第一自然段，"望着望着天上北归的雁阵，我会突然把面前的玻璃砸碎；听着听着李谷一甜美的歌声，我会猛地把手边的东西摔向四周的墙壁。"这里雁阵、歌声都是美好的事物。

师：就是美好的事物与我的生活态度形成对比，好。

生29："她憔悴的脸上现出央求般的神色"，与后面儿子答应看花的"喜出望外""絮絮叨叨"形成对比，这里可以看出母亲所有的情感都依附在儿子身上，唯一能使她情感波动的就是儿子，她要全心全意照顾儿子。

师：也就是这一处对比手法表现出母亲一切以儿子为中心。儿子的一点点变化都会使母亲的情绪产生波动，这一点也更体现出母亲对儿子深沉的爱。还有补充的吗？

生30："我狠命地捶打这两条可恨的腿，喊着'我活着有什么劲！'"作者承受很大的痛苦，母亲也承受着很大的痛苦。再看后面"我懂得母亲没有说完的话，妹妹也懂。我俩在一块儿，要好好儿活……"这里他前面不想活，后面他懂得了母亲的话，就明白了生命的真谛，就好好活。

师：我觉得这个对比找得很好。作者原本对生活是没有信心，到最后要好好活。那他要好好活是什么原因造成的？

生：母亲。

师：母亲用她的生命唤醒了作者求生的欲望。母亲用生命的涅槃让作者的思想重新升华，这也是母爱的一种体现，作者的人生态度也因此发生变化，由悲观到乐观。

生31：请大家看到第三自然段，把"我"以前在北海美好的生活回忆与现在"我"双腿瘫痪后的情景作对比，突出了作者现状的悲惨，写出了母亲对"我"的爱。

生32：我也是补充这一段，之前母亲絮絮叨叨地说，后来就不说了，因为对于"跑"和"踩"一类的字眼儿，她还要关注。这也可以看出母亲对"我"的关心疼爱。

师：这里还有一种很重要的对比，面对病痛的折磨，"我"是一种什么态度？自暴自弃。母亲是不是也承受折磨？母亲自己患病，然后她又要面对身体残废的儿子，母亲是一种什么生活态度？

生：乐观。

师：或者不敢说"乐观"，但最起码是一种坚强、坚韧。所以说母亲对待困难的态度和"我"的态度形成对比。综上所述，这篇文章有三处比较大的对比，当然还有一些小的对比，第一处是环境描写对比，第二处是"我"和母亲人生态度的对比，第三处是"我"自己前后人生态度的对比。整篇文章通过几处对比，把情感寄托在菊花上，所以这篇文章的题目叫"秋天的怀念"。

课堂剪影 »

孙萍慧老师上课剪影

参加解课比赛剪影

学生心语 »

宏哥上课的时候首先给我们介绍了对比手法，我知道使用这种手法可以使主题突出，人物鲜明，能达到以少胜多的艺术效果。《秋天的怀念》是一篇令我印象深刻的文章，宏哥通过朗读、思考与提问来和我们一起学习这一篇课文。让我们赏析文章中的对比手法，使我们真切感受到母爱的无私以及作者对母亲的思念。这节课对我影响深远，后来写作时我意识到感情真挚是最重要的！

——张婕莹（南海实验中学2020届学生）

对比的作用是把两种对应的事物进行对照比较，使形象更鲜明，感受更强烈。在艺术表现方面有一种非常突出的效果。这节课使我茅塞顿开，一些写作问题迎刃而解。就如：从各方面分析并解读对比的作用，理解人物内心暗合的想法。课堂上，宏哥分点讲述让我们更好地深入理解文章，再加上采用对比的形式让我感同身受，我深深地沉浸在课堂中。

——张桐（南海实验中学2020届学生）

孙宏老师执教的《秋天的怀念》实在是太棒啦！课堂以学生为主体，充分发挥了学生的积极性，学生自主概述课文内容，主动质疑，合作探究解决问题，最后总结归纳对比的艺术。教师灵活引导，不直接回答学生的问题，而是善于运用课堂语言艺术，激发学生学习兴趣，主动思考，不断改进补

充，得出结论。课堂生成性强，尊重学生的体验，让语文在思维的碰撞中走进学生的心灵，让情感在师生共读共品中得到升华。

——孙萍慧（青年教师，曾在南实工作）

第十三记　穿插的法则

　　在记叙过程中暂时中断叙述的线索,穿插与中心事件有关的情节,是记叙文常用的一种叙事技法,这种叙事技法被称为插叙。在教学活动中,暂时中断对文本的解读,插入和教学内容有关的素材,不仅可以丰富教学内容,让课堂结构曲折多变,还能够激发学生学习热情。我们可以把这种课堂结构称为"插入式"的课堂结构。"插入式"的课堂结构在教学中是一种常用的结构模式,如果能处理好下面几个方面的问题,会让语文课堂更加高效有趣。

（一）

　　"插入式"的课堂结构目的是增加课堂的容量,激发学生上课的兴趣,因此选择插入的素材要和教学内容息息相关,不能单纯为活跃课堂气氛而设置,选择有效的素材是插入式课堂结构成功的关键。

　　首先,在设计"插入式"课堂结构时,可以插入和课文相关的资料。初中语文教材中的文言文篇目大多短小精悍。插入和课文相关的文史材料,前后勾连,不仅可以丰富教学内容,还可以帮助学生更好地理解课文,从而让课堂变得有效。

　　例如,七年级课文《咏雪》言简意赅地勾勒出谢家子女即景咏雪的情景,展示古代家庭文化生活轻松和谐的画面。老师们在教学中都会提出这样一个问题:谢朗和谢道韫都对大雪进行了描绘,你认为谢太傅认可谁的比喻?学生一般都会说谢太傅认可谢道韫"未若柳絮因风起"的说法。可是在原文中谢太傅并未表明自己的态度,仅用"公大笑乐"作结,意味深长。

　　这时,我们在教学时就可以插入与此相关的材料了:谢虎子尝上屋熏鼠。胡儿既无由知父为此事,闻人道痴人有作此者,戏笑之,时道此,非复一过。太傅既了己之不知,因其言次,语胡儿曰:"世人以此谤中郎,亦言我共作此。"胡儿懊热,一月日闭斋不出。太傅虚托引己之过,以相开悟,可谓德教。

　　讨论后明确:谢安教育子侄采用的是循循善诱的方式,既委婉地指出错误,又保护了孩子们的自尊心。因此,即使谢安认为谢道韫的比喻好,出于保护谢

朗的自尊心,他也不会明确表明态度,但是孩子们的奇思妙想,其乐融融的家庭氛围还是让谢安很开心,因此公大笑乐。

其次,在设计"插入式"课堂结构时,可以插入视频资料。现在教学视频资源丰富,这些视频素材由专业人士制作,音画结合,视听效果完美。如果我们在教学中引入和课文配套的音像视频,形成"插入式"的课堂结构,不仅可以丰富课堂教学,还可以在教学中进行美育渗透,从而让课堂实现高效的目标。

七年级课文《济南的冬天》被制作成了电视散文。我们在教学时介绍作者和写作背景后,就可以插入朗读视频了。天音老师朗诵的这个作品,制作精美。首先展现在学生面前的是一幅淡雅的济南飞雪图,有远山的轮廓、房屋的痕迹,镜头中的雪花纷纷扬扬,"济南的冬天"五个大字缓缓推出,把学生带到了课文营造的意境中。

镜头中展示着雪花飞舞的场景,配着舒缓的钢琴音乐,给人一种温暖的感觉,突出了冬天的济南是个宝地的特点。随着天音老师的朗诵,画面依次展现出小山、松树、夕阳、闪着光晕的暖色的雪、冒着热气的泉水、蓝汪汪的天空等。通过朗读视频的插入,学生不仅能初步感知课文,学习名家对课文朗读的处理技巧和情感的把握,还可以得到艺术的熏陶,达到美育的效果。这类和课文配套的视频素材是比较多的,朱自清的《春》,刘湛秋的《雨的四季》,叶圣陶的《苏州园林》等课文的朗读视频有各种版本,教师可以根据学生的实际情况来选择插入。

再次,设计"插入式"课堂结构时,还可以插入同类作品,形成对比阅读。入选初中教材的篇目都是名家作品,因为关注生活而具有普遍意义,同类作品众多。教学时插入同类作品,不仅可以增加课堂容量,还可以在对比阅读中激发学生探索问题的兴趣,从而让"插入式"课堂高效有趣。

《回忆鲁迅先生》是新选入初中的一篇课文,整篇文章笔法疏散,好像作者面对着我们娓娓道来。这既是散文的文体特点,也是萧红的写作风格。这篇文章篇幅长,叙事碎,教师在教学时是不太好把握的。《回忆爷爷二三事》也是回忆性散文,通过"雨夜读书""午后补习""填报志愿"三个片段展示作者在成长过程中祖父的关怀,进而表达对祖父的怀念之情。

两篇文章都是回忆性质的散文,都是通过生活中琐碎的小事来表达真实的情感。将两篇文章对比分析后提问:如果学校举行征文大赛,题目为"回忆鲁迅先生二三事",你会怎样选材呢? 学生讨论后明确:如果表现鲁迅先生的平易近人就选择"开玩笑""宴请朋友""看电影";如果突出鲁迅先生的认真细致就选择"包书""回信""吃鱼丸"。

进一步提问:会根据中心选择典型的素材是写作常识,然而萧红明显没有遵循这一原则,这是什么原因造成的呢?学生探究并归纳:此时的萧红犹如乡间哭坟的妇女,想到哪里写到哪里,看似毫无逻辑和章法,却体现了一种撕心裂肺的痛苦,更能体现萧红对鲁迅先生的怀念之情。因此,教学中插入和课文类似的作品还可以激发学生探索问题的积极性。

(二)

"插入式"的课堂结构是一种中断常规教学流程的课堂模式,如果教学内容插入生硬,会让课堂结构显得生硬,影响到课堂教学的流畅性,所以,在合适的时机插入适当的教学内容是很重要的选择。

教师在讲授新课时都会介绍文章的写作背景,因为"写作背景是正确理解文学作品主题的钥匙,在语文教学中起到关键性的作用"。在介绍文章背景时插入教学资源是个很好的时机。

八年级上册第一单元第五课《国行公祭,为佑世界和平》是一篇新闻评论,"国行公祭,法立典章。铸兹宝鼎,祀我国殇。"是文章开篇第一句,也是国家公祭大鼎上的铭文,它向世人讲述南京大屠杀的历史,讲述设立国家公祭日的初衷。我们在介绍背景时就可以插播第一个国家公祭日的配乐朗诵。配乐舒缓,朗诵庄重,一幅幅沧桑照片提醒着学生历史并未走远。朗诵播放完毕,屏幕上出现了"勿忘国耻,警钟长鸣"八个大字。老师可以接着介绍作者署名"钟声",是"中国之声"的简称,也暗含"警钟长鸣"的意思,再自然过渡到下一个教学环节:文体知识、内容归纳等。无论是写文章还是表演,都讲究先声夺人,好的开头是成功的一半。课堂教学如果在开头就吸引了学生的兴趣,后面的教学环节也很容易展开。讲《茅屋为秋风所破歌》终归要补充安史之乱的背景知识,讲《白杨礼赞》要介绍抗日战争、国共合作抗日的时代背景,学习《雷电颂》要补充皖南事变的历史背景,学习《昆明的雨》也要补充汪曾祺在西南联大学习的人生经历。

课堂教学是师生双方发现问题和解决问题的过程。在教学活动中,学生会提出各种问题,老师也会设置各种问题激发学生思维。为将问题解释透彻必然需要引用课外知识进行佐证。所以在答疑解惑时插入教学素材,也是一个很好的时机。

例如学习唐代诗人崔颢的《黄鹤楼》,读到"日暮乡关何处是"的时候,学生也许会产生疑问,家乡是人魂牵梦绕的地方,崔颢这么写,难道真的忘记了自己

的家乡吗？显然不是。那么，这句诗又该如何解释呢？这时，我们应该援引崔颢的生平经历：诗人少年得志，中年困顿，年老之时来到了黄鹤楼，"年少的辉煌与半生的失意交织在胸，沉埋心底，犹如一旦遇到缝隙就会喷薄而出的岩浆，而登临黄鹤楼正是诗人情感喷发的契机。面对树影历历，芳草萋萋，千愁万怨涌上心头"。

经历半生的困顿，诗人进退两难，日暮途穷，家在哪里？古人说："匈奴不灭，何以家为？"只有建功立业，才能封妻荫子。崔颢一生困顿，何来建立功业？今天，我们说有父母的地方，就是家。此时诗人已经步入暮年，未必有父母在堂，所以对他而言，"前进固然已不可，甚至连后退也成为一种奢望"，于是发出"日暮乡关何处是"的喟叹。这时候的插入使得课堂结构如行云流水，非常顺畅。类似的例子还很多：例如《中国石拱桥》中关于"二十八道拱圈独立支撑"的问题，我们可以插入物理学科中力学的知识解释；《苏州园林》中关于园林建筑讲究远近景配合问题，我们也可以补充苏州拙政园借北寺塔的例子进行实证。

每篇文章都有一个贯穿全文的中心，很多老师在教学活动的最后环节都会引导学生归纳文章的主题，归纳时插入一些教学素材可以让学生了解得更清楚，而且此时插入水到渠成，不会有突兀的感觉。因此归纳主题时插入也是一个很好的时机。

例如八上课文朱德同志的《回忆我的母亲》，通过叙述母亲对自己的教育和影响，表达自己尽忠于民族和人民，尽忠于党来报答母亲的决心。文章表达对母亲的怀念很好理解，但通过尽忠于党和国家来报答母亲在理解上可能存在一定难度。这时就可以插入《三国演义》中的故事从反面说明：曹操为招揽徐庶假称徐太夫人被监禁于许昌，徐庶得信后心急如焚，遂别刘备而去，结果徐太夫人一向以曹操为汉贼，得知徐庶弃明投暗后自缢身亡，徐母希望儿子能够顶天立地，不要以自己为念，偏偏徐庶并不理解母亲，最后落得一言不发的下场。

其实所有的母亲都是这样的，纵然有万般不舍，都不希望自己成为儿女的羁绊。朱德元帅把自己的精力都投身到革命中去，这是因为他能够深刻地理解母亲的期望，所以在母亲离去后，他将继续尽忠于民族和人民，并以此作为报答母亲的最好方式。母爱是无私的，母爱是伟大的，那么作为学生，我们该如何报答母亲呢？我们能做的就是珍惜每天的学习时间，不让光阴虚度，不辜负母亲的期望，成为有用的人，这其实就是对母爱最好的报答。归纳完主题后，就可以自然过渡到课堂小结。

很多文章的教学都可以这样插入，再如通过《人为什么而活着》这篇文章，罗素告诉我们：他为爱情、知识和人类和平而活着。我们在归纳课文主旨时不

妨插入奥斯特洛夫斯基的名言:人的一生应该这样度过,当他回首往事的时候,他不会因为虚度年华而悔恨,也不会因为碌碌无为而羞耻;这样,在临死的时候,他就能够说:"我的整个生命和全部精力,都已经献给世界上最壮丽的事业——为人类的解放而斗争。"然后提出对同学们的期望。

(三)

"插入式"的课堂结构,因为选择的素材不同,插入的时机不同,选择插入的方式也存在差异。这种差异主要是由教学的目的决定的,插入素材是对课文内容的补充,要根据教学内容选择恰当的插入方式,不能喧宾夺主。

在课堂教学中,可以采用讲故事的形式插入所选材料。记叙性的文本具有很强的故事性,很多作者的经历本身就是一段故事。故事的传奇性可以让老师的讲述绘声绘色,学生会在老师的感染下迅速进入课文的学习中,从而让课堂高效而有趣。

例如:《陋室铭》是刘禹锡被贬和州时创作的一篇托物言志的骈体铭文,借赞美陋室抒写自己高洁的志行。写作背景涉及唐朝的朋党之争,教学时可以选择以故事形式插入:唐朝刘禹锡被贬为和州通判,知县横加刁难,便安排他住在城南门,面江而居。刘禹锡不但没有埋怨,反而还说:"面对大江观白帆,身在和州思争辩。"于是知县又将他的住所调到城北,并把房屋从三间缩小到一间半。刘禹锡触景生情,悠然自得地说:"杨柳青青江水边,人在历阳心在京。"知县见状,又把他的住房换成一间仅能容下一床一桌一椅的房子。半年时间,刘禹锡连搬三次家,住房一次比一次小,于是便愤然提笔写下了《陋室铭》。学生听完故事后,不仅了解文章的写作背景和缘由,更带着满腔的不平和对刘禹锡的景仰之情进入到课文的学习中。

初中教材中有很多这样的文史故事,在《最后一次讲演》中可以插入闻一多求学的故事,在《周亚夫军细柳》中可以插入"鸣雌亭侯"的故事等等,在教学过程中穿插这些故事不仅让课堂妙趣横生,还可以丰富学生知识储备,开阔学生视野。

在课堂教学中也可以用展示材料的形式插入,让材料和课文相互印证,起到解惑激趣的作用。例如七年级下册课文《孙权劝学》这一篇小短文,文中对鲁肃和吕蒙结友而别的情节一笔带过,学生学习时很容易对这里产生困惑。因此,清华附中王君老师执教《孙权劝学》时先后插入了三则材料课文。

出示材料一:鲁肃代周瑜,当之陆口,过蒙屯下。肃意尚轻蒙,或说肃曰:

"吕将军功名日显,不可以故意待之,君宜顾之。"遂往诣蒙。提问:如果你是吕蒙,知道上级轻视自己还来拜访自己,你会怎么说? 学生笑:您不是瞧不起我吗? 又来我这里干什么?

出示材料二:酒酣,蒙问肃曰:"君受重任,与关羽为邻,将何计略以备不虞?"肃造次应曰:"临时施宜。"继续提问:吕蒙郑重和鲁肃谈论起国防问题,可是,鲁肃对于吕蒙的问题草草应付,如果你是吕蒙,你会怎么说呢? 学生回答:这么重要的事情,为什么不提前做好布置呢?

出示材料三:蒙曰:"今东西虽为一家,而关羽实虎熊也,计安可不豫定?"因为肃画五策。肃于是越席就之,拊其背曰:"吕子明,吾不知卿才略所及乃至于此也。"遂拜蒙母,结友而别。

分析后明确:吕蒙既没有指责鲁肃,也没有反唇相讥,而是摆正自己的位置,为鲁肃献上了五条计策。让鲁肃刮目相看,所以两人结友而别! 展示材料后,学生的谜团一扫而空,同时也能感受到吕蒙才学的进步之大。

当前教学视频资源众多,有朗读视频,有人物经历,有根据文本改编的影视作品等,上课时呈现这些资源的最好方式就是视频播放,但这并不意味着照搬现有的视频一劳永逸,教师要根据教学目标加以选择和裁剪后有序使用,一切为课堂服务,不能让语文课变成影视鉴赏课。

《邓稼先》是传统篇目,文章讲述邓稼先那段鲜为人知的故事,赞美了邓稼先的爱国情怀和无所畏惧的科学精神。文本在理解上没有太大的难度,但是那段岁月距离今天已经三十多年了,如果没有视频资料详细的介绍,很难引起学生共鸣。为让学生更好地领略邓稼先的崇高人格,同时进行爱国主义教育,可以准备这些教学视频:纪录片《中国原子弹之父》(47分钟)、梁植演讲视频《我的偶像》(6分钟)、《邓稼先》课文朗读视频(15分钟)、虹云老师诗歌朗诵《邓稼先》(6分钟)。"感受伟人的非凡气质,唤起学生对理想的憧憬与追求"是本单元的教学重点,这些视频的插入,可以帮助老师完成情感价值的教学目标。由于四个视频合起来时间较长,为让视频资源和课文结合得更加紧密,我们备课时可以对视频进行重新编排。

《邓稼先》是重点讲读篇目,安排三个课时教学。第一课时可以播放纪录片《中国原子弹之父》,纪录片通过采访邓稼先的夫人和同事,较为完整地呈现了邓稼先崇高而伟大的一生,催人泪下。学生欣赏影片,也在潜移默化中受到爱国主义教育,进而完成本课的情感价值教学目标。梁植的演讲通过今天和昨天的对比,告诉观众:我们能有今天幸福的生活,是因为有邓稼先一样的人在默默奉献。他的演讲极富感染力,可安排在第二课时,用以导入新课;虹云老师的诗

歌朗诵是对邓稼先总的评价和赞颂,可以放在第二课时的人物分析之后。因为时间关系,课文的朗读视频可以放在第三课时,再次加深学生对文章的印象。这样安排教学视频,张弛相间,既可避免学生审美疲劳,也能让课堂结构更加合理。教学初中人物传记类的文章,如《叶圣陶先生二三事》和《纪念白求恩》,在插入教学视频时,都可以作类似处理。

每个老师在教学时都不会拘泥于文本,上课时总会补充插入一些课外的知识。这些补充大多是率性而发,这些插入的内容往往会极大地激发学生的学习热情。这种教学方式也是语文"插入式"课堂结构模式的重要组成部分。在教学中,我们选择好插入的素材,把握好插入的时机,采用合适的插入方式,一定可以让课堂锦上添花。

附:教学实录

《永久的生命》

执教:孙宏   整理:曾萍萍(华南师大实习生)

一、导入

师:生命是一个非常严肃的话题,我不能说生命是什么,我只能说生命像什么。(展示图片)生命可以是一条河,生命也可以是一棵树,那差不多与冰心同一时代的严文井是怎么看待生命的呢?今天,我们就跟随这篇课文,看看严文井对生命的看法。

二、作者介绍

· 严文井

严文井(1915年—2005年),原名严文锦。湖北武昌人。现代作家、散文家、著名儿童文学家。著有《南南和胡子伯伯》《丁丁的一次奇怪旅行》等。中共党员。1935年到北平图书馆工作,1938年赴延安,历任延安鲁艺文学系教师,《东北日报》副总编辑,中宣部文艺处处长,中国作家协会党组副书记,书记处常务书记,《人民文学》主编,人民文学出版社社长、总编辑。人民文学出版社编审委员会委员,国际儿童读物联盟中国分会主任,中国作家协会主席团委员、儿童文学委员会主任,第五届全国人民代表,全国第五、六、七届政协委员。1932年开始发表作品。

三、预习检测

齐读字词:

白齿 茸毛 蔓延 凋谢 洗涤 濒临

口号　颤栗　呼号　点缀　啜泣　频率

（讲解）

四、课文解读

朗读课文：三位学生轮流读

其余学生思考："我最难理解的问题是什么？"

点评：A同学读得庄重，B同学读得抒情，C同学抒情且坚定。

点评后齐读。

• 有哪些不懂的地方？

生1："第三自然段的第一句中的'分开来'与'合起来'分别是指啥？"

生2："第五段，'凋谢'和'不朽'的混为一体如何理解？"

生3："第四自然段，'生命在那些终于要凋谢的花朵里永存，不断给世界以色彩，不断给世界以芬芳'的'花朵'是什么？"

生4："'人们却不应该为此感到悲观。我们没有时间悲观。'为什么我们没有时间'悲观'？"

师："如何理解'我们将要以不声不响的爱情来赞美它。'？"

课堂讨论这五个问题。

生（举手）

师："你想回答哪个问题？"

生："第四自然段，'生命在那些终于要凋谢的花朵里永存，不断给世界以色彩，不断给世界以芬芳'的'花朵'是什么？"

生："我觉得这篇文章可以结合着具体的时间背景来看，刚刚老师说这篇文章写于1942年。此时正值抗日战争期间，此处的'花朵'应该指的是抗日战士们已经失去生命，但他们的爱国热情将永远流传下去。"

师："这位同学非常用心。刚刚我讲了这篇文章写于1942年，这就要联系到抗日战争的背景。抗日战争时期有许多战士在前线失去了宝贵的生命，为国献身，但他们的爱国精神是永存的。外在的肉体已经消逝，但精神却是永存的。"

生："我要回答第三自然段的'分开来'与'合起来'分别指啥的问题。"

师："很好，请回答。"

生："我认为这里的'分开来'指的是一个生命的价值，'合起来'是很多生命聚合在一起的价值。比如说我们中华民族凭借这场合力创建了万里长城。然后，结合背景，我觉得这里可以理解为对工农群众等革命抗日力量聚合的一个呼唤。"

师："这位同学谈的还是比较深入的。我们说讨论问题，还是应该立足于文

本来谈。第三自然段是这样谈的'感谢生命的奇迹,它分开来是暂时的,合起来是永久的'。第三自然段是紧承着第二自然段来写的,大家能结合着第二段来谈谈吗?"

生:"我和旁边的同学讨论了一下,我们认为这是写了生命在冬天与在春天的两个状态,在冬天的卑微与柔弱是暂时的,但生命的光辉是永久的。"

师:"还有其他看法吗?"

生:"我认可前面同学的看法,我补充一下吧。我认为这两个问题是可以结合起来理解的。'分开来'可以理解为抗日的个体,而'合起来'则可以理解为抗日力量的汇聚。当我们把个体凝聚为集体时,我们便有了更强大的力量。"

师:"很好,我们再齐读一下第二自然段吧。"

(齐读)

师:"好,结合这两位同学的观点,我是这样看待的。'感谢生命的奇迹,它分开来是暂时的,合起来是永久的。'这里的'生命的奇迹'更多指的是'小草'和'小牛犊'。小草在冬天凋零,到了春天后,又重新'流动着','好像那刚刚过去的寒冷从未存在'。这是植物生命的延续,小牛犊指的也是生命的延续。因此,生命是生生不息的。所以,他感谢'生命的奇迹'。个体会凋零,但群体会延续。正是因为生命的脆弱与短暂,我们'没有时间悲观',我们要把时间留给以后。说到了这个,我又想起我们上学期学过的一篇文章,叫作《紫藤萝瀑布》。《紫藤萝瀑布》与这篇文章相比,有相同的地方,也有不同的地方。相同的地方是散文的文体,都谈论了人生哲理、对生命的看法。生命的长河是无止境的,不同之处在于《紫藤萝瀑布》是托物言志,而《永久的生命》则以明白如话的语言表达了许多高深的哲理,大家看看这篇文章,有那些句子是你最喜欢的呢?"

(细读文本,思考问题)

感悟分享

①个人的生命虽然是卑微、柔软的,但整个人类的生命却是无穷无尽的。

②生命的道路是曲折的,但它不能被任何的艰难困苦所阻挡。

③个人的生命是有限的,要用有限的生命去创造无限的价值。

④我们都应该以积极的态度去面对人生,去创造美好的未来。

⑤珍惜时间,珍爱生命,做有意义的事。

五、直播交流环境

师:"本来这节课是不打算给家长直播的,但在前几天我遇到了这样一件事。我遇到了我们班一个同学的妈妈,这个同学因为考差了,在电话里向爸妈哭诉。同学们的日常生活,也许多是在这样的学习考试中度过。我想这篇《永

久的生命》,是关于挫折、关于生命的教育,也许能给同学们带来一些启迪。"

(展示父母的留言)

师:"这是爸爸妈妈给你们说的,那么你们想对爸爸妈妈说什么呢?大家先讨论一下吧。"

(讨论)

师:"有哪些同学想分享一下呢?"

生1:"在这次二检前,我爸爸妈妈都在尽力地陪伴我复习。在这次二检中,无论成绩好坏,我的爸爸妈妈都没有对我有严厉的批评或过度的表扬。在这里我感谢他们一直以来对我的帮助与支持,然后在这次期末考的准备中,我也会拼尽我的全力,希望在他们的帮助下我可以成为更优秀的自己。"

生2:"在这次考试中,我可能考得不太理想。在考前爸爸妈妈也给我买了许多练习题,但却没有做好,本来我有一些小小的沮丧。但在学习完这堂课后,我明白了'我们没有时间悲观',如果不蹲下,就没有办法跳得更高。在这次考试中,我最大的收获就是我的错题。我会在接下来的日子里,努力学习,争取更大的进步。"

师:"非常的好啊!还有哪些同学要发言吗?"

生3:"在这次考试中,我考得也不是很理想,政治历史地理错了9道选择题。总有一些同学能轻轻松松取得很好的成绩,我们所能做的,也许就是尽力缩小与他们的差距吧。"

师:"我们说,我们在仰望别人的时候,别人也在仰望着你。这个世界是很公平的,我们的学习生涯长达十几年,人生的跨度就更长了。我们不能计较一城一池之得失,应该相信努力的价值。"

生4:"在今天这节课后,我也有非常多的感悟。我在这次考试中发挥的也不是特别好,我在这里想说的是,我这次考试的失败是短暂的,而我对学习的爱是永久的,我对父母的爱也是永久的。"

师:"4同学在回答时,也联系了课文。父母是不能永远陪伴在我们身边的,但父母的爱是永久的。正如课文中所说'凋谢和不朽混为一体,这就是奇迹',凋谢的只是外在的东西,而生命却是不朽的。"

生5:"在这次的考试中我的父母没有给予我很多的帮助,他们主要是在精神上鼓励我。我在这次考试中语文取得了一定的进步,我希望在未来也能继续取得进步。"

师:"我在今天这节课上之所以一定要请5同学发言,是因为他上学期的语文成绩考得有些糟糕。他的妈妈还打电话来问了相关的情况。我当时是说要给他一段时间,因为我相信5同学。5同学是一个非常扎扎实实的同学,我相信他的人生也能走得很稳。"

(重读感悟分享)

①个人的生命虽然是卑微、柔软的,但整个人类的生命却是无穷无尽的。

②生命的道路是曲折的,但它不能被任何的艰难困苦所阻挡。

③个人的生命是有限的,要用有限的生命去创造无限的价值。

④我们都应该以积极的态度去面对人生,去创造美好的未来。

⑤珍惜时间,珍爱生命,做有意义的事。

尾声

师:今天我们这节课最大的收获,就是明白了这些关于生命、关于失败的哲理。希望大家带着这些哲理,继续走好我们的人生路。

课堂剪影 »

古隽宇同学上课剪影

谢沅芷同学上课剪影

学生心语 »

听完了宾哥这节课,我的感触很深。这节课主要讲的是严文井先生写的《永久的生命》,课文里写的是严文井先生对生命的看法。在课堂上,老师给我们分析了课文的重难点,比如如何理解"分开来"与"合起来"。课堂上的讨论里的分享,让我知道了:生命是卑微,柔弱,易逝的,但它又是永久的,充满希望的。因此,我们应该赞美生命,以积极乐观的人生态度去感谢生命,回报生命。

——周楚轩(南海实验中学2018届学生)

在宏哥的课堂上，我们探讨了生命这个严肃的话题，当天上课宏哥用手机作了直播。首先，宏哥让三位同学朗读了课文，同学们读得或庄重，或抒情，或坚定。接下来，我们对五个问题进行了讨论，有的同学认为，鲜花指的是生命会枯萎，但也是永恒的，正如抗战时期捐躯的英雄，他们的勇敢无畏永远长存。有的同学则联系生活实际，反思自己在考试中的不足，期望下次做得更好。这是极有意义的一节课，我对生命也有了更深刻的认识！

——谢沅芷（南海实验中学2018届学生）

孙老师的课堂总是给人以美的享受和爱的启迪，我想这就是语文课堂永恒的价值和魅力所在。《永久的生命》文章很美，但如果缺少循循善诱的巧妙设问，以及慧心如兰的温润点拨，学生很难将这篇散文的珠玑字句吸收理解。可是，孙老师做到了，在他的引导之下，学生不但能将自己的纯真可贵的鉴赏感悟脱口而出，还能在课堂的思维碰撞中领悟到生命的价值与爱的力量。

——王艳芳（南海实验中学青年教师）

第十四记　渐至佳境

"渐至佳境"是一种诗意化的说法,就课堂结构而言,其实是一种"层进式"的结构,所谓"层进",顾名思义即为层层递进。在教学活动中,基于学生之间存在认知水平差异以及个体认知局限,教师会在教学过程中将教学内容进行由易到难的逐层分解,使教学环节之间的关系由浅入深,循序渐进,以符合学生的认知规律,便于学生理解接受,这种教学模式便可称之为"层进式"课堂结构。

（一）

层进表现在教学难度上。初中学生学习较为复杂、抽象的知识,是以较简单、具体的知识为基础的,因此任何相对复杂、高级的学习都应该以基础性的知识为依托,故而教师在教学活动中要关注知识的难度和学生接受能力的梯度,无论是教授知识还是品味情感态度,都应层层递进。

首先,在涉及学科知识及一些相关概念时,与其直接展示,不如在层进的学习活动中引导学生感知,进而习得。

如七年级下册的课文《驿路梨花》一文,通过记叙发生在哀牢山路边一所小茅屋的故事,歌颂了各族人民助人为乐的高尚品质。此外,本文之所以精彩,得益于作者善于制造"误会"和"悬念",同时"映衬"和"象征"手法的使用亦功不可没。初一学生知道小说曲折生动,但不知其原因所在,对"误会"和"悬念"的概念及其在小说中的效果不甚清晰,对"映衬"和"象征"概念的效果不能熟练地掌握与运用。面对如此之大的教学内容,我们可以采取"三次复述"的方式,使每次复述的难度递进,从而实现教学目标。

首次复述之前,可以要求学生用三分钟时间略读课文,略读之后同桌之间用简洁的语言互相复述故事情节,复述过程中不要求交代细节,只需要覆盖时间、地点、人物、事情的起因、经过和结果即可。任务要求不高,但能让学生在这个过程中初步掌握故事发生的前因后果,也能为接下来的层层深入做铺垫。二次复述可重点强化"误会"和"悬念"。《驿路梨花》的成功之处正在于故事情节

的一波三折,也正是文章中的误会和悬念,一直在吸引读者的阅读兴趣。和学生一起明确文中的二次误会和三个悬念之后,我们可以类比《狼外婆》的故事,以此来引导学生明白小说中采用设问句式会达到引人注意的效果。如:狼外婆为什么要坐在坛子上,而不是坐在凳子上呢?紧接着指导学生进行第二次复述。在此环节中,要求淡化叙事要素,突出"误会"和"悬念",让故事更吸引人。第二次的复述难度的确略高于首次,但有了首次复述的铺垫,在第二次复述过程中,学生加深了对故事的理解,也对"误会"和"悬念"有了更清晰的认识。第三次复述可在前两次的基础上渗透"映衬"和"象征"的概念。文中梨花出现了三次,每次都有不同的象征意义。文章开头用细腻的笔触描写梨花,不仅描摹了充满诗意的自然风光,也象征在困境中看到希望;文中第二次描写梨花时以花寓人,赋予尚未出场的主人公以美好的形象;而第三次描写梨花是在文末,这时,梨花象征的是雷锋精神,开遍天涯海角。明确文中对梨花的三次描写之后,我们可以指导学生对课文进行第三次复述,要求以"梨花"为线索,强化后两处对梨花的描写。虽然第三次复述难度再次增大,但是有了前面两次复述作为基础,学生基本可以完成。

其次,面对一些情感较为复杂的文本时,学生或因时空隔膜,或因人生阅历的不足而无法产生共鸣,此时教师也应循序渐进地引领学生进行感知。

如七年级下册第三单元的《老王》,作者杨绛先生通过追忆自己在动荡年代里遇到的善良底层小人物老王以及与他在情感上并不对等的交往,表达了作者自己的精神自省。原文中"我渐渐明白:那是一个幸运的人对一个不幸者的愧怍"已经非常直观地呈现了作者反省下的自我剖白,这份"愧怍"来自作者意识到他们相处时的不平等和隔膜,来自"我"总是用"钱"来回应老王的真诚帮助,来自一个知识分子对另一份真心的误会和辜负。学生在阅读的时候往往也能轻而易举地找到文中的情感核心词"愧怍",而这份复杂的情感要如何引导才能让我们的学生感同身受?

上海师范大学郑桂华教授的课例中通过指导学生分析不同时空中的生命状态,从而来体悟作者的情思。郑教授先通过七年级上册《秋天的怀念》《散步》引路,发现时空特性与情感表达的关系,读到《散步》中景物描写动静、远近、大小的变化,就能够体会到作者细腻的情感变化;读到《秋天的怀念》中关于时间、空间变化的句子,就能感受到"我"和"母亲"的生命状态和情感态度。这一步需要由教师引导。学生则通过回顾已学课文,初步感知文本中"时空"对情感的映射作用,较为基础。然后,在此基础上引导学生运用迁移策略,体会《老王》中作者的"愧怍"。学生可找到"一天傍晚小胡同""有一年夏天老王来我家送冰"

"'文革'开始医院门口""干校回来后我(在车上)问老王""有一天在我家门口""过了十多天在路上碰见老李"等时空信息,进而发现:在路上的事件发起人往往是"我",相遇具有偶然性;而老王与我的相遇都是特意安排,即使到了生命垂危之际也真诚地把自己最珍贵的东西送给"我"。老王与"我"在交往方式、交往态度上的不同以及"我"对老王的用意的曲解和隔膜,是"我"愧怍的原因。

(二)

教学环节上也存在一种层进,知识技能的传递、情感态度的培养、学习能力的提升不仅仅在于内容的打磨与取舍,更在于教学过程与方法是否得当,教学环节是否环环相扣,是否循序渐进,这些因素都影响着学生的学习质量。

教学环节的层进首先体现在教学过程中,如教读课文大体遵循先读后教再练的原则,作文教学一般要求先品再写后评,层进的教学环节安排使教学活动更有序,也能使学生的思路更清晰。

初中学生对于写作的畏难情绪是普遍的,写作教学也是很多老师眼中的"老大难"。在各式各样的教学流派中,如果"返璞归真",在教学环节上走朴实路线,也可以是很好的尝试。如八年级下册第六单元的写作指导为《学写故事》,故事的题材鲜明、有趣,故事的情节曲折、刺激,学生爱听故事,但未必会自己创作好故事。如何引导?面对较艰巨的教学任务,我们可以在教学环节上遵循学生的学习规律,循序渐进,设置以下几个环节:明确概念、范文引读、故事接龙、故事创作、课堂互评、生成观点、再次创作。

首先,明确何为故事。故事是一种侧重于对时间发展过程的描述,强调情节生动性和连贯性的文学体裁。因此故事应该侧重于笔下人物的怎么做和怎么说,而不是抽象的怎么想。此外,故事的语言往往富于生动性,不需要着意刻画,其中的人物就会鲜活起来。其次,进行范文引读,明确何为好故事。引导学生评价故事的好坏主要取决于两个方面:一是故事是否耐看、耐人思考;二是读者能否通过这则故事获得一种精神享受。而达到这一目的的方式很多,如:连设疑团,丛生的悬念会牵引读者追寻真相;设置重重误会推动情节发展,并在最后真相大白的时候让读者恍然大悟;连设巧合,使情节环环相扣,使故事富有戏剧性效果等。于是我们可以给学生提供一些优秀故事范本,如《狼》《连环套》《错误的手套》《尴尬》……读完后提问:这四则扣人心弦的故事其吸引读者的原因何在?最后明确:一则好故事,要有基本事件、波澜和一个结局。以上两个环

节从理论引导到品读感知,学生已经大概明确何为好故事了,以便为接下来进行的实践性操作作铺垫。教师可以展示一些创作的话题,用故事接龙的方式,在游戏当中创作,让学生在课后进行练笔。

所谓温故而知新,除了课堂教学过程中讲究教学环节的层次渐进,先学习后温故也是一种让能力习得更加水到渠成的方式。在《学写故事》的课堂教学和课后练笔完成后,我收获了很多很好的作品,但也依旧有部分同学会把故事写成小说。为此,我在讲评课上再次结合学生熟悉的课文,如《植树的牧羊人》《散步》《羚羊木雕》《驿路梨花》以及本次习作的优秀作文,进一步明确了以下几点:(1)好的故事侧重于事件发展过程的描述,强调生动性和连贯性;(2)好的故事往往有着一定的寓意或者内涵;(3)好的故事往往不需要有过多的心理活动描写、大段的对话和繁复细腻的景物描写、人物形象的刻画,作者始终要关注的是推进故事情节的流动和进展。

这样由点带面地逐层渗透故事体裁的写作手法是一种层进模式,由创作到讲评的课堂安排亦是教学环节的层进。除此之外,在作文教学中我们也可以读写联动,以读促写。在品味了鲁迅先生《社戏》中的环境描写之后,我便提供了一段湘西清晨的录像视频,和孩子们一起进行环境描写的仿写练笔。引导孩子们可以在视频基础上进行适当的联想与想象,增加人物活动、增删景物元素、调动多种感官、模仿多角度写景,并在客观描摹的基础上赋予笔下景物情感、趣味,使之更有可读性,实践效果不错。

(三)

课堂气氛也存在着层进。学生是学习的主体,学生的学习状态直接影响教学内容和教学环节的实施,而课堂气氛则直接体现了学生的学习状态。教师需要有意识地营造良好的课堂气氛,引领课堂气氛层层推进,高潮迭起,不能无规律无目的地刺激学生的兴奋点。

我设计的活动课"朗读者",借助直播平台,面向学生和家长授课。我把这节课设计为层进式,将课堂气氛层层推进,在下课的时候推向最高潮。这节课是平时教学成果的集中展示,由"飞花令""故事背读""散文品读""文言文诵读""童话演读""哲文领读""古文唱读"七个朗读活动组成。"飞花令"作为本节课的引子,起到了消除学生紧张情绪、活跃气氛的作用。在接下来的"古诗背读"环节展示的是学生的背诵水平,《峨眉山月歌》温婉,《潼关》激扬,《观沧海》慷慨磅礴,三首诗歌在情感和语调上层层递进,课堂进行到这一环节也变得张力十

足。经过这一环节,课堂气氛逐渐紧张,因此接下来我设置"散文品读"的活动,目的是让学生放慢脚步,使课堂气氛达到松弛的状态。在这一环节,我选了《春》《雨的四季》《秋天的怀念》《济南的冬天》的一些片段,邀请了一位女同学进行朗读,线下的学生和线上的家长都沉醉在这位女同学声情并茂的朗诵之中。接下来的"文言诵读"由四位男生完成,男生的温润儒雅和文言文的凝练典雅相得益彰。最后的"哲文领读"将课堂气氛推向高潮。两位同学整理了《走一步,再走一步》《再塑生命的人》《散步》《纪念白求恩》中的哲理段落,带领全班同学齐读,声音洪亮,气势恢弘。最后伴随着全班同学在"古文唱读"环节中的优美歌声,课堂圆满进入尾声,气氛也在此到达高潮。整节课随着教学环节的推进,课堂气氛和学生的参与积极度也步步高涨,这大概就是层进式课堂的魅力吧。

语文是一个功在平时的学科,学生语文能力的提升和语文素养的培养必须是循序渐进的过程,而层进式教学符合建构主义学习理论中"最近发展区"的要求,为学生的每一步前进搭建好"脚手架",这不仅能在他们的认知范围之内优化学习效率,强化学习效果,更能在不断攻城拔寨的过程中,建立学科自信。

附:课堂实录

《驿路梨花》

执教:孙宏   整理:韩亚希(华南师大实习生)

一、谈话导入新课

教师:刚才我们统计了一下,很多同学都去过云南啊,那我们有请几位同学谈谈你对云南的印象。

学生1:云南是现代化比较缓慢的省份,有丽江、大理等古城。

教师:你的感受是丽江、大理古城是吧。

学生2:我坐飞机的时候路过云南。

(学生笑)

教师:还有哪些同学去过云南?

学生3:我去了云南七个少数民族自治地区。

教师:你谈谈对丽江古城的印象。

学生3:云南的丽江古城其实不"古",它的房子很"古",像我们这边岭南新天地那样,房子"古",其实里面是很现代的。大理古城也是房子有点"古",里面卖一些古玩,还有银器之类的,还有那些很奇怪的酒壶。在那里,我买了两个纪

念品。一个银杯和一把银壶,很好看。我们是跟团游的,我们还去了一个茶庄之类的地方。茶庄里面很多茶叶,是那种很大的茶瓶,一连串挂下来的。这是我对云南的印象。

教师:刚才呢,有三位同学讲了云南,其中呢有个共同点,都是去景点景区对不对?

众生:对。

教师:其实呢我们有位作家啊,他是从解放初就一直扎根西南边疆。后来回忆这段生活的时候,他说在竹楼中养过病,吃过饭,跟这些兄弟呢一起爬过深山,爬过老林。每次想起这段生活的时候,心情总是好起伏。所以呢在"文革"以后,当他重新获得新生活的时候,回想起这段生活,他说是怀着一种对新时代人文崇敬之情,写下这篇文章。因此我们今天带着崇敬的感情一起来学习这篇《驿路梨花》,请同学们翻开课本。

二、读书明确教学目标

(学生翻开课本)

教师:我们齐读一下预习提示。齐读以后,思考一下这个预习提示,告诉我们这篇文章的学习重点是什么。预习,预备——起。

(学生齐读)

教师:好,请同学来谈一谈。(点名学生4)你说下,从这篇预习中,要掌握哪些知识点?

学生4:梨花的象征意义。

教师:还有呢?

学生4:这篇文章写到哪些人物,做了什么。

教师:好,有要补充的吗?还有没有提供一些读书的方法?

(学生齐答:略读)

教师:对,它告诉我们要略读课文,什么叫略读课文?略读有时候也叫跳读,要找到那些人物、故事发生的地点、时间、起因、经过、结果,对不对?今天呢,我们要学的就是这么一个知识。

(幻灯片展示)

三、首次复述,理清"情节"和"要素"

教师:略读课文,准备复述故事的情节,这个情节的要求就是六要素,不要求细节,把故事讲清楚就行了,明白吗?好,开始。

(学生看书思考)

教师:完成的同学举手。

（部分学生举手）

教师：看完的同学啊，自己复述一下。(点名学生5)你来复述一下。

学生5：一天傍晚，我和老余在哀牢山望着最高处，我们要前往太阳寨。没想到走着走着发现有梨树。老余说下面一定有人家，然后就发现了一间茅屋，然后我们就住在那了。然后我们吃过饭后，见了一个老人。老余以为这个老人是茅屋的主人，却发现这个老人也不是茅屋的主人。然后老人告诉我们这间小屋的主人是一位叫梨花的哈尼小姑娘。第二天早晨，遇见了一群小姑娘，我们以为走在前面的是房子的主人，就去感谢她，然后她说房屋也不是她建的，是解放军叔叔建的。小姑娘的姐姐看见解放军他们，学习他们为人民服务的精神，照料这座房屋，几年后姐姐出嫁了，妹妹就接替了照料这间房屋的事情。

教师：(点名学生6)你可以评价下(学生5)的概括吗？

学生6：我觉得还是不太清楚。

教师：太扩大了是吧？

学生6：故事基本原封不动地又说了一遍。

教师：六要素不够精练。那你可以精练点吗？

学生6：我和老余在哀牢山赶路，看见了一个茅屋，然后经过一系列的对话，就知道了这个茅屋建成的真相。通过描写这个故事，抒发了对……

教师：后面的还要不要？再请一个同学来说下。(点名学生7)评价下。

学生7：学生6比学生5更精练。

教师：嗯，有没有不足？

学生7：还好。

教师：你可以再复述一下吗？

学生7：昨天晚上，我和老余在哀牢山赶路，然后发现了一个小木屋，在思考主人是谁，老人过来，我们以为是主人，然后不是。他说是一位叫梨花的小姑娘，后来有一群哈尼小姑娘过来了，我们以为梨花是其中的一个，然而也不是，她们说木屋是很多年以前解放军叔叔建成的。一个小姑娘的姐姐叫梨花，她一直在照料小木屋，姐姐出嫁以后，这个小木屋就让妹妹照顾。

教师：好，请坐。我发现一个细节。在复述的时候，学生8在笑，你来说一下为什么笑？

学生8：和学生6的差不多。

教师：你觉得和学生6的差不多，所以笑对不对？你可以再复述下。

（学生笑）

教师：把故事讲清楚就行了。

学生8：我和老余在哀牢山的时候，太阳快下山了，然后我们找到了一间小木屋，在里面借宿。然后我们遇到了一位苗族老人，然后问他是不是主人，发现不是。后来得知是一个叫梨花的小姑娘盖的，后来发现梨花已经嫁人了。

教师：后来发现这个木屋的主人是？

学生8：解放军。

教师：对。基本上就是学生8复述的那样啊。我们一起读一下。"行走在深山里的我们"，预备——起。

（幻灯片展示，学生齐读）

四、二次复述，强化"误会"和"悬念"

教师：你看啊，我们刚才训练的是在短时间内理清楚故事的脉络，并不要求对细节进行详细的描述，比如说学生7复述的就很好——经过一系列的误会，最后发现原来小茅屋的主人是解放军叔叔就可以了，不用说这个故事告诉我们什么什么道理。那这个故事我们听完后，自然就会明白其中的道理了。所以说啊，这个复述也是讲故事的过程。想想我们中国的诺贝尔文学奖获得者——莫言，在颁奖典礼上，他这样说道，"我觉得我就是一个讲故事的人"，那在莫言看来，文学创作的过程实际上是讲故事的过程。文学创作是否成功，和故事讲得是否好听，是有直接关系的，《驿路梨花》很明显是一个成功的故事。它为什么会吸引我们，到现在还在学呢？因为这篇文章啊，在讲故事的时候，用了一系列的误会和悬念。刚才，学生7讲了一系列的误会。下面，同学们精读课文，再看一看哪些地方有误会，哪些地方有悬念。好了的同学可以举手。找到其中一处的同学就可以举手。

（学生看书思考）

教师：（点名学生9）你先说。

学生9：比如说老余以为前来送礼的老人是这个茅屋的主人，结果不是。

教师：这是第一处误会。认为送礼的瑶族老人是木屋的主人，结果不是，这是第一处误会。还有哪一处有误会？

教师：（点名学生10）

学生10：瑶族老人以为哈尼族小姑娘是茅屋的主人。

教师：对，瑶族老人以为哈尼族小姑娘是茅屋的主人，过去和她们行礼，结果把小姑娘们吓了一大跳。这是第二处误会。还有吗？那么悬念又有哪些？（点名学生11）为什么要设置这样的悬念呢？

学生11：有屋子。

教师：有屋子很正常啊，也有很多废弃的屋子啊。但是这屋子里有什么啊，

有米有水,有生活用品,门上还写了两个字"请进",看来都知道我们要来了。但是谁知道我们要来?好,坐下,还有哪里有悬念呢?这是第一处悬念,茅屋的主人到底是谁呢?还有其他的悬念吗?(点名学生12)

学生12:第88页,老人才笑道:"我不是主人,也是过路人呢!"

教师:"我不是主人,我是过路人",为什么我们刚开始认为这个瑶族老人就是这个茅屋的主人呢?

教师:因为这个老人和我们之前的猜测"可能是一位守山护林的老人"不谋而合,所以说我们就上去说了感谢的话,结果老人手足无措,说"我不是这个房子的主人",老人不是主人,谁是房子的主人呢?这又是悬念。还有吗?

学生13:文中——为头的那个小姑娘赶紧摆手:"不要谢我们!不要谢我们!房子是解放军叔叔盖的。"

教师:结果梨花也不是这个茅屋的主人,最后才知道房子的主人是谁呀?解放军叔叔。因此呢,这篇文章它的主要结构呢,就是两处误会,三处悬念。我们还是回到刚才我们所讲到的讲故事的环节,我们想起小时候,听这个狼外婆、小红帽的故事,回到外婆家,只见外婆躺在床上,盖着厚厚的被子。为什么要盖厚厚的被子?(笑)因为他是狼,说话的时候是瓮声瓮气的,把长长的嘴给遮住,所以说我们有时候在复述故事的时候,可以刻意地制造一些悬念,用一些误会,其目的是为了吸引听众,对不对?刚才我们第一次复述文章的情节,是要理清文章的脉络,现在我们第二次复述,要求强化误会和悬念,以这两处误会,三处悬念为重点,可以适当增加一些神秘色彩,用来吸引听众。现在以四人为小组复述故事。

(幻灯片展示)

(教师巡视学生小组复述故事情况)

教师:(点名学生14)你来说下。讲故事都可以,把这个故事讲得吸引大家就可以了。

学生14:话说,我和老余跋山涉水,在爬哀牢山的时候,迷路之时,老余指向前面的一处梨花,说,"啊!",我们看到前面有房子,然后我们来到了一座房子。房子前,这里一片黑漆,但是一扇白色的门上写着"请进"二字,我们十分惊奇,进去一看,"喔!",我们感到很惊讶,居然有米、柴等生活用品,我们便在这里安顿了下来。不久之后,因为瑶族老人也进来了,我们发现啊,他身上背着一杆明火枪,肩上扛着一袋米。我和老余之前一直认为这是守山老人的房子,所以我们一致认为他就是这间茅屋的主人。我们向他行大礼,没想到他居然是过路人!这太让人震惊了,正当此时,我们看到树林里出现几个哈尼族小姑娘。瑶

族老人为我们补充了这间房子的来历,他说这是一个叫梨花的小姑娘建造的房子。第二天早上,几个小姑娘出现在了我们的眼前,她们也是哈尼族的,所以我们一致认为她们其中一个肯定是梨花。我们也对她们行了个大礼。令我们惊讶的是,她们其中居然没有一个是梨花,然后她们告诉了我们真相,这间房子是解放军叔叔建成的。解放军叔叔一心想让过路人好过去。梨花出嫁后,现在照料房子的是她的妹妹,体现了为人民服务的好品质。

(学生鼓掌)

五、三次复述,渗透"映衬"和"象征"

教师:他把这些误会、悬念都设置得很好,还通过一些故事,夸张的语调、语气激发了我们的想象。所以说,我们讲好故事也是一个很有本事的事情。那我们回到课文,课文的标题叫作"驿路梨花","梨花"是什么含义呢?在文中出现了哪三次呢?(点名学生15)

学生15:开头那一次是第一次。

教师:第二次出现在哪里?

学生15:第二次是梦中。

教师:在梦中对不对,那第三次呢?

学生15:第三次就是看见梨花丛中的哈尼小姑娘。

教师:对,就这三组。齐读一遍,"白色的梨花开满枝头",预备——起。

(幻灯片展示)

(学生齐读)

教师:好,一开始学生就说到我们要学习这篇文章的阅读方法和梨花的象征意义是不是?那我们把课本中的三处梨花都列出来了,大家再讨论,对这三处梨花的描写都有什么作用呢?好,同桌之间可以讨论讨论。

(学生讨论)

教师:好,停,(点名学生16)你来说。

学生16:还不清楚。

教师:好。(点名学生17)

学生17:第一处是环境描写,描写了梨花对我的……

教师:梨花开在哪里?

学生17:梨花开在梨树上。

教师:老余看到梨花后是怎么样的心情?

学生17:高兴。

教师:为什么高兴?

学生17：为下文那间小房子作铺垫。

教师：因为老余说了一句话，"有梨花的地方就会有人家"。就是梨花在这里象征着什么呀？会遇到希望的。山重水复疑无路，柳暗花明又一村。有梨花的地方就是有人家嘛。所以梨花在这里，点明了故事所发生的时间，为什么梨花开放预示着时间呢？梨花什么时候开放的啊？春夏秋冬哪个季节？

学生回答：春天。

教师：对，然后呢，它还告诉我们希望。这是第一处梨花的意象，第二处你能说一说吗？

学生17：第二处写的是我的梦境。

教师：梦中的梨花，不是我看到的，是我梦的。那这个梨花你觉得它在这里写有什么作用呢？

学生17：下文是写了哈尼族小姑娘出现，这里写的梨花就衬托了小姑娘。

教师：在梨花丛中，在很洁白很纯洁很圣洁的梨花丛中，出现了一个小姑娘。用美丽的梨花来象征她美好的心灵。美好的心灵在这里，也装点了这个美丽的世界，是不是呀。这是一种借物喻人，物我交融，相互映衬的这样一种关系。那第三处呢？有没有真正写到梨花？

学生17：没有真正写，是虚写。

教师：好，坐下，第三处到底有没有写到梨花？他是看到了梨花，再想到陆游的诗句。那陆游的诗句"驿路梨花处处开"到底有什么样的意义呢？哪位同学谈一谈自己的看法？

学生18：助人为乐的精神和希望。

教师：这种精神和希望处处都在。困境中只要不丧失希望，就能找到出路，就能走出这种困境。而且这种精神呢，也开满了整个西南边疆。因此呢这三处梨花，（展示幻灯片），第一处，不仅揭示了"梨花"和人家的关系，还象征了在困境中看到希望；第二处呢，是借物喻人；第三处呢，寓情于景，梨花象征的是雷锋精神，开遍天涯海角，这就是梨花的象征意义。那咱们要进入第三次复述了，虽然梨花在文中反复出现，但是我们发现一点，他对梨花着墨多不多？

学生回答：不多。

教师：对，就两句。现在呢，就是请你们选择其中一处，浓墨重彩地渲染梨花。明白没有？好，小组开始复述。

（小组讨论）

学生19：我选第一处。第一处说一轮新月绽开在星空中，抬头望向天空，层层叠叠的树枝遮住了晴朗的夜空，却掩不住那淡淡的，如丝如缕般轻柔夜色。

夜晚的梨树仿若娇羞的女子。

（学生鼓掌）

教师：特意营造出这种很朦胧很美好的气氛，那我们最后一处，表达了作者一种美好的向往。这种美好的向往如何借助梨花描述呢？课文中只是出现了一句，是不是，要怎么描述呢？

（幻灯片展示）

学生20：在一片柔和的月光里，远远见到梨花层层像蝶，遮住了半边的晴空，眼前的哈尼小姑娘笑得格外灿烂，如这梨花般纯洁美好，渐渐地，我想起了陆游的一句诗，"驿路梨花处处开"。

教师：好。

（学生鼓掌）

教师：好，开得非常美好，漫山遍野，层层叠叠的，梨花开得越多，代表这种精神传播得越远，越广。我们现在来认识下作家。

（幻灯片展示）

六、课堂小结

教师：细心的同学可能发现了，1929到2018年7月24日，再过几天啊，就是这位老作家离开一年的日子。曾经彭先生呢他大半生都是奉献给了西南边疆，在为当地的各族人民服务。当他饱含着深情，在歌颂新时代的人们的时候，当我们怀着崇敬的心情，再重新学习这篇文章的时候，我觉得就是对彭先生最好的一个纪念。今天的课就上到这里，下课！

学生：谢谢老师，老师再见。

课堂剪影 »

| 《驿路梨花》录像课 | 陈铭超同学复述故事 |

学生心语 »

　　学习《驿路梨花》距离现在将近有两年，看到自己当时上课幼稚地复述驿路梨花的照片时，仍旧记忆深刻。宏哥非常重视培养我们的语文素养，用语言带领着我们切实领会运用悬念和前后误会等写作手段的意义。除此之外，宏哥也在课堂上用作者与主人公的情感脉络理解中国军人、脱贫攻坚以及民族团结的现实意义，为这节语文课堂赋予了别有志趣的红色意义。

——陈铭超（南海实验中学2018届学生）

　　说起《驿路梨花》，两年前的上课情景如在昨日，宏哥先聊起云南印象，一下就勾起了我的好奇心，带着我们进入到了学习课文的状态中。明确学习目的后，就让大家阅读课文，接着开始结合文章不断提问。结合文章内容，层层推进，把要学的知识点全部蕴藏在了一个个的问题中。看起来非常抽象的略读、误会、象征等概念，上课的时候被宏哥结合在具体内容中讲得很透彻，下课后，我有着满满的收获感。

——谢博昊（南海实验中学2018届学生）

　　记得当时整理课题资料，重新给《驿路梨花》录像，整节课给我的感受就是流畅，不仅仅是孙老师课堂语言的自然流畅，还有学生自我表达的流畅。课堂以谈话的方式进行导入，孙老师巧妙地将学生的回答引导到课文学习中，过渡十分自然。三次复述，层层深入，将教学目标融入其中，学生的主观能动性得到了很好的发挥。学生成为课堂的主人，孙老师担任课堂的引导者，这恰恰是这堂课的精彩之处。

——金辉（青年教师，曾在南实工作）

第十五记　一石激起千层浪

有人说,教学的艺术全在于如何恰当地提出问题和巧妙地引导学生作答。话虽然有点绝对,也不是全无道理。我们在教学中,经常会向学生提问,然而并不是所有的问题都是有效的,基于对文本的研究,如果我们能够在教学的关键处提出既发人深思,又让学生有话可说的问题,往往会一石激起千层浪,使整个课堂鲜活起来。在我的教学中,有几次这样的经历让我印象深刻。

(一)

2015 年 12 月 15 日,学校迎接"高效课堂"初评,我在学校上了一次《湖心亭看雪》,属于公开课性质,借班上课。那年刚从中大学习回来,自己对公开课有了新的认识,以前上课的重点在听课老师身上,自己和学生配合演一出戏给听课老师看。现在上课的重点我放在学生身上,学生存在什么问题,就解决什么问题,如果当堂解决不了,下节课解决即可。

这样上课心态轻松,但备课工作量大,必须准备大量的资料。因为是公开课,教学设计出来后,在科组内简单讨论了一下,没有试教直接上课了。虽然不是我自己的班,但是学生们都认识我,上课气氛不错,我走进教室的时候有碰头彩。

"古代文人往往志趣高雅,如唐朝的刘禹锡,虽身居陋室,却能'调素琴''阅金经',不亦乐乎;东晋的陶渊明,厌恶官场,归隐田园,修炼出'采菊东篱下,悠然见南山'的精神境界;而今天的主人公张岱在寒气袭人的冬天却能够别有兴致地欣赏雪景。今天的语文课堂,就让我们坐上一叶小舟,跟随张岱一起到湖心亭看雪。"简单导入后正式上课,先是读书落实文言词汇,然后提出第一个问题:短文中有一个地方前后矛盾,你能找出来吗?

这个问题抛出来后,真是一石激起千层浪,同学们吃了一惊,经过层层甄选、过关斩将进入语文课本的经典作品怎么可能会有矛盾的地方? 在一片诧异声中,快的同学已经开始翻书寻找答案。马鑫同学最先举手回答:"独往湖心亭"与后文"舟中人两三粒",人数矛盾。经过一番讨论,同学们的疑惑终于烟消

云散：看雪的是张岱，另外两三人是仆人，是为张岱看雪服务的，张岱内心并没有把他们当成看雪的朋友，所以说是独往，两者之间并不矛盾。

于是引出下一个环节，关于张岱言行的描写，在这个教学环节中，我又提出了一个问题：张岱巧遇金陵客，他们也和金陵客一样满心欢喜吗？这个问题仍然有点出乎学生意料，文章明确写出金陵客见到张岱很开心，并拉张岱喝酒，张岱开心与否，文章没有说，需要同学们自己揣摩。当时讨论很激烈，因为没有录像，所以也没有课堂实录。

2022年2月，正好遇到马鑫同学，他已经是大学生了，这堂课他记忆犹新，我向他求证，他这样回答我："'见余大喜'表面上说的是那两个先到此地的'同好'见到张岱大喜，实际上也说的是张岱本人的心境，这种以'客'写'主'的手法在接下来的'问其姓氏，是金陵人，客此'，也同样采用了，表面上是张岱问那两个人姓氏，对方说'是金陵人，客居此地'，但这何尝不是说的张岱自己呢？国破家亡，无家可归，张岱何尝不是'客居'这物是人非的破碎山河呢？阔别西湖二十八载，他只能在梦里追忆，梦里不知身是客啊！至于为什么他问对方姓什么，而人家却答'我们只是客居此地，无家可归的金陵人'，这意味着什么也就很明显了。山河破碎，家国沦丧，亲友俱亡，过去的一切都已经成了过眼烟云，姓什么还有意义么？我们同你一样，都只是无家可归客居此地的可怜人而已。"

马鑫现在的认识比当年的要深刻很多了。在上课过程中我补充了关于张岱的介绍：明末清初文学家。出身仕宦世家，爱繁华，好山水，晓音乐。清兵南下灭亡了明朝，他入山隐居、著书。《湖心亭看雪》选自《陶庵梦忆》。《陶庵梦忆》这部散文集，是明末清初风霜雨雪的产物，是中国梦文化的艺术结晶，是国破家亡后一曲曲悲哀的挽歌。没有希望，没有奢求，没有期待，唯有哀怨，唯有梦忆。以梦忆为解脱，将家国之叹、故园之思、人生之悲寄予梦忆之中，这就是《陶庵梦忆》的艺术真谛。

最后，我提出了这样一个问题：如果经历时空隧道，张岱、柳宗元、陶渊明、苏轼等这些痴人们相遇了，张岱最将会以谁为知己呢？答案是开放的。学生们畅所欲言，认为和柳宗元成为知己的人最多，因为柳宗元《江雪》的意境和《湖心亭看雪》太像了。讨论明确后，我总结：和张岱同时代有一位文人叫张潮，他曾经说"少年读书，如隙中窥月；中年读书，如庭中望月；老年读书，如台上玩月；皆因阅历之浅深，所得之浅深耳"。《湖心亭看雪》还有更多的滋味，需要他们在未来的日子里慢慢感悟。

课上完后，听课的同事们评价很好，我觉得这堂课上得顺畅，主要原因还是几个问题设计得好，这些问题既有一定的深度，又具有开放性，能够激发学生的

求知欲和表达欲,而且让他们有话可说。

(二)

《金色花》是印度大文豪泰戈尔的作品,入选初中教材好多年了,国庆长假返校后,我再度执教此文。第一节是16班的语文课,一堂课下来,我和学生都不在状态,感觉很糟糕,简直糟蹋了这篇好文章。

坐在办公室里发呆,我充满挫败感。我看了一下课表,2班的课排在第三节,还有时间调整。我又看了一遍教案和语文书,重新梳理了一遍教学流程,反思16班的课,仿佛掉进凉水盆里了,冰冷至极。最后得出结论,没有找到共情点是教学失败的主要原因,2班的课还得从"情"字入手。

于是,在2班的课上,我把故事《我的愿望》放在了第一个环节:

"如果你会变化,你想变成什么呢? 云南有个孩子想变成一条狗!"话音刚落,教室里一片哗然,课堂气氛活跃起来了。我接着展示幻灯片"我的爸爸不幸死了,家里只剩下我和妈妈。山村的夜很黑,听人家说黑夜里有鬼。我很怕鬼,妈妈也怕,只有爸爸不怕,可是爸爸已经不在了。还听人们说,家里有狗,鬼就不会来了,可我家连狗也没有。我多想变成一条狗,夜夜守在妈妈的门口,那样妈妈就不再害怕了。"

教室里很安静,同学们都很感动。于是我接着引导:孩子爱妈妈,愿意变成一条狗来保护妈妈,泰戈尔的《金色花》是一篇讲述爱的文章,文章中的孩子为母亲变成了一朵金色花。我们一起朗读课文并思考问题:1.孩子变成金色花后为母亲做了哪些事情? 2.孩子为什么变成金色花? 而不变成梅花或者荷花? 3.这种写法有怎样的特点?

孩子们很投入,问题一个个迎刃而解。接着,我又抛出一个问题:有人说孩子和父母是个渐行渐远的过程,成长就是不断地逃离。小时候,我们就像《金色花》中的小男孩,黏着妈妈。我们现在大了,有了自己的想法,于是生活中和家长的矛盾也多了。国庆八天假,不知道你们和妈妈之间有没有故事发生?

一石激起千层浪,孩子们纷纷开始吐槽:黎皓铭分享了国庆玩手机和妈妈闹矛盾的事,刘志言分享和表弟发生矛盾后被妈妈批评的事情,马琳丰则讲了回家途中堵车吃快餐面不被妈妈理解的事情,刘宏斌讲了国庆期间早上看书时因为早餐问题和妈妈吵架的故事。

一时间,同学们纷纷插话,各自诉说着自己母亲的不是。我总结:青春期的孩子和父母有矛盾很正常。有一种爱叫学会放手,我们的妈妈在放手的过程中

遇到了一点波折,正如我们的成长,总是需要一个过程的。但不能因此否认妈妈对我们的爱,国庆期间,我和楚惟也发生过矛盾,结果7号的时候,她和同学逛街,带了一本《习近平的七年知青岁月》送给我,让我很感动。课文中的小男孩变成了金色花,你们想变成什么呢? 想对妈妈说什么呢? 孩子们脑洞大开,分享了他们的想法。

示例:

假如我变成了一个电饭煲,我会为爸爸妈妈做出最好吃的饭。妈妈,我想对你说:"虽然那件事已经过去快一个星期了,我有我的错误,我不该和小孩子计较,但是,我也是希望你可以多体会一下我的感受,不要老站在小孩子的一方,有时候我真的没有错,所以希望妈妈能够体谅我。"

——刘志言(南海实验中学2020届学生)

假如我变成了一盒方便面,只是为了有趣,放在你的桌前,妈妈,你会认识我吗? 你要是叫道:孩子,你到哪里去了? 我会暗暗地笑,却一声不响。我要一边洗澡,一边看你工作。当你发现桌子上有一碗热乎乎的面时,我又变成你的孩子!"你干什么去了,你这坏孩子!""方便面真好吃,妈妈!"这就是那时我同你要说的话。

——马琳丰(南海实验中学2020届学生)

假如我变成了一床被子,我会在妈妈深夜睡觉的时候,躺得舒舒服服,让她明天更有精力去工作,去做家务。妈妈,我想在您睡着了的时候,悄悄钻进您的梦里,轻轻在您耳边诉说:"妈妈,我知道您一直抱怨我不够自觉,总是把错误推给别人,我一定努力改正错误,您就安心地睡个好觉吧!"

——刘宏斌(南海实验中学2020届学生)

最后总结:其实泰戈尔写这首诗的时候,是他个人最不幸的时候,他的妻子刚刚去世,接着又失去了他的一双儿女,这些不幸笼罩在他身上,他依然以纯净的视角看世界,以温情的目光看人生。世界就是那么特别,一个不幸的人想通过歌声把爱的光辉洒遍世间的每一个角落。正如前段时间我们所学的《秋天的怀念》,史铁生用残缺的身体,说出了最为健全而丰满的思想,他体验到的是生命的苦难,表达出的却是存在的明朗和欢乐。我们在成长的过程中有波折、有矛盾是很正常的,我们应该用乐观的心态,积极的人生态度去面对。

（三）

《台阶》是李森祥的一篇小说，父亲望着别人家高高的台阶，羡慕不已，立下宏愿，要造一栋有高台阶的新屋。父亲在家庭极其贫穷的境况下，历经艰苦卓绝的拼搏，终于建成梦寐以求的九级台阶的新屋，然而父亲却出人意外地若有所失。文本有多种解读，各有侧重。考虑很久以后还是从父亲心情入手，快刀斩乱麻，上课效果不好评价，但课堂还是非常流畅，学生也能畅所欲言。

我设计了两个主问题：1.父亲为什么不快乐？2.父亲什么时候最快乐？整堂课就是围绕这两个问题展开。第一个教学环节是复述故事情节，学生复述：在农村，拥有高台阶的房子不仅可以防水，还是身份地位的象征，父亲经过大半辈子的艰辛努力，终于盖起了一座拥有九级台阶的房子，可是不知道为什么，父亲并不快乐。

按照教学设计，下一环节应该是分析人物形象，既然学生复述时提出了这个问题，不妨改变一下教学流程，于是直接提问：父亲经过大半辈子努力，实现了人生目标，为什么反而不快乐呢？讨论明确：1.房子盖好了，父亲发现自己老了。青春不再，所以不快乐。2.父亲盖高台阶房子的目的是想提高自己的地位，房子盖好后，发现自己地位并没有真正提高，所以并不高兴。3.社会地位是由经济地位决定的，虽然台阶很高，但是父亲的经济地位并没有从实质上得到改变，所以父亲不快乐。

其实在父亲的生命中，也有很快乐的时候，你认为什么时候的父亲最快乐呢？你的理由是什么呢？学生回答：1.造屋的那些日子，父亲是最快乐的。因为父亲的人生目标就要实现了。2.父亲年轻时候背回三块青石板的时候最快乐，因为三块石料是石匠送的，是对父亲能力的肯定，父亲很自豪，当然很快乐。3.父亲坐在旧屋台阶上休息的时候最快乐，因为那时人很年轻，为实现理想而奋斗也是一件很快乐的事情。第十三自然段优美的环境，是父亲心情的外在投射。

讨论明确：旧屋台阶只有三级，尽管父亲对高台阶的房子有羡慕之情，但我们读文章可以感受到这一阶段的父亲生活充实，心情愉悦，心态平和，和后文新屋造好之后的心情形成鲜明对比。我反而很羡慕这一时期的父亲，有理想，有追求，并为理想而奋斗。快乐和台阶无关，和心情有关。高高的台阶不能从实质上改变父亲的经济情况，只能徒增名不副实的烦恼。

最后的环节就是分析人物形象了，《台阶》中的父亲，是中国传统农民的典

型形象,在他身上集中了中国传统农民的优点和缺点。他倔强、好强、从不服输,只想凭借着自己的努力和拼搏,用自己的肩膀挑起生活的重担和希望,有优点,也有缺点,你们的父亲不同于《台阶》中的父亲,但有些东西是相同的,想一想,你最欣赏自己父亲身上的哪一点? 这是最后一个问题,学生回答很积极。

学生 1:父亲是个很理智的人,而且很宽容,我成绩不好,但父亲从不打我,每次总是把我拉到阳台上,帮我仔细分析试卷,我很感谢父亲。

学生 2:我最欣赏父亲对待工作的态度。有一次,我在父亲的办公室看到父亲的工作态度。办公桌上有很多文件,父亲一直伏案工作,处理完所有的文件后才发现我在那里。这件事对我触动很大,我要向父亲学习。

讨论后明确:《台阶》中的父亲是典型的中国农民形象,他的生命是卑微的,但绝不是失败的。父亲就算有些可悲,但他的伟大也超越了他的可悲。以父亲为代表的这些草根阶层,正是中国的筋骨和脊梁。无论是文中的父亲,还是同学的父亲,都是家中的顶梁柱,承载着太多的责任和压力,中华民族也正是在这样坚韧的精神的支撑下才繁衍不息的。

(四)

《紫藤萝瀑布》是当代作家宗璞的一篇散文,文章写于 1982 年 5 月,当时弟弟身患绝症,作者非常悲痛,徘徊于庭院中,见一树盛开的紫藤萝花,睹物释怀,由花儿自衰到盛,转悲为喜,感悟到人生的美好和生命的永恒。这篇文章我已经执教过多次了,以前都是按照"赏花——忆花——悟花"的步骤进行教学,这次执教,一方面从课堂结构入手,另一方面在问题的设置上下了一番功夫,课上下来,又有了新的体验。

反复研读课文后,发现文本中存在多处对比,我于是将教学结构设计为"对比式"的课堂结构。这种通过对照比较的课堂结构,有利于显示矛盾,从而加强课堂的教学效果和艺术感染力。整堂课我主要设计了四个主问题:

1.文章为什么用"紫藤萝瀑布"而不用"紫藤萝"作为题目?

2.尝试比较第二段、第三段和第六自然段在描写上的相同点和不同点。

3.作者在赏花前后的心态有什么不同? 为什么会有这些变化?

4.作者的一些作品如《紫藤萝瀑布》《丁香结》《好一朵木槿花》《报秋》,无论是紫藤萝、丁香花,还是木槿、玉簪花都不是传统意义的名花,作者为什么要写它们? 透过这些作品,你觉得宗璞是个怎样的人呢?

在教学中把握住关键词,将"活力""生命"贯穿整个课堂。学生朗读完课文

后,针对第一个问题进行讨论,学生看问题深刻而独到,用"瀑布"形容紫藤萝,除了生动形象外,更突出了紫藤萝的活力。因为瀑布是流动的,用流动的瀑布来形容在阳光下跳跃的紫藤萝,更突出生命的律动,这也是文章的主旨所在。

正是充满活力的紫藤萝引发了作者对生命的思考,因此文章在描绘紫藤萝时,也是侧重表现它的"活力",对比第二段、第三段和第六自然段,第二段、第三自然段侧重从整体上进行描写,而第六自然段则侧重表现花的个体,无论是整体还是个体,作者在描写时都抓住藤萝充满活力的特点,化静为动,多感官互通,到最后物我交融。充满活力的藤萝给了作者很大的启示,花和人都会遇到各种各样的不幸,但是生命的长河是无止境的,"谁道人生无再少,门前流水尚能西,休将白发唱黄鸡!"虽然作者当时已经步入到人生的晚年,但欣逢盛世,一切都充满了希望,所以,在浅紫色的光辉和浅紫色的芳香中,加快了脚步。

在教学中,了解创作背景,尝试走进作者的内心世界很重要,中国的传统名花,都被人赋予一些美好的象征意义,如梅兰竹菊,岁寒三友等等,常常会出现在文人或者画家的作品中,宗璞有不少写景状物的散文,如《丁香结》《好一朵木槿花》《报秋》等,但描写的对象都是一些很普通的花卉,不是传统意义上的名花。宗璞把这些非常普通的花卉作为自己写作和歌颂的对象,我们可以看出她重精神不重外表的内心世界,宗璞是真诚的,这种真诚使其眼睛不被尘世的浊雾所蒙蔽,而且通过她的心灵镜面能呈现给读者的人生画面也就显得格外清晰。没有真性情,写不出好文章,如果有真情,那么普通人的一点感慨也很动人。所以宗璞是一个至真至纯的人。

无论是丁香,还是藤萝,作者往往会从这些小小的生命中发掘出许多美好的品性,并借此表达对于美好人性的追求。人如其文,宗璞也许就是这样的人,虽然平凡柔弱,却有生命的尊严与蓬勃。

"教学的艺术在于如何恰当地提出问题和巧妙引导学生作答",如果说切入是前提,聚焦是核心,那辐射就是语文课堂教学的深化;如何做到课堂的辐射和深化? 我认为在课堂上选择辐射点非常重要。这种"探讨式"课堂组织形式离不开问题,我认为这个辐射点就是——"主问题",这个概念是余映潮先生最先提出的,他认为所谓主问题即是相对于课堂上随意的连问、简单的追问和习惯性的碎问而言的,它指的是课文教学中能"牵一发而动全身"的重要的提问或问题。

我执教的《紫藤萝瀑布》其实也利用了"探讨式"的课堂结构,整堂课以四个主问题为辐射点,采用"探讨式"的方式,利用"有逻辑的问题"串联。学习本身就是发现问题,解决问题的过程,问题解决了,学习的目的也就达到了。教师要

引导学生以课堂主问题为轴心,解决课堂实际问题,并向学生生活的各个领域开拓延展。

附：教学手记

《济南的冬天》

《济南的冬天》是经典名篇,去年上这篇课文时,参考了很多名师的教学设计,执教时感觉很好。今年再度执教,在去年教学设计上又作了一些修改,和学生熟悉了很多,尽管有不尽人意之处,但整体还是很顺畅,学生思维也很活跃。回顾课堂,还是以对比法为主。

"南方"和"北方"

这次用了访谈的方式导入新课。首先请去过北方的同学谈谈他们对北方冬天的看法。广东的孩子很可爱,但凡在广东以北的地方在他们眼中都是北方。所以他们谈到了湖南的冬天,湖北的冬天,江西的冬天,还有哈尔滨和海拉尔的冬天。他们对北方冬天的共同看法是:万木萧肃,北风凛冽,寒气刺骨。接着又请学生谈谈对佛山冬天的看法,本来会以为他们会说佛山的冬天很温暖。结果孩子们不约而同地谈到了前年佛山下雪的故事,他们穿着拖鞋就跑到小区去堆雪人。我反问了一句,如果在北方,能够穿着拖鞋去堆雪人吗?这说明佛山的冬天?学生异口同声地回答:不冷。

可是,在北方有这么一座城市,冬天一点也不冷,甚至被老舍先生称之为"宝地",这座城市就是济南,自然过渡到对课文的学习。

"温晴"和"温情"

学生通读全文后,我提问:哪个词语最能表现出济南冬天的特点?学生很快回答:"温晴"。我接着继续提问:所谓"温晴",当然是指温暖,晴朗;《济南的冬天》哪些景物体现了"温晴"的特点呢?讨论明确:小山是温晴的,因为它像个小摇篮,非常的温暖。而且让人有一种明天就是春天的错觉。"小雪"是温晴的,因为它露出点粉色,从绘画的角度讲是暖色调。"村庄"也是温晴的,因为它卧着,是一种慵懒舒适的样子,让人感到温暖。"水"也是温晴的,因为还冒着热气。

接着追问:从文章可以看出老舍先生喜欢济南的冬天,他对济南有着很深的感情,那么文中的"温晴"可以换成"温情"吗?学生讨论热烈:1.不能换,文章以写景为主,体现济南冬天"晴朗"的特点,所以必须用"温晴",2.可以换,在作

者笔下用了很多拟人化的手法,可以看出景物有情,人也有情,"温情"更贴切。

最后明确:一切景语皆情语,写景是抒情的基础,老舍先生满怀情感地描写了"温晴"的济南,所以我们读来就有了"温情"的感受。中国文学抒情比较含蓄,因而这种"温情"的感受留给读者感悟,效果可能会更好。不过,问题的讨论又教给我们一种鉴赏语言的方法,那就是"换词法"。由此过渡到对语言的鉴赏。

"换词法"和"删词法"

1."小摇篮"换成"小竹篮"品味一下,有什么不同?

2."日本看护妇"换成"日本厨师",品味一下有何不同?

3."卧"字可以换成"趴"吗?

学生大笑讨论:1.摇篮温暖,是给小宝贝睡觉用的,竹篮透风,是装蔬菜水果的。摇篮不仅体现小山的温晴美,更表现作者对济南的喜爱。2."看护妇"美丽温柔,照顾病人,"厨师"比较胖,而且是炒菜的。"看护妇"不仅体现"小雪"的温晴美,而且给人一种美好的感觉。3."卧"用来形容人,"趴"用来形容狗,因为把小村庄比喻成水墨画,所以"卧"字更富有诗意。

1.那点薄雪好像是忽然害了羞,微微露出点粉色。

2.天儿越晴,水藻越绿,就凭这些绿的精神,水也不忍得冻上……

讨论明确:不能删掉,"微微"形容粉色不多,符合生活的真实。"忍得"是拟人化的写法,生动形象,写出了水藻的可爱,连水也不愿意结冰。

换词鉴赏和抽词鉴赏,在对比中让学生的鉴赏更加深刻。《济南的冬天》教学节奏比较明快,课堂效果也不错。但是,上课发言的同学永远是同一批,不发言的同学永远没有机会。以后还是要推行小组合作学习,希望每位同学都可以参与到课堂的活动,都会有不同程度的收获。

课堂剪影 »

直播课《读西游,话神魔》剪影

奖励学生书籍

学生心语 »

《湖心亭看雪》这篇文章是宏哥在我们班上的，多年之后，记忆犹新。在宏哥的引导下，我们发现文章前后有许多矛盾之处：写文章时已经是清朝了，却依然说"崇祯五年十二月"；"问其姓氏，是金陵人，客此"答非所问；明明是"舟中人两三粒"却说"独往湖心亭看雪"。上课的时候，一个个问题迎刃而解。原来理解此文，需要结合张岱的身世背景来分析。他是一个亡国遗民，从天寒地冻的意境中可以体会作者国破家亡的悲凉。

——马鑫（南海实验中学2014届学生）

孙老师执教的《济南的冬天》很有意思，他带领学生很好地了解了这篇文章，并引导学生自主地探究文章，很好地激发了学生学习的主动性。孙老师用自己对文章的了解引导学生鉴赏文章中的词语，极大地培养了学习语文的兴趣，真正做到了带着问题去学习。这是一堂受益匪浅的语文课。

——向仔均（湖南师大实习生）

2015年听孙宏老师的《湖心亭看雪》时很受启发，觉得孙老师授课思路非常清晰，他通过诵读、小组讨论、合作探究及联想迁移等方式由浅入深地引导学生完成字词读音、故事发展、思想情感和时代背景等层面的内容学习。其中尤为突出的当属合作探究和联想迁移的教学方式，师生、生生互动探究"言与行""情与境""虚与实"的环节让学生把文章解读得特别透彻。

——罗家和（青年教师，曾在南实工作）

第十六记　起承转合

受余映潮老师"板块式思路"的影响,我在教学中也经常使用一种"板块式"的课堂结构,所谓"板块式"的课堂结构就是在一节课的教学中,从不同的角度有序地安排几次呈"块"状分布的教学内容或教学活动,教学的内容、教学的过程都呈板块状分布排列。这种课堂结构简洁、实用、好用,教学过程非常清晰,能够十分有效地改善大面积课堂教学中步骤杂乱、思绪不清的问题。板块之间的关联有很多种,我基本按照起承转合的模式来设计。

（一）

《老王》是一篇回忆性散文,作者记叙了自己从前同老王交往中的几个生活片段,刻画了老王穷苦卑微但心地善良、老实厚道的形象,表达了作者一家对不幸者的关心、同情和尊重,表现出底层劳动者在遭受不幸生活中的那份不变的善良淳朴的天性。我执教这一课时参考了王君老师的风格,采用传统的讲授法教学,将课堂结构设计为板块式结构,整节课分为了三大板块:"杨绛眼中的老王""老王眼中的杨绛""为何总觉得心上不安"。

在上课的时候我首先让学生通读全文,带领他们分析老王的人物形象,针对老王的形象分析,我设计了三个问题:1. 他靠着"活命"的只是一辆破旧的三轮车。作者为何用"活命"而不用"生活"? 讨论后明确:"活命"只是一息尚存,苟延残喘,在生命线上挣扎着活下去,得过且过;但是生活除了物质以外,还有精神层面的需要,而这一需要是对生命质量的追求。老王的生活水平还谈不上精神层面上的东西,所以用"活命"。2. 文中哪些描写可以看出老王是在活命?讨论后明确:外貌——"想象中的僵尸""骷髅""一堆白骨"等写出老王身体素质非常差;家庭——孑然一身,无依无靠,家对他而言仅是个睡觉的地方,毫无温暖可言。工作——失群落伍,没有单位,游离于主流社会之外,仿佛被抛弃。3.文章介绍老王时多次用"只",如"只是"一辆破旧的三轮车,"只"有一只眼睛,"只"好托老李来传话等等,如何理解"只"字? 明确:"只"强调了老王别无选择,没有别的办法,准确地写出了老王孤单、命苦的境遇。在如此条件下的老王自

己生活困苦,却总想着为他人撑伞,常常给予我们真诚温暖的帮助,在作者笔下,老王命苦而心善的形象就树立起来了。

《老王》中的主要人物形象自然是"老王",这一环节可以称之为"起",那"老王眼中的杨绛"又是如何的呢?这一板块紧承上一环节。在作者眼中,老王命苦而心善,对于老王眼中的作者形象,文章没有明确写出。于是我带领学生,继续精读文章,希望透过文章的蛛丝马迹,走进老王的内心世界。

讨论归纳:1.在老王心中,杨绛经济条件也不好。明确:因为老王给作者家送冰,车费减半。老王送钱先生去医院表示不要钱,我一定要给钱时,他哑着嗓子悄悄问我:"你还有钱吗?"老王临死之前还为我们送来鸡蛋和香油。我转身进屋时,他赶忙止住我说:"我不是要钱。"2.在老王心中,自己的政治境遇要好过杨绛。"文革"是一个特殊的年代,杨绛、钱锺书遭受到冲击。而老王是无产阶级,在政治上不会受到迫害,在老王看来,杨绛一家也是需要关心和照顾的,所以在力所能及的情况下,他也会去帮助杨绛一家。越是被剥夺,越是懂得感恩,越是被伤害,越是懂得悲悯。

杨绛的女儿送给老王鱼肝油,治好了老王的眼睛,杨绛一家从来没有占过老王的便宜,可是在老王去世后,作者却总觉心上不安,以至于在86岁高龄时,还写下了这篇回忆性的文章,作者说"那是一个幸运的人对不幸者的愧怍",我们该如何理解这句话呢?于是这里课堂从人物形象的分析转到了对文章主旨的探讨。

讨论后明确:仔细阅读文章会发现,在杨绛和老王的交往中,从来都是老王来杨绛家里,杨绛只是一次偶然的散步过程中路过老王家。中国人讲究"来而不往非礼也",可能在杨绛看来,没有平等对待老王,自己是失礼的。虽然,老王每次给杨绛帮忙,杨绛都会用钱来回报老王,但是在生活中,有些东西是无法用钱来衡量的。在特殊的年代里,我们帮助过老王,老王也从来不欺负我们,老王也用他的行为带给了我们温暖。就是这样一个心地善良的人,偏偏命运凄苦。相比于老王,我们衣食无忧,身体健康,想到老王凄苦的一生,所以总觉得心上不安。文章给了我们很多启发:越是缺得多,越是要得少;爱越多,隐忍就越多,爱越多,愧疚也就越多。

(二)

《国行公祭,为佑世界和平》选自2017年12月13日《人民日报》,2014年全国人大将12月13日设立为南京大屠杀死难者国家公祭日。2017年12月

13 日,中国再次以隆重的公祭仪式悼念死难同胞。本文是作者就此事件写的新闻评论。本文首次选入教材,我在备课时反复阅读文章,最后将教学目标确定为:1. 了解新闻评论的相关知识,把握文章的主要内容 2. 铭记历史,珍爱和平,为实现中国梦而努力。围绕教学目标我将课堂设计成了板块式的结构。

第一板块:播放铭文朗诵,介绍历史背景。"国行公祭,法立典章。铸兹宝鼎,祀我国殇"是文章开篇第一句,国家公祭大鼎的铭文向世人讲述南京大屠杀的历史,讲述设立国家公祭日的初衷。第一个教学环节是播放铭文的配乐朗诵。配乐舒缓,朗诵庄重,一幅幅沧桑照片提醒着学生历史并未走远。朗诵播放完毕,屏幕上出现了"勿忘国耻,警钟长鸣"八个大字。音画交融的场面让学生很震撼。我告诉学生,文章作者署名"钟声"是笔名,也是"中国之声"的简称,暗含"警钟长鸣"的意思。接着我向学生介绍新闻评论的相关知识:新闻评论发表意见信息,旨在针砭时弊、引导舆论,具有引导、监督、表态、深化的作用。新闻评论以议论为主,少不了摆事实、讲道理。于是抛出问题:本文摆出了哪些事实,又讲述了怎样的道理? 这是课堂的"起"。

第二板块:摆事实,讲道理。进入第二个教学环节,学生迅速浏览文章,归纳作者在文中列举的事实:1. 南京大屠杀,2.《波士顿环球邮报》发表纪念文章,3. 加拿大安大略省议会通过动议,4. 美国圣地亚哥市图书馆举办活动,5. 美国旧金山议会通过议案,6. 日内瓦裁军会议取消日本演讲资格,7. 联合国人权理事会要求日本正视历史,8. 南京获得"国际和平城市"称号,9. 罗伯特纪念碑前摆满了鲜花,10. 日本研究会建议将"南京大屠杀"列入教科书,11. 日本右翼分子否认历史,12. 大阪市长表示要解除与旧金山的姐妹城市关系。

学生归纳,我板书,我特意将事实 1"南京大屠杀"写在中间,事实 2 到事实 9 写在左边,事实 10 和 11 写在右边。通过板书对比可以看到否认南京大屠杀的只是日本少数右翼分子,而纪念"南京大屠杀"殉难者、谴责日本右翼分子的国家和组织遍布全球。这些事情说明在日本的确有一批人意图否认南京大屠杀,这也是我们要国行公祭的重要原因。从世界各国和有良知的日本人民的反应来看,他们的做法不得人心。本板块就是课堂的"承"。

第三板块:展开讨论,明确中心。这是本节课的"转"。引导学生朗读文章最后两个自然段后归纳,现在我们国家举行公祭仪式,今天我们学习这篇文章,目的在于告诉我们:历史不容篡改,历史也不能忘记,因为忘记历史就意味着背叛。现在网络上有这样一种论调:"踏平日本海,饮马东京湾",你如何看待呢? 今天的我们该如何肩负使命来树立民族尊严呢?

学生就这一问题展开了热烈的讨论,9 班的古隽宇和王喆越同学的观点特别理性：我们都希望和平，但和平是不能祈求的，必须有强大的国防力量才能保证和平。所以我们要好好学习，学习那些对国家、对社会有用的知识，这样才能为国家做贡献。两位同学回答问题时掷地有声，我和同学们深受感动。

然后我继续总结：今天我们学习这篇文章肯定不是鼓动大家复仇，要求敌人血债血还。"国行公祭，为佑世界和平"，我们追求的是和平。就像同学们所说的那样，和平是需要强大的国防力量作为保障的，我也相信同学们会好好学习，将来成为国家的栋梁之材。

第四板块：展示观点，全班齐读。这就是"合"了。我投影出了一段文字，这也代表了我对中日关系的看法。全班同学齐读：日本是个善于学习的国家，他们的学习都不是以粉碎自身为前提的。日本的习惯是无论怎么对外学习，回来后都不打算抛弃原有的东西，日本的社会一直包容着多元的文化。学习越多，新鲜感就越丰富。中华民族是一个理性的民族，是一个充满智慧的民族。被侵略的历史是我们的耻辱，但一味地指责和争论解决不了任何问题，赶上和超越才是我们的使命。"它山之石，可以攻玉"，或许我们从中可以得到一点启示。

读完，下课铃声响起！这堂课上得很顺畅，情感价值目标比知识目标落实得好，爱国主义教育是潜移默化的，不能仅仅停留在口号上。我们以前教育学生要好好学习，考一个好的大学，却很少静下心来思考认真学习的动机与目的。今天两位同学说要好好学习一些有用的知识，将来为国家做贡献，这一刻，周恩来总理"为中华之崛起而读书"的誓言浮现在我的眼前。

（三）

《回忆我的母亲》是朱德元帅得知母亲去世的消息后写的一篇回忆母亲的文章，是一篇感情真挚、文笔朴素的散文。文章回忆了母亲勤劳的一生，赞颂了母亲勤劳简朴、宽厚仁慈、坚强不屈的优秀品质，叙述了母亲对自己的教育和影响，表达自己尽忠于民族和人民，尽忠于党来报答母亲的决心。我第一次执教本文的时候，按照起承转合的模式将课堂设计成了"板块式"的结构。

板块一：跳读课文，归纳事件。

文章是回忆录，采用了倒叙的形式，基本按照时间顺序叙写。我在处理文本时，也遵循了这一顺序。介绍完作者和写作背景后，我在黑板上投影出七个时间：作者小时候，1895—1900 年，1905 年，1908 年，1924—1927 年，1937 年，1944 年。要求学生跳读课文，归纳母亲在这些时间节点经历了哪些事情。

学生很快能归纳出：操持家务，应对困难，供我读书，支持革命等等，从这些

事件中,我们可以看出母亲是一个勤劳能干、任劳任怨、同情贫苦又深明大义的人。所以作者在文章中感谢母亲,感谢母亲教给我与困难作斗争的经验,感谢母亲给我强健的身体和勤劳的习惯,感谢母亲教给我生产的知识和革命的意志。

板块二:朗读课文,体会情感。

课文语言平实如话,字里行间饱含深情。文章有很多值得学生反复朗读品味的段落,考虑到时间关系,我选了第十二、十四、十五、十六自然段让学生自选段落朗读品味,然后邀请三位同学进行朗读。209班朗读课文的是潘奕怀、曾鸣和陈铭超;210班朗读课文的是陈雨果、黄思华和袁奕舒。

每位同学读完后,教室里都响起了掌声。但总体而言,我对学生的朗读是不太满意的。在209班,我请何承敏同学作出一些点评,何承敏同学认为大家读书要么过于文气,要么太激昂,他认为这样处理,不符合朱德元帅的身份。我深以为然。朱德元帅是人民解放军的总司令,是中华人民共和国的主要缔造者,身经百战,出生入死。我们在朗读时,如果读得激情昂扬,热血沸腾,反而显得浅薄,不符合人物身份了。我解释后,全班同学再齐读第十六自然段,这一次,朗读的情感含蓄深沉了很多。

板块三:讲述故事,理解母亲。

朱德同志自参加革命后,就再也没有见过母亲了,但母亲永远想念着他,正如他永远想念母亲一样。不是不想见,而是没有时间相见,因为朱德元帅把自己的精力都投身到革命中去了。由于他能够深刻地理解母亲的期望,所以在母亲离去后,他将继续尽忠于民族和人民,并以此作为报答母亲的最好方式。

这令我想起了《三国演义》中徐庶的故事:曹操为招揽徐庶,假称徐太夫人被监禁于许昌,徐庶得信后心急如焚,遂别刘备而去。结果徐太夫人一向以曹操为汉贼,得知徐庶弃明投暗后自缢身亡。徐母希望儿子能够顶天立地,不要以自己为念,偏偏徐庶并不理解母亲,最后只落得一言不发的下场。其实所有的母亲都是这样的,纵然有万般不舍,都不希望自己成为儿女的羁绊。

板块四:回眸生活,报答母亲。

接下来,同学们分享了几位母亲的故事。9班皇甫昕豫和何政熹同学分享了母亲为他们精心选择学校的事情,10班何善卿同学分享了母亲暑假时每天从三水送他来桂城上学的日常,还有陈心妍同学分享了妈妈下雨天开车的经历。接着,我也和学生分享了我的母亲是怎样教育我做一个合格教师的事情。

同学们都特别感动,209班崔淇源、周芷名、潘奕怀、张笑凡、古隽宇同学都大方地分享了他们成长过程中母亲对自己的关爱和教育的往事。210班的同

学谈得特别具体:朱祉霏的妈妈告诫她,在篮球比赛时恶意犯规,哪怕规则允许,道德上也不允许。郑洋祺同学的妈妈教育他如何面对别人的评价,如何改正自己的错误。因为时间的关系,还有一些同学没有机会和我们分享。

我最后总结:母爱是无私的,母爱是伟大的。朱德同志是伟人,忠于我们的民族和人民是他报答母亲的方式。我们是学生,我们该如何报答母亲呢?我想我们首先应该珍惜每天的学习时间,不让光阴虚度;其次,还要像郑洋祺的妈妈所期望的那样,改正我们身上的缺点,也要像朱祉霏的妈妈所期望的那样,做一个有道德的人。话音一落,教室里又是一片掌声。这时下课铃也响了。

《回忆我的母亲》有很多值得分享挖掘的地方,立足点不同,对文本的处理也会不同。现在年纪越大,对课文和课堂反而更加敬畏。有了这种敬畏的心理,也是一件好事,起码在备课时不会草率从事。尽管如此,处理一篇课文还是很难做到面面俱到,好的课堂瑕不掩瑜,因此不必因为不完美而留下心结。总的来说,我认为只要学生有所收获,我们所做的工作就是有意义的。

附:课堂实录

《雨的四季》

执教:孙宏　整理:孙萍慧(青年教师,曾在南实工作)

一、诗文导入;师生互动

师:同学们,我们学习了朱自清的《春》,文章描绘了春雨,作者看到春雨"密密麻麻地斜织着"(生答),让人喜欢;还有"沾衣欲湿杏花雨,吹面不寒杨柳风"(生答),春雨给人一种安静而美好的感受。苏轼也写过对夏雨的感受,他在《望湖楼醉书》中是这样描绘的:"黑云翻墨未遮山,白雨跳珠乱入船。卷地风来忽吹散,望湖楼下水如天。"(生答)而我们今天要学的课文是《雨的四季》,刘湛秋先生眼中的雨又有怎样的特点呢?让我们一起走进课文共同感受一下吧。现在,先请同学们把投影上的拼音抄到课本上。

二、抄写拼音;齐读字词

师:请同学们把每个词语读两遍。

(生读生字词)

三、介绍作者;讲解背景

师:作者是刘湛秋,他出名的作品大多创作于20世纪80年代,80年代是一个充满激情与理想的时代,所以他的作品里都充满一种昂扬向上的精神。他的作品在当时非常畅销,在80年代中期他被称为"抒情诗之王"。现在,就让我

们跟着朗读视频,一起走进课文。因为朗读视频只有春雨和夏雨,所以剩下的秋雨和冬雨部分需要我们自己朗读。这两部分内容由男女生轮读,比比是男生读得有情感,还是女生读的声音大。第四自然段划为两部分,"田野是静的,但雨在倾诉着"为中间,前面由女生朗读,后面由男生朗读。第12页中间的第五自然段"仿佛从那湿润中又漾出花和树叶的气息",前面女生读,后面男生读。剩下两个自然段,全班一起读。

(生齐读)

师:好,我们先来欣赏朗读视频。

四、欣赏视频;轮读课文

听读第一、二、三自然段,男女分开朗读第四、五自然段,齐读第六、七自然段。

师:读得非常好,男生也不错,但很可惜男同学读错了一个字,池畦(qí)。在第12页的第五自然段,近处池畦(qí)里的油菜。

生:池畦(qí)。

五、感知文本,合作探究

(一)作者笔下四季的雨有何特点? 作者对雨感情如何?

师:刚才我们欣赏了《雨的四季》,文笔优美。具体而言,那刘湛秋笔下四季的雨各有什么特点呢?请大家默读课文,找一找。找到一个就请举手。

生1:春天的雨是十分的温柔和柔软的。

师:课本上是怎么说的? 可以说说你是在课本哪里找到的吗?

生1:在第10页的第2自然段。

师:请你读一下那句话。

生1:"每一棵树仿佛都睁开特别明亮的眼睛,树枝的手臂也顿时柔软了"。

师:抓住了"柔软"这个词。

生2:我觉得还可以补充一点。

师:好,你来补充。

生2:这一自然段还有一句话"水珠子从花苞里滴下来,比少女的眼泪还娇媚",可以看出春雨的美丽多姿。

师:你从哪个词看出?

生2:"娇媚"。

师:为什么春雨显得娇媚呢?

生:首先雨的规模比较小,然后……还有一些词"透明","牵动着阳光的彩棱镜",它的色彩比较艳丽,可以看出它是非常美丽的,所以我们可以用"娇媚"。

师：“娇媚”“柔软”，还有要补充的同学吗？

生3、4：没有补充，说夏雨吧。

师：好，请生5来说说夏雨的特点。

生5：请大家看到第10页的第3自然段。

师：第10页的第3自然段。

生5：“而夏天，就更是别有一番风情了。夏天的雨也有夏天的性格，热烈而又粗犷。”我感觉这一句是这一段的总起句，这句话就概括了夏雨的特点。

师：那老师可以问一个这样的问题吗？文中它是怎样表现夏雨的粗犷和热情的？

生5：“天上聚集几朵乌云，有时连一点儿雷的雨的预告也没有，你还来不及思索，豆粒大的雨点就打来了。”就是一点预告也没有，突如其来。

师：突如其来，表现出了夏雨的粗犷。生6。

生6：我来说第4自然段的秋雨。“雨，似乎也像出嫁生了孩子的妇人，显得端庄而又沉静”，可以看出这个雨，是端庄而又沉静的。

师：秋雨是端庄又沉静的。好，这个问题我们等会再来讨论，刚才有同学说夏雨是粗犷的，那为什么夏雨又是热烈的呢？

生7：因为它豆粒大。

生8：因为它下得非常大，而且在第11页最后一行“和远方的蝉声、近处的蛙鼓一起奏起夏天的雨的交响乐”，交响乐说明这个雨声非常大，然后和自然界的其他声音组成了一首非常热烈欢快活泼的交响乐。

师：热烈欢快活泼的交响乐，如果说“粗犷”形容夏雨来得突然，“热烈”又形容夏雨什么样的特点呢？

师、生：雨大。

师：还和其他的声音组成交响乐。还有同学要补充，是吗？

生9：大家看到第11页的第3自然段，“一切都毫不掩饰”，还有“花朵怒放着”，“怒放”这个词，还有“争先恐后地成长”，这些词都突出了雨的热烈，很热烈。

师：“热烈又粗犷”这是夏雨的特点，刚才有同学谈到秋雨是“沉静又端庄”的，大家还有什么需要补充的吗？

生10：请大家看到第11页中间那里，“忽然，在一个夜晚，窗玻璃上发出了响声，那是雨，是使人静谧、使人怀想、使人动情的秋雨啊”。

师：为什么这么说呢？

生10：从这里可以看出作者是夹杂着对秋雨的一种期盼，因为作者已经很

久没看到雨了,说明了作者对雨的爱恋。

师:为什么很久没看到雨了呢?这里哪些句子说明了你的观点?

生 11、12、13:雨不大出门。

生 14:人们都忘记了雨。

师:雨不大出门,秋天的雨水本来就很少,作者又很喜欢雨,所以当听到了秋雨的时候,他对秋雨是一种"怀想,使人动情"的美好感觉。那冬雨又有什么特点呢?

生 15:请大家看到第 5 自然段第 2 行"但这时候,雨已经化了妆,它经常变成美丽的雪花,飘然莅临人间。但在南国,雨仍然偶尔造访大地,但它变得更吝啬了。它既不倾盆瓢泼,又不绵绵如丝,或淅淅沥沥,它显出一种自然、平静"。从这里可以看出冬天的雨在北方是变成雪的,但在南方呢,是偶尔会下,下得少。就是它是自然而平静的。

师:自然而平静。好的,请坐。综上所述,作者对春夏秋冬四季的雨都是什么感觉?

生:都是喜爱。

师:哪里看出来呀?

生:我喜欢雨。

生:美丽而使人爱恋。

师:好,第 1 自然段已经说得很清楚,开门见山,我喜欢雨。我们现在呢,把第 1 自然段和最后 2 个自然段一起读一遍,体会一下作者的感受。

(生齐读)

师:在作者的笔下,春雨是润泽娇媚,夏雨是热烈而粗犷,秋雨端庄而沉思,而冬雨自然而平静。这是作者对四季雨的描绘。我们久居广东,久居佛山,也经常下雨,大家对我们佛山四季的雨又有怎样的感受呢?好,请同学来讲一下。

(二)同学们心中佛山四季的雨有何特点? 同学们对雨的态度如何?

生 15:我在佛山呢。

师:你就说你对佛山雨的感受。

生 15:我怕,我怕佛山的雨。

师:哪个季节。

生 15:夏天的,佛山夏天的雨突然天很黑暗,突然打很大的雷,然后夏天佛山的雨都是很大的。

师:你觉得佛山夏天的雨很大,会打很大的雷。喜欢吗?

生 16:不喜欢。

生15：喜欢。

师：我们再请其他同学谈谈自己的看法。

生16：我一点儿也不喜欢佛山夏天的雨。

师：你一点儿也不喜欢，为什么呢？

生16：首先下雨打雷了就不能游泳了。还有就是上星期五我们放学，因为下很大的雨，我们的鞋都湿了。

生17：路都淹水了。

生18：还堵车，很不方便。

师：生19。

生19：我喜欢佛山春天的雨。

师：谈谈你的感受。

生19：我觉得它是很轻柔的，像细丝一般，让人感觉很舒适。

师：你觉得佛山春雨带给你舒适轻柔的感觉，所以你很喜欢，对吧？

生19：对。

师：好的，请坐下。还有其他同学要发表自己的看法吗？

生20：我喜欢佛山春天的雨。因为每次下完雨后，就会有草的味道，花的清香。花上面有雨滴，就显得更加漂亮了。然后春天的雨给大地给人们一种很舒服的感觉，就不会像夏天的雨那么大，给人热烈的感觉。

师：有持反对看法的吗？

生21、22、23、24：有。

生22：我非常不喜欢佛山的雨。一年四季都不喜欢，特别是春天。因为春天第一，除了万物复苏，人复苏，那些蚊子啊都复苏了，一大堆的。

生25、26：全是蚊虫。

生22：还有一下雨都是积水，之前在我们学校，有个水池，水不流通，一下雨就有很多蚊子在那里飞来飞去。很恶心。第二点，春天下雨是没完没了的。

生27：像秋雨那样剪不断，理还乱。是离愁，别是一番滋味在心头。

生22：佛山大部分的雨都是酸雨，因为佛山空气有点污染……

师：好的，这个问题我们就先告一段落。刚才从同学们的反应来看，绝大多数同学不喜欢佛山下雨。我们可以归纳为这几点：春雨连绵不断，衣服晒不干；夏天下雨不能游泳，给生活还带来诸多不便；秋雨剪不断，理还乱。大家跟作者的感受是完全不一样的。为什么呢？

（三）为什么同样的雨，大家却和作者的感受不一样呢？

生28：因为我们年年都有下雨。

生29：因为他在北方。

师：请同学来讲一下。

生30：因为作者一开始就表明自己喜欢雨。可能……

师：作者为什么喜欢雨呢？

生30：如果是北方呢，北方很少下雨的。如果下雨的话，雨不会很大。然后我们年代不同，当时的空气很好，下的雨也是比较干净的。

师：好，刚才这位同学谈了两个观点，第一个我们生活的时代不一样，作者那个时代的雨给人很美好的感受，我们这个时代酸雨带来一些病菌。第二，他可能生活在北方，雨很少，看到雨就像看到甘霖一样，心情很……

生31、32、33：很开心。

生34：很喜欢。

师：还有要补充的同学吗？

生35：在北方，雨下得少。物以稀为贵。但在南方，雨多的是，下不完，都听过南水北调吧。南方的水泛滥，很多很多，然后北方很干燥。然后我认为我们这些学生比较注重生活，但他是作家嘛，就……往精神层面去想，会想得更美好。

师：刚才她谈到两点，因为他是作家，能够感受到事物更多的美好。我们看到雨给生活带来的不便。作家能带着欣赏的目光去看待生活，所以他笔下的雨就很美，因此他很喜欢。另外物以稀为贵，我们南方雨水多，有时候暴雨成灾，谈到雨有时候爱不起来，北方则久旱盼甘霖，这是同学们根据作品讨论出来的观点。很多南方同学都是不喜欢南方的雨，但是我们广东有部音乐作品专门反映雨的，叫《雨打芭蕉》，却是歌颂雨的，赞美雨的。我们来一起欣赏一下。

（四）欣赏音乐《雨打芭蕉》

师：音乐很美，刚才同学们说到这个雨给生活带来很多不便，所以我们不喜欢雨。有同学也归纳出，我们普通人跟诗人、文学家、艺术家有不同的看法。那是不是说所有的文学家对雨的感受都是很好呢？

生：也不是。

师：我们来一起看看其他文学家对雨的感情又是怎样的？

（五）不同文学家对雨也有不同的感情

师：杜甫"床头屋漏无干处，雨脚如麻未断绝"；秋瑾"秋风秋雨愁煞人？"；李清照"梧桐更兼细雨，到黄昏，点点滴滴"，这三句诗都是在写哪个季节的雨？

生：秋雨。

师：而刘湛秋，他对秋雨的描绘是，凄冷的秋雨能"纯净"人们的灵魂。那为

什么同样是文学家,刘湛秋对秋雨的感受和上面三位诗人的感受不一样呢?

生 36:心情不一样。

生 37:时代背景不一样。

生 38:地理环境不同。

生 39:首先我认为是他们写的时候心情不一样,第二是当时他们的环境不一样。

师:环境的区别在哪里?

生 39:杜甫他那个时候是很穷,屋顶漏水。秋瑾则是正处于战争时代。李清照就不知道了⋯⋯

生 40、41:她那个时候很思念丈夫。

师:哪个同学来补充一下?

生 41:就是有一句话,一切景语皆情语。你看到这个景物你会无意识地把自己的思想(生 42:感情)寄托在这个景物上。而这三个人,杜甫、秋瑾、李清照,当时都是很悲伤的。

师:为什么很悲伤?

生 41:首先杜甫"无干处",表示杜甫当时⋯⋯

师:好的,我要先问一下,杜甫生活在哪个时代?

生 41、42:唐安史之乱。

生 43、44:战乱。

师:好,继续。

生 41:这个战乱给他造成了非常大的心理创伤,然后他的心情比较悲伤,所以他对秋雨就比较讨厌。第二个秋瑾,当时她对整个国家命运比较担忧,所以她看到秋风秋雨就联想到国家命运,就触动了自己的情怀。而李清照当时她的丈夫不在,所以她就比较思念。

师:而且当时李清照生活的时代是两宋交接之际,北方被金国占领。

生 41:所以她当时既对国家命运比较担忧,又比较思念自己的丈夫。两愁交加,就更使得自己充满愁绪。你可以看到她写的诗歌都是⋯⋯而刘湛秋对雨则是⋯⋯

师:刘湛秋生活在哪个时代?

生 41:应该是现代。首先他既觉得秋雨是凄冷的,又觉得秋雨能给人带来哲思,能带来一种宁静,能纯净人的灵魂。所以每个人都有每个人的见解。

师:有没有道理啊?好,掌声送给他!

(生鼓掌)

师:同样是写秋雨,秋雨一般都是给人萧瑟之感,叶落花谢,很冷。而这三位作家他们当时身处离乱的时代,对自己命运的担忧,使他们对国家命运的担忧,充满离愁别恨。而刘湛秋,他生活在80年代,一个洋溢着理想与诗意的时代,没有前辈的饥饿、战争,生活得很幸福,所以说他有没有像杜甫、李清照这样的生活感受啊?

生:没有。

师:没有,只有秋天的辽阔宁静,只有丰收的喜悦,因此即便是凄冷的秋雨,也能纯净人的灵魂。所以说每个人不一定成为诗人,但每个人可以诗意地生活,让我们走进大自然,拥抱大自然,用心观察大自然,你会发现世界真是很美,生命太有意义了!就像是秋雨,就像是佛山的雨,很多同学是讨厌的态度,因为它给我们生活造成了很多不便,可是在艺术家眼中,雨打芭蕉是非常美好的。因此我们静下心来看,雨也有美好的一面。

(六)小组交流:用一句话形容春、夏、秋、冬的雨给你留下的印象,仿照句式:"我喜欢……雨,因为我看到了……的景色,感受到了……的美。

师:现在用一句话形容春、夏、秋、冬雨给你留下的印象,仿照句式。想好就举手回答,可以在草稿上写一写。

生45:我喜欢春雨,因为我看到了花团锦簇,树木抽出新枝条的景色,感受到了万物复苏的美。

师:掌声送给他,还有吗?

生46:我喜欢夏雨,因为我看到树叶繁茂的景色,感受到了……(下课铃声响起)

师:好,下课。

 **课堂剪影** »

周靖翔同学参加新书发布会

《骆驼祥子》导读课剪影

耳边回荡宏哥在《老王》这堂课上深沉的感叹。那是我第一次认识钱锺书与杨绛夫妇。宏哥在讲台上带我们走进《老王》这篇文章，老王的人生充满苦难。讲台下的我本以为这篇课文只是一个对过去的感叹，但事实却不止如此。在孙老师的引导下，我仿佛每根神经都敏感起来，他的声音似乎有一种神奇的魔力。我的眼前不仅是课本上一行行的黑字，而是老王佝着腰骑三轮的身影，是杨绛先生接过老王鸡蛋时的慌张忙乱，是听闻老王过世时杨绛先生复杂的神情。讲到这里时，孙老师长叹一声，我的心头也为之一颤，似有一铁棒，迎面而下。"那是一个幸运的人对一个不幸者的愧怍"，读完这句，孙老师的语气中似藏着另一番深意。下课铃响，纸扇一收，唯留下满堂学子心灵的震颤。

——周靖翔（南海实验中学2018届学生）

《回忆我的母亲》出自戎马一生的朱德元帅的手笔。整篇文章没有华丽的词藻，语言朴实、感情细腻，从生活的点滴描写了自己母亲平凡、忙碌、辛劳的一生，但是母亲虽然平凡、没有文化，却深明大义，教给了孩子生产的知识和革命的意志，鼓励孩子走上了革命的道路，尽忠于民族和人民，这是位多么伟大的母亲啊。在课堂上，从宏哥表情中流露出的敬长、言语中流露出的激动，让我们也深受感动，也更让我体会到只有真情实感才能真正打动人。

——陈叙霖（南海实验中学2020届学生）

雨是生活中再平常不过的事物，能让学生充分感受刘湛秋笔下雨之韵味，便是孙老师课堂艺术的体现。作为自读课，孙老师作为课堂主导者，牵引着学生前进，自主品味字里行间所描绘的四季的雨。板块式、主问题的设计以及课堂上诗意化的语言使得本节课节奏紧凑，内容清晰，以朗读初感文章情味，从作者笔下四季的雨入手，再通过结合学生对现实生活中雨的感受，比较不同作者眼中的雨，以此，孙老师为学生搭建了思维台阶，层层推进，让学生得以深入体味刘湛秋对雨的诗意感受。这是一堂写景抒情的示范课，学生收获良多，我亦感触颇深。

——林清惠（南海实验中学青年教师）

第十七记　长文短教

　　语文课本中有一些文本篇幅偏长,而语文教学课时有限;有一些文本内容过深,而学生接受能力有限。在教学上,有名师提出了"长文短教"的观点。结合我的教学实践,我认为"长文短教",指的是在只有一个课时的特殊情况下进行的特殊处理:先解决最适应学生的重点问题,其他问题暂时搁置。尊重课时安排要求,尊重学生的实际情况,选择学生最为需要的教学内容进行教学活动,而不是以考试为导向进行教学活动,坚持学有所得的观点,不必在教学中做到面面俱到。这也是中学语文教学的常态。

　　初中教材中选用鲁迅先生的作品很多,鲁迅先生的作品,如果深入钻研,可以说是博大精深,甚至有的学者一辈子都在研究鲁迅。我面对学生,处理鲁迅先生的作品,多半采用"长文短教"的方式。

（一）

　　《从百草园到三味书屋》是鲁迅先生回忆童年时期生活的一篇文章,充满着浓浓的童趣,又有着淡淡的失落和怅惘。该文章作为经典篇目,我执教过多次,这次又要带着学生去感受鲁迅先生的童年了。如今网络上的教学资源非常丰富,对课堂教学有很大的促进作用,因此我在执教中添加了视频资料,在引导学生解析文本时有意识地运用体验学习法,还是有一些新的体会。

　　首先我用情景动画片激发学生的学习兴趣。

　　《从百草园到三味书屋》篇幅较长,以前执教此文,在感知课文环节时多用默读法和跳读法,以求学生较快地把握文章大意。本次上课使用了中央电视台少儿频道《美文共赏》栏目提供的情景动画片——《从百草园到三味书屋》作为教学素材,课堂气氛活跃,收到了较好的教学效果。动画片总计15分钟,形象生动活泼,色彩鲜艳,较原文更具画面感,很贴近七年级学生的心理特点,他们在欣赏时哈哈大笑,乐不可支。这部动画片对原文没有增删一字,因此学生可以将欣赏动画片的过程当成读书的过程,音乐、画面、情节的刺激,让他们对课文的印象更加深刻。动画片把"美女蛇的故事"和"我要去三味书屋读书"前的

心理历程呈现得更为直观,前一个镜头让孩子们意兴盎然,后一个镜头让孩子们若有所思。动画片化抽象为形象的能力是其他教学媒介无可替代的。因为直观的画面刺激新颖,学生学习此文的兴趣更为浓厚。

其次,我采用体验式教学法引发了学生的集体回忆。

体验式教学法在我们初中语文教学中并不常用,传统的体验式教学创建的是一种互动的交往形式,强调重视师生的双边情感体验。但我在使用体验式教学法时更强调学生和作者的情感共鸣,在上课时,我提出了三个问题:1.你认为长妈妈讲美女蛇的真实用意何在?你有过同样的体验吗?2.你认同鲁迅先生上学前的想法吗?你有类似感受吗?3.你如何看待鲁迅先生上课开小差?你有类似经历吗?

讨论后明确:关于问题一,大人们为了我们的安全,经常夸大外在的危险。关于问题二,家长经常用上学来吓唬我们,例如:不好好吃饭就送你去幼儿园,造成了小孩对上学的恐惧心理,认为上学是对犯错误的惩罚。实际上,这传递的并不一定就是一种正确的价值导向。关于问题三:经历太多了,上课开小差是多数学生学习生涯中的必然经历,无可厚非,我们今天在一定程度上也能够理解。这三个问题的讨论,极大地拉近了学生和鲁迅先生的距离。

最后,我采用了质疑式教学方法引导学生独立思考。

很多教辅资料对本文的写作主旨是这样归纳的:回忆童年的美好生活,批判腐朽的封建教育。然后经过以上三个问题的讨论后,我们明确:百草园当然是乐园,可是三味书屋也不是苦屋。百草园的生活是无忧无虑的,三味书屋的生活也是一个人从小到大必须经历的学习阶段。多年以后,当我们回忆起以前开小差的学生年代,总能发现一种别样的乐趣:纵使被许多外在的条条框框约束,我们总能不约而同地留下一些率真的自我,是天性自然,无意识地超越了人伦纲常。因此,鲁迅先生对于这段经历的叙述也不能简单地解释为对封建教育的批判。最后,同学们讨论明确:作者用实在的笔调详尽生动地回忆了自己童年时代的生活,是一个孩子眼中的世界,有在百草园和自然的亲密接触,也有离开乐园时的失落和疑惑,还有在三味书屋新奇的追问和课余偷乐的兴奋,一切都是那么天真和美好。童年是美好的,本文正是鲁迅先生在暮年时期对自己童年最甜蜜、最温馨的回忆。

本文的学习共用两个课时,基本上算长文短教,主要用体验法贯穿整个教学环节,对于本文的景物描写、动作描写没有进行详细的分析,这其实也是本文的一个教学重点,由于课时有限,只能在以后学习其他篇目时再补充分析。

（二）

再次执教《从百草园到三味书屋》，不想简单重复去年的方法，于是我参考了杨中奎老师的教学设计，将课堂结构设计为层进式的结构。首先还是和同学们一起欣赏动画片《从百草园到三味书屋》，直观形象地进入文本，接着读写结合，层层递进，引导学生站在孩子的角度，以平视的目光，力图还原鲁迅童年的生活，进而理解文章主旨，和往年的课堂相比又增添了另一种滋味。

欣赏百草园：

百草园是鲁迅先生童年的乐园，它究竟是个怎样的园子？请站在鲁迅先生的角度，以"我喜欢百草园的——"格式，写出你的感受，小组交流。

我喜欢百草园的泥墙根一带，那儿有许多植物，绿色的，红色的，一片花花绿绿，充满了无限生机。小动物们也在这儿举办音乐会，油蛉是主唱，沉沉的男低音回荡着，一旁儿的蟋蟀和黄蜂也都忙着伴奏，弹琴的弹琴，助唱的助唱，好不热闹！一旁的斑蝥忙着制造演出效果，一团团烟雾让人觉得十分神秘，晚风轻轻拂过，何首乌藤和木莲藤相拥摇摆，似乎在为他们喝彩。

——唐梓箫

我喜欢百草园的植物，碧绿的菜畦在阳光下闪闪发亮，为园子里多添了一份生机；高大的皂荚树，有粗壮的树干撑起墨绿的叶片，屹立在跟前，不禁让人感叹；紫红的桑葚，穿着美丽的紫红洋装，胖嘟嘟的脸上满是晶莹的露珠，摘一颗放在嘴里，甜美的鲜汁便会在齿间流淌；何首乌藤和木莲藤缠绕在一起舞蹈，婀娜的舞姿实在美丽；酸甜的覆盆子是奶奶用珠子串成的小球，挂满在园里，惹人喜爱。

——何丽璇

我喜欢百草园的动物，那黄蜂在菜花上翩翩起舞，那叫天子高兴得直奔云霄上去了。那油蛉在泥墙根附近唱起了歌，蟋蟀和鸣蝉在一旁伴奏，蜈蚣和斑蝥像是两个害羞的小姑娘似的，躲在断砖下不敢见人。

——韦韬

我喜欢百草园的色彩——那儿五彩斑斓，犹如一幅艳丽的油画一般。碧绿的菜畦充满生机，清灰的石井栏朴素淡雅；紫红的桑葚令人垂涎；棕色

的鸣蝉与翠绿的,闪着金光的树叶相映成趣,黄黑相间的黄蜂与灰白的云雀更为百草园增添了一抹生命的气息。那缤纷的色彩比彩虹还绚烂,比画儿还美丽,让人沉醉其中。

——王佩瑶

我喜欢百草园的声音,昆虫们组成了一个乐队,向大家展现自己的才华。听,蟋蟀们把琴儿弹得多带劲!仿佛是一个深沉的乐者,陶醉在优美的律动中。油蛉是一位歌唱家,那磁性的低音令全部人沉醉其中。斑蝥发出"啪"的声响,仿佛在为交响乐伴奏。可别忘了黄蜂,"嗡嗡"的,一定是在帮油蛉伴奏吧!

——赵玥

游玩百草园:

百草园的一草一木那么有趣,童年的我会在百草园玩些什么呢?请站在鲁迅先生的角度,以"我喜欢痴痴地看——""我喜欢认真地听——"……的格式写出你的体验。

我喜欢痴痴地看那碧绿的菜畦,光滑的石井栏,高大的皂荚树,紫红的桑葚,时不时摘几颗覆盆子,放在嘴里,咬着,任汁液从嘴角流下来,留下紫红色的印子。

——孔艺潼

我喜欢认真地听油蛉和蟋蟀合奏的乐曲,可真好听。油蛉打开歌喉,蟋蟀施展琴艺。歌声婉转动听,琴声余音绕梁。在一旁的蜈蚣和斑蝥在认真地享受着音乐。斑蝥还不断地为他们加油打气呢,真是一场精彩的音乐会。

——潘骊文

我喜欢不停地拔何首乌根,因为我听人家说:吃了像人形的,便可以成仙。我一直在拔,脑中却是在想着成仙后与嫦娥嬉戏,与玉兔捣药的情节。一直不停地拔着,也导致了墙的损坏,不过我倒不在意,成了仙了,父亲也就无法呵斥我了,多快活啊。

——何承敏

我喜欢努力地摘那紫红紫红的桑葚与像小珊瑚珠攒成的小球一样的覆盆子。桑葚很酸,所以摘得少;摘得最多的是覆盆子,它的身上有刺,但这更激发了我的好奇心,努力地,小心地摘。哎哟!好疼!但我手心已经

躺着那颗覆盆子,顿时充满了自豪。

——谢皓晴

我喜欢专心地捕鸟,大雪纷纷扬扬地落在地上,当雪盖了地面一两天,鸟雀们无处觅食,便是捕鸟的好时机。扫开一块雪,支起一面竹筛,撒下秕谷,看那麻雀贼头贼脑地落到了篮子旁边,一会儿看篮子,一会儿又探出脑袋,等它又进去一点儿后,我猛地一拉,心想一定抓到麻雀了,可过去一看,却什么也没有。

——傅奕维

参观三味书屋:

带着依恋和不舍,鲁迅先生还是告别了百草园,来到了三味书屋,三味书屋的生活又是怎样的呢?请站在鲁迅先生的角度,以"三味书屋的——"格式,写下你对三味书屋的认识。

三味书屋的先生是个和蔼的、高而瘦的老人,有着白白的胡须,还有白白的头发,戴着一副大大的眼镜。先生学识渊博,为人方正质朴,却又有些死板,对我问的关于"怪哉"的问题不予回答。

——陈诺

三味书屋的戒尺又厚又长,是实心的木头做的。就摆在先生讲桌的正中央,每每贪玩晚归,或者在先生读生书的时候,我偷偷描绣像,总会偷偷瞄一瞄那戒尺,生怕它会自己跳起来打在我的手心中。幸运的是,我从来没有挨过打。

——林希羽

三味书屋的学生可爱极了,一会儿在园中爬上花坛折蜡梅,一会儿在书屋中有趣地读书,一会儿趁老师不注意,在底下偷偷地玩耍。

——韦韬

三味书屋的后园虽然小,却趣味多。穿过那拱形的石门,有一棵高大的蜡梅,树枝像手臂一样,伸到了石椅上,我喜欢站在石椅上折蜡梅花;桂花树上开满了金黄的桂花,香飘十里,偶尔会找到几个蝉蜕,最有趣的是和同伴一起捉几只苍蝇来喂蚂蚁。

——张存恺

三味书屋的乐趣是那么多:在屋后园子里爬上爬下折蜡梅,芬芳扑鼻,

在桂花枝干上寻找蝉蜕,还可以捉了惹人厌的苍蝇喂地上的蚂蚁。课堂上先生读书时,大家都在下面玩耍,我还可以拿荆川纸如影写一般去描小说上的绣像。

——周靖翔

认识鲁迅先生:

印象中鲁迅先生是正直严肃的,紧锁的眉头透出他对国对民的深深忧虑,通过学习本文,我们看到了一个不一样的鲁迅。童年鲁迅是怎样的形象?请以"我看到一个——的鲁迅,因为他——"格式,写出你的感受。

我看到一个调皮的鲁迅,因为他沉迷于拔何首乌,导致了泥墙被毁,他趁老师不注意,就在上课时画《西游记》和《荡寇志》的绣像。

——罗圣壹

我看到一个好动的鲁迅,因为他在百草园将破砖抛到了间壁的梁家去了,还从石井栏上跳了下来。

——张逸天

我看到了一个活泼的鲁迅,他抓过鸟雀,拔过植物藤,捕过蟋蟀,蹿过草丛,毁过泥墙,在纪律严明的三味书屋里开过小差,画过画儿,抄过小报。

——温子洋

我看到一个充满好奇心,渴望知识的鲁迅。他不怕先生的严肃,大胆问先生"怪哉"这虫是怎么回事,虽然没有得到想要的结果,但他还是大胆发问。

——黄子轩

《从百草园到三味书屋》一共上了两个课时,因为问题设计比较简单,前面又有动画片的铺垫,同学们对文本非常熟悉,文章的描写唤醒了学生们对童年的回忆,每个孩子都想表达自己的看法,课堂气氛是非常活跃的。下课铃响了以后,9班有很多孩子围着我要表达自己的看法,10班则有很多孩子还在奋笔疾书,让我非常感动。这堂课比较特殊,无法用阅读课或者写作课来界定,但是孩子们很开心,也很有收获,我觉得也就够了。

(三)

《阿长与〈山海经〉》是一篇纪实性的文章,文章几乎按照生活的原样,真实

而亲切地再现了鲁迅与长妈妈相处的情景。在鲁迅的童年生活中,长妈妈是一个很有影响力的人物,她饶舌、多事,有许多繁文缛节,但又爽朗热情,乐于助人。作者通过儿时往事的回忆,表达了对这样一个劳动妇女深深的怀念之情。面对这篇文章,我不知道如何裁剪,最终长文短教,快刀斩麻,用一个课时处理完了这篇文章。

首先归纳事件,分析形象。

本文主要通过叙事来展示人物的性格特点,我在执教时,将归纳主要事件作为第一个教学目标。上课后直接展示问题:课文记叙了阿长的几件事情?通过这些事情可以看出阿长有怎样的性格特点?学生默读课文,很快能够归纳出写了阿长的五件事情:称呼的由来,不好的习惯,古怪的仪式,长毛的故事,买《山海经》。

"称呼的由来"侧重表现阿长悲惨的命运,没人在意她真实的姓名,"不好的习惯"表现她的粗俗,"古怪的仪式"体现她对幸福生活的向往,"长毛的故事"则表现她的迷信,"买《山海经》"表现了她以我的喜好为中心,体现了她对我无私的爱。

讨论后明确阿长的形象:粗俗唠叨,甚至有点啰嗦。随着故事的发展,阿长的形象越来越丰满。她对鲁迅真挚的爱以及身上的仁慈、善良等特点贯穿了整篇文章。鲁迅对她的情感也越来越深沉。她的身份是卑微的,其貌不扬,身上甚至有很多缺点,但就是这样一个女人,在鲁迅的成长中给予了很大的帮助和深切的关爱。

其次长文短教,品析重点。

为鲁迅买来《山海经》是本文最重要的情节,我在上课时,就将这个片段作为文章的重点,带着学生仔细品读。首先请同学朗读课文的第19至29自然段,再次加深对这一情节的印象,然后展示问题并讨论:阿长问《山海经》时,我是怎样想的?阿长买来《山海经》时,我有何反应?你怎样理解文中说的阿长"确有伟大的神力"?

明确:问题1和问题2的答案可以在课本中找到:说了也无益,既然来问,也就对她说了,作者不抱任何希望。当我看到了《山海经》时,似乎遇到了一个霹雳,全体震悚,因为以前没抱任何希望,当梦寐以求的《山海经》就在眼前时,作者喜悦震惊,因为一切太出人意料了。说阿长"确有伟大的神力",是照应前文"长毛的故事"中说阿长"确有伟大的神力",前者发自肺腑,后者带有戏谑之意,两相对比,更突出了作者对阿长的感恩敬重之情。

最后随堂练笔,指导选材。

品读完"买《山海经》"的情节后,我带领全班齐读文章最后两个自然段,这

两段直抒胸臆,直接抒发了作者对阿长的同情和怀念之情。感情含蓄内敛的鲁迅,极少在文章中直接抒情,这两段文字足以看出阿长在他心中的重要地位。

整篇文章的结构一波三折:古怪的仪式(不以为然)——长毛的故事(产生敬意)——打死隐鼠(敬意消失)——买来《山海经》(伟大的神力)。文章的情感一张一弛,呈螺旋形推进。结构上先抑后扬,跌宕生姿。

鲁迅写阿长不仅写出她善良的一面,也展现出她饶舌、迷信的一面,不但无损阿长的形象,还显得更加真实。人都是优点缺点并存的,在写作时,我们一定要多角度展现人物的性格特点。如果阿长生前看到了这篇文章,她会怎样对鲁迅说呢?我让学生发挥想象,进行了随堂练笔。

练笔展示:

哥儿,谋害你的隐鼠真的很抱歉。还有睡觉的姿势不是我所能控制的。但是哥儿,你这样背地里说人闲话也不大地道吧?你还记得我让我很感动,以前和你在一起的时光让我很快乐,谢谢你,哥儿!(韦韬)

附:教学实录

《藤野先生》课堂实录

——执教:孙宏　整理:刘海琦(华南师大实习生)

一、课堂导入

师:春有桃花夏有荷,秋有菊花冬有梅。大自然每个季节都有鲜花开放,我们的心中也会开花,开在心中的花朵就是生活中让我们难以忘怀的人或事,在以后的日子仍然充满回忆的价值,用鲁迅先生的话来说就是"朝花夕拾"。

鲁迅先生在日本有一段难忘的经历,写成了文字,也化作了一朵花,在晚上慢慢地拾起,这是我们今天主要学习的《藤野先生》。在鲁迅先生的作品中,直接描写人物、以人物作为主要内容的文章并不多,我们初一学习了鲁迅的《阿长与〈山海经〉》,还有《从百草园到三味书屋》,这篇文章写到了他的老师,而今天的主人公藤野先生则是他在日本学习时经历的一位老师。

二、浏览课文

师:鲁迅先生笔下的藤野先生是怎么样的呢?让我们翻开第六课,现在请同学们快速地浏览文章,思考两个问题:1.用原文回答鲁迅先生为什么时时记起藤野先生?2.文中着重写了鲁迅和藤野先生交往的哪几件事?

生1:在第27页的第一段:但不知怎地,我总还时时记起他,在我所认为我师的之中,他是最使我感激,给我鼓励的一个。

师：这一段已经很好地回答了鲁迅先生为什么要写这篇文章,大家来读一遍,从"他的对于我的热心的希望"开始,预备起。

生：他的对于我的热心的希望,不倦的教诲,小而言之,是为中国,就是希望中国有新的医学;大而言之,是为学术,就是希望新的医学传到中国去。他的性格,在我的眼里和心里是伟大的,虽然他的姓名并不为许多人所知道。

师：鲁迅先生认为,在自己的心里,他是一个很伟大的人。他的伟大体现在两个方面:一个方面,他对我的教育、对我的期望,从小而言是为了中国,希望中国有新的医学;另一方面是从学术上而言,希望新的医学能够传到中国去。这就交代了作者为什么要写这篇文章的原因,这样写人,肯定是写他和藤野先生交往的事情。那我们来看一下,前面的文中,写了哪些和藤野先生交往的事情?

生2：我找到了六件事。第一件事是在第24页,是藤野先生看"我"抄写的讲义;第二件事是藤野先生改"我"的讲义。

师：看讲义和改讲义是同一件事,第二件事是改血管图吧? 这里已经有两件事了,还有呢?

生2：第三个是关心"我"解剖实习的事情;第四个是关心裹脚的事情;第五个是藤野先生为"我"受到学生会干事偏见的对待而打抱不平。

师：第五件事是藤野先生为"我"打抱不平,这件事情好像没有说吧? 课文里"我便将这件事告知了藤野先生",后面是分号,然后才是同学为"我"打抱不平。还有没有其他的事情?

生2：最后一件事是藤野先生劝"我"学医。

师：这里不是在劝"我"学医,主要是在告别。藤野先生这样说:"为医学而教的解剖学之类,怕于生物学也没有什么大帮助。"看得出来他有一点点失望,并没有挽留。实际上主要讲的是这四件事情:添改讲义、改解剖图、关心实习、了解裹脚。这四件事情,你们觉得表现了藤野先生什么性格特点?

生3：添改讲义和改解剖图表现了他关心学生的特点。

师：这也表现了他对于学生在学业上的严格要求。

生3：关心实习呢就是体现了他对学生的关心和爱。了解裹脚就体现了他在学术上有一种严谨性,对待工作非常严谨认真。

师：我觉得这位同学回答得非常好。添改讲义、改解剖图这两点是他作为老师的角度,对学生的严格要求。关心实习这一点呢,因为藤野先生他本身对中国文化有很深的造诣,他的汉诗就写得很好,日本一般都是写俳句和和歌,学术水平比较高的才会去写汉诗,这就有点像我们现在受到很好教育的人英语都很好。

课本上有一张照片,看看这个照片的背后,是藤野先生写的,字写得很好。所以可以看得出来,他对中国文化是有深刻的了解的,知道汉族对死者是很尊敬的,死者为大,如果要解剖尸体,很多人会在心理上有排斥。所以从这个角度上,他担心"我"不敢去解剖尸体,所以才会叫"我"来了解情况。第四个写裹脚,裹脚是中国人的一种陋习,他作为医生,对这些畸形的情况还是比较感兴趣的,他要研究这个到底怎么回事,也体现了他对医学的严谨,实事求是这样的态度。

三、课堂练习:归纳藤野先生的形象

师:记得著名女作家池莉曾经说过:"人的一生是差不多的,都是从出生到死亡,但是人的一生又各不相同,是由不同的细节、不同的镜头来组合而成的,因为镜头不一样,带来了不一样的精彩。"其实鲁迅先生在和藤野先生交往的过程中,也是由一个一个的镜头来构成的,现在我们已经找到了四个镜头。请同学们品读第六到二十三段,镜头就是文本中的一个典型事件或细节,请任意选取这样一个镜头,深情朗读,并用"鲁迅致藤野先生"对话的方式品出藤野先生的品质。写完之后四人小组交流。

(学生用摘抄本写作)

师:好,我们请同学来读一下自己的作品,先把课文中的语言带着感情读一遍,然后把鲁迅致藤野先生这段话读一下。谁先来?

生4:第24页:可惜我那时太不用功,有时也很任性。还记得有一回藤野先生将我叫到他的研究室里去,翻出我那讲义上的一个图来,是下臂的血管,指着,向我和蔼地说道:

"你看,你将这条血管移了一点位置了。——自然,这样一移,的确比较的好看些,然而解剖图不是美术,实物是那么样的,我们没法改换它。现在我给你改好了,以后你要全照着黑板上那样的画。"鲁迅致藤野先生:先生,您帮我改正的行为,让我感受到你对待工作的积极认真、实事求是的工作态度,以及您和蔼可亲、乐于帮助学生、关爱弱国学生的高尚品质。

师:掌声送给这位同学。他的感受写得很好,虽然是一个人读,但是他读出了鲁迅先生的懊悔,读出了藤野先生的和蔼。他除了写了工作认真,最后还写了藤野先生对学生非常的和蔼。还有哪位同学?

生5:第25页:但他也偶有使我很为难的时候。他听说中国的女人是裹脚的,但不知道详细,所以要问我怎么裹法,足骨变成怎样的畸形,还叹息道,"总要看一看才知道。究竟是怎么一回事呢?"鲁迅致藤野先生:先生,您向我了解裹脚、加以评论的行为,让我感受到了您对工作、治学与医学严谨的态度,以及对封建愚昧的传统礼教的深恶痛绝。

师："深恶痛绝"这一点好像没有表现出来,可能更多的是表现出一种对科学、对医学的探究态度。朗读得非常有感情。这位同学来说一下。

生6:我的是第25页:解剖实习了大概一星期,他又叫我去了,很高兴地,仍用了极有抑扬的声调对我说道:

"我因为听说中国人是很敬重鬼的,所以很担心,怕你不肯解剖尸体。现在总算放心了,没有这回事。"鲁迅致藤野先生:先生,您敬重中国文化与传统礼教,关心学生,让我感受到了您的心胸广大、毫无民族狭隘的性格。

师:掌声送给她。这位同学来说一下。

生7:我选的是24页:"我的讲义,你能抄下来么?"他问。

"可以抄一点。"

"拿来我看!"

我交出所抄的讲义去,他收下了,第二三天便还我,并且说,此后每一星期要送给他看一回。我拿下来打开看时,很吃了一惊,同时也感到一种不安和感激。原来我的讲义已经从头到末,都用红笔添改过了,不但增加了许多脱漏的地方,连文法的错误,也都一一订正。鲁迅致藤野先生:先生,您关心中国人的学习情况,让我深切地感受到您对知识的敬重,以及跨越民族隔阂、关爱学生的伟大的精神。

师:好的,坐下来。第一个是敬重知识,第二是跨越民族的一种伟大的精神,没有任何的隔阂。读书也是读得很有感情。还有哪位同学要分享的?

生8:我的是24页的第九段:这藤野先生,据说是穿衣服太模胡了,有时竟会忘记戴领结;冬天是一件旧外套,寒颤颤的,有一回上火车去,致使管车的疑心他是扒手,叫车里的客人大家小心些。鲁迅致藤野先生:先生,您穿衣服不讲究,有时忘记戴领带的行为让我感觉到您俭朴朴素,对工作和学习及其投入。

师:好,要表扬一下这位同学。他能够跳出老师给的范围,挖掘出藤野先生生活非常俭朴,是一个简单的人。主要就是这些事件了,对这篇课文的分析,我们可以看出藤野先生生活俭朴,关爱学生,认真负责,严谨求实,循循善诱,正直热忱这些特点,同学们做一下笔记。

四、分析课文

师:我们一起来看一下黑板。课文的标题叫什么啊?

生:藤野先生。

师:作者为什么要写这篇文章,在课文的倒数第二段已经交代得很清楚了。那藤野先生是怎么样的一个人,通过四件事,我们可以归纳出藤野先生的形象。那这样文章是不是已经就完成了?可是在这篇文章,除此之外,他还写了其他

的事情,明明是写藤野先生,前面第一到五自然段,写的是他在东京的时候。后面还写了看电影的事件,还写了匿名信的事件,跟藤野先生毫无关系。他为什么要写这些事情?同学们相互讨论一下。

(学生讨论)

师:好,我们先来看前面五段,为什么要写见到藤野先生之前的事?是否多余?这位同学来谈谈你的看法。

生9:我觉得这里不存在多余。因为这里写的是见到藤野先生之前的所见所闻,在结构上面引入背景,对塑造藤野先生的形象也起到作用。

师:这里跟藤野先生没有关系啊,你前面的观点我赞成,是为后文作了一个铺垫,营造了一个背景,这一点我是认可的。后面烘托藤野先生这个我觉得没有太大的关系。

生10:我觉得前面是写作者到日本的经历,没有那么的好,像在旅店里面有很多蚊子咬,对中国人没有那么好,到了后文写藤野先生对他很关爱、一视同仁,形成了反衬。

师:我觉得这里这位同学讲得还是有一点道理。她讲到了第五自然段,这里是写了"我"在仙台,受到了优待,虽然说条件也不好,可是这种优待不仅体现在这里,后面藤野先生对"我"是不是也非常关爱?这两者是有正面衬托的关系在里面。还有要补充的吗?

生11:我觉得鲁迅先生的文章有一个特点,在小事中用一些反语来讽刺中国的封建。

师:他怎么样讽刺呢?

生11:比如说"标致极了""精通时事",其实就是一些无聊的事;还有"物以希为贵";还有他说的"继续写为'正人君子'之流所深恶痛疾的文字"。

师:这位同学这样说,前面运用了一些反语,有些讽刺,说明了当时封建社会的无聊,这是他的看法。这位同学来说一下。

生12:我不同意他的看法。这篇文章是写藤野先生的,但是假如前面一段是写封建社会的无聊的话,那和主题也没有什么关系。所以我觉得前面五段还是比较同意前面的同学的看法,是正衬或者反衬后来藤野先生对"我"人性的关怀。

生13:我想说一下我个人的看法。这篇小说选自《朝花夕拾》,这本身就是鲁迅在他晚年的时候写他以前的见闻。这肯定是一篇写人的文章,可是我们联系一下当时的时代背景,大家应该还记得鲁迅的《狂人日记》,里面就充分地展现了当时社会的黑暗,这篇也是这样子的。大家可以看一下后面第二十九段。

师：大家来齐读一下这一段。

生：中国是弱国，所以中国人当然是低能儿，分数在六十分以上，便不是自己的能力了：也无怪他们疑惑。但我接着便有参观枪毙中国人的命运了。第二年添教霉菌学，细菌的形状是全用电影来显示的，一段落已完而还没有到下课的时候，便影几片时事的片子，自然都是日本战胜俄国的情形。但偏有中国人夹在里边：给俄国人做侦探，被日本军捕获，要枪毙了，围着看的也是一群中国人；在讲堂里的还有一个我。

生13：其实这篇文章不仅仅是一篇写人的文章，它还有讽刺当时中国社会的状况的想法在里面，里面很多不同的所见所闻其实也有一种意味。

师：你是说这篇文章不完全是一篇写人的文章，还有一种感时伤世的味道在里面。好，还有没有想发表自己的看法的同学？

生14：在第26页第三十二段，他说他不学医学了，要弃医从文了。前面第一到五段和后面第二十四到三十一段就是写他从这些事情里看出了中国人的麻木，学医没办法改变中国人的思想。

师：这位同学看得很深刻，他说第26页第三十二段讲到了要弃医从文，前面是讲了中国人的麻木，在电影里面看到中国人看到同胞被杀，还在那里欢呼，再看第22页第一、二段也反映了中国人的麻木。大家来齐读一下第一自然段。

生：东京也无非是这样。上野的樱花烂熳的时节，望去确也像绯红的轻云，但花下也缺不了成群结队的"清国留学生"的速成班，头顶上盘着大辫子，顶得学生制帽的顶上高高耸起，形成一座富士山。也有解散辫子，盘得平的，除下帽来，油光可鉴，宛如小姑娘的发髻一般，还要将脖子扭几扭。实在标致极了。

师：你们看开头"东京也无非是这样"，"无非"表示了没有区别，中国人到了日本是要去学知识的，但是他们到了东京"也无非是这样"，和在国内差不多，春天到了就去看樱花。于是我们回想起林升的诗，山外青山楼外楼——

生：——西湖歌舞几时休？暖风熏得游人醉，直把杭州作汴州。

师：当时在中国国内，山河破碎，风雨飘摇，但他们到了东京以后，依然是醉生梦死，所以说作者毫不客气地用一些反语来讽刺他们，白天是"标致极了""脖子扭几扭""宛如小姑娘的发髻一般"，到了晚上他们就在跳舞，都是做跟国家没有太大关系的事情。讲到这里，我就想起上一次上课的时候，有同学发自内心地说：我们要学习一些对国家有用的知识，而不是学习像跳舞这些没有用的知识，因此作者对东京感到了失望，觉得在东京学不到东西，他就换了一个地方，去了仙台。我们来把第四自然段齐读一遍。

生：我就往仙台的医学专门学校去。从东京出发，不久便到一处驿站，写

道:日暮里。不知怎地,我到现在还记得这名目。其次却只记得水户了,这是明的遗民朱舜水先生客死的地方。仙台是一个市镇,并不大;冬天冷得利害;还没有中国的学生。

师:过去这么久了,这两个地名他还记得。一个是日暮里,它本身是一个地名,没有任何意义,可是鲁迅先生坐在车里看到这个地名,对这个词印象很深刻,一看到"日暮里"就往往涌现出一些复杂的情感,"杜鹃声里斜阳暮",可能他就是想到了国家,想到了自己的命运,因此印象深刻。还有另外一个地方"水户",朱舜水先生当年是客死在这个地方,而朱舜水先生是一个非常有民族气节的人,明朝灭亡后,朱舜水不愿意投降,才来到这里。这两个联系起来就可以看出来鲁迅先生的爱国情怀,他为什么要去学医,是因为爱国情怀。同时这里第五自然段也是正面衬托出作者在仙台受到的优待,教职员工的优待也是正面衬托出下文藤野先生对"我"的厚待。而后面第二十四到第三十一段则是在交代他弃医从文的原因,在他看来,这些人的行为和藤野先生正好形成了鲜明的对比,从反面衬托出藤野先生的伟大。我想起了我们前天学习的第五课,提到了日本的右翼分子,我们现在就可以看出这里的一些青年是当时日本的军国主义者。

五、课堂练习:体会作者对藤野先生的情感

师:齐读一下这段话。

生:如果说藤野先生改讲义等事件体现的是师德,那么这些看似闲笔实则不闲的情节体现的却是人格。这是一个强国国民对弱国弱民超越了地域、超越了国家,甚至超越了种族的关心和热望。我们看到,这位尊重客观事实,有着健康晴朗的人格的老师,外表枯瘦但内心却有着充沛情感的老师,的确让人难忘。

师:有一副对联是形容藤野先生的,大家也来读一下。

生:谆谆教诲点点滴滴尽显师德,句句激励朝朝暮暮皆为树人,师恩难忘。

师:这个是对藤野先生的评价,我们课文中有这么一段话,说他很感激藤野先生,想写一封信,但是每次写完以后又撕掉了,也不知道写什么,一直到写这篇文章的时候,都没有给藤野先生写信,留下了一个遗憾,今天这个遗憾要由大家来填补了。阔别二十年以后再次重逢,鲁迅先生一定有许多话想对藤野先生说。把握课文主旨,展开合理想象,模仿作者口吻,给藤野先生写一段话,表露作者当时的心迹。注意写的是作者当时的心迹。

(学生在摘抄本上写作)

师:好,我们现在要来做这样一件事情,很多同学都写完了,前后两个人或者同桌两个人把自己写的带着感情读给对方听。

（学生朗读作品）

师：你们听到谁读得比较好的就举手。好，你来读一下。

生15：先生，时间真快，一转眼二十年早已过去，我已不再年少，您也增长了些岁数。我想起我刚学医那时，实在是不懂事，若不是您的谆谆教诲，也许我还如原来一样，那么傲。原谅我放弃了学医，中国现在实在是太腐败了，我必须要去唤醒它。总而言之还是要感谢您。

师：他还是能把作者当时的心情刻画出来，可能用词还要在筛选一下。还有哪位同学？

生16：你是谁？我就是叫作藤野严九郎的。你就是给我改讲义的那位先生！我的讲义你能抄下来吗？当时我实在是太不用功，要是能再给你改一遍讲义，那该多好啊！你改悔罢！你现在还教书吗？我依然教着解剖学……我听不懂你在讲什么。（学生哄笑）

师：这位同学没有按照要求，我们是要表明作者当时的心情，他一句都没有符合要求，所以他应该要扣一分。这位同学来读一下。

生17：你好！你我分别已有二十年了吧？之前不能写信给你，如今也算了了这桩心愿。当年在仙台分别时，我说是去学生物，其实我是投身文学了，先生传授的解剖学已没有用武之地，真是抱歉。如今我国境内仍不太平，为了这个国家、这个社会，我也只能这样做了，望先生谅解。愿你我能再重逢。

师：这个就是写得非常好了。那我们现在再来重温一下课文，观看课文朗读的视频。

（学生观看朗读视频）

 **课堂剪影** »

开放日剪影

集体备课

学生心语 »

鲁迅先生的文章都很长，还记得宏哥给我们上《社戏》，鲁迅先生笔下的人物形象鲜明生动，宏哥解读得很精彩。宏哥在最后还提了一个问题："为什么当晚看的戏，吃的豆确实不怎么样，却成了鲁迅先生一生的回忆？"在宏哥的讲述下，我沉浸在鲁迅先生温暖，美好，理想的童年中，久久不能忘怀。

——雷震霖（南海实验中学2020届学生）

《社戏》是一篇长长的课文，有八页之多，宏哥用了一节课的时间上课。先是放了一段和《社戏》有关的视频，然后提问：这是一出怎样的戏？这是一样怎样的观众？这是一种怎样的江南风情？带着我们了解情节，分析人物和环境描写的技法，最后告诉我们：戏如人生，人生如戏，戏里有好文章，歌颂的是真善美，鞭挞的是假恶丑。

——李浩鸣（南海实验中2020届学生）

听宏哥的课，就是过瘾！宏哥上课，轻松幽默，经常通过课文与我们的实际生活相关联，达到情感共融的体验。那些晦涩难懂的文艺作品，他能如讲家常一样娓娓道来；刻板的古诗、文言文，他能像讲段子一样讲得有趣生动，听完他的课，你不仅能了解文学艺术的博大精深，更能体会到他的独特魅力。宏哥每次都能把我们深深吸引进去，或哄堂大笑、或意味深长、或受益匪浅，不觉间你就会爱上这位嗜扇如命、有趣的老师。

——张晋昊（南海实验中学2020届学生）

第十八记　榕树下放歌

2021年8月1日晚,为期两天的郁南公益活动——"在希望的田野上"圆满结束了,返程路上,风雨大作,回到佛山雨歇风停。这次我们宏文馆小分队一行二十二人随"感动佛山十大人物"曹建新老师到郁南县建城镇,观摩了曹老师的夏季音乐会,走访了三户山区人家,我自己做了两场讲座,最后帮助东二小学完成了阅览室的布置。

各项工作开展得有条不紊,活动落到了实处,实无总结必要,记录一下心情,正如张媚老师在《跟着生活学写作》中所划的重点:会生活的人一定是会记录的人,无论是照片还是文字。还是记录一下这两天的心情吧。

(一)

8月1日早上,东二小学何校长联系了三户家庭,我们一行22人走访了这三家人。很欣赏陈昶羽的观点:不是献爱心,也不是送温暖,而是走亲戚,因为亲戚之间是需要来往的。王民俊老师也很认可这样的观点,她在讲座中直接引用了这句话。

尽管有心理准备,三户人家的情况还是出乎我的意料,我们常用"家徒四壁"来形容贫困的境界,然而其中有两户家庭房屋里头只有三面墙壁,连"家徒四壁"都称不上,他们把房子搭建在邻居家旁边,借用了邻居的一面墙壁。三户家庭的孩子各有特点,小敏自信聪慧,小华沉稳内敛,小轩活泼机灵。小敏和小华是离异家庭,随父亲生活,性格相对文静。小轩父母外出务工,自己随爷爷奶奶生活,有父母关爱,性格很好。

我们首先来到小敏家,她家就在路边,视野开阔,远山叠翠,屋旁有一丛翠竹,青翠挺拔,家里贴满了小敏的奖状,可以看出这是个聪明努力的孩子。小敏和我们交流时,脸上一直洋溢着笑容,临走时,我鼓励她好好学习,将来考大学。问到她有没有信心的时候,她很坚定地回答说有,笑容中写满了憧憬与期待。

小华的父亲在附近打零工,他一个人在家,性格比较腼腆,但见到我们后还是表现出了热情好客的一面,他要找杯子倒水给我喝,被我拒绝了。我拉着他

坐在他的床上和他交流,他告诉我,从下学期开始,他父亲要让他到镇上读小学了,因为那里的学习条件要比村里好。我很受感动,在这么艰难的情况下,父亲依然对他的未来充满希望。我跟他说知识是可以改变命运的,要相信不断学习的力量,他眼中含泪,紧紧抿着嘴角,始终不让眼泪掉下来,这是个坚韧善良的孩子。他送我们出来的时候,太阳很猛,强烈的光线直射下来,使人睁不开眼。门口有一棵龙眼树,枝繁叶茂,硕果累累。我走了一段路,总觉得好像丢下了什么,又匆匆折返回来,对着门前的龙眼树,拍了一张照片。

小轩家住山巅,后来才发现,坐着何校长摩托车给我们带路的孩子就是他。小轩开朗活泼,爷爷投诉他喜欢玩手机时,他也只是笑。我问他想不想上大学,他继续笑着摇头,像拨浪鼓一样,我们都笑了起来。我接着又问,要不要上初中,他笑着点头;要不要上高中,他还是笑着点头;要不要上大学,他笑着又摇头了。这一刻,我也笑了。我想,他大概不是不想上大学的,可能是觉得目标过于遥远。临走时我告诉他只要努力并坚持,一切都有可能,这次他郑重其事地点头了。

我们的力量很微弱,我们的心意也很微薄。绝大多数时候,命运是掌握在自己手中的,我们此行,无非是想他们能够对未来充满希望,在为梦想努力奋斗的过程中如果感到疲惫,知道有人关心,又会重新燃起斗志,直到成功的那一天。我是这样过来的,相信很多人也是这样过来的。

(二)

回到东二小学时,差不多十点半了,曹老师依旧指挥着学生吹拉弹唱,练习得热火朝天。按照原计划,该轮到王民俊给孩子们做英语讲座了。曹大师是艺术家,对《琵琶行》情有独钟。安排我讲解此诗,不好拂他美意,尽管难度大,我还是准备了教案。

原计划民俊讲完之后轮到我,看看时间,其实留给我的已经不多了。《琵琶行》这篇文章其实不适合小学生,不如找个地方,讲给志愿者听听。心动不如行动,何校长说村里有棵大榕树,很凉快,可以去那里上课。于是我们每人拿了一张凳子,校长带上一块小黑板就出发了。

黄昊聪同学和他弟弟运鹏在榕树下拉上了横幅,我们的教室就布置好了。我把带来的学案发给他们,村里有几个小朋友也加入了我们的课堂。既然是上课,还是要按照正常的程序走,首先安排梁馨安同学和何思慧同学代读诗歌,从朗读入手,营造上课的氛围。

酷暑天气,尽管山风阵阵,我依然满头大汗,湿透的衣服贴在身上很不舒服,我拿着扇子拼命扇风,同学们坐在榕树下大声读书。突然,一位婆婆拉了拉我,指着树下,看见一个开水瓶和一些塑料杯子放在那里,我明白了,婆婆示意我喝水。

及时雨啊,真是久旱逢甘霖,水是热的,不知道放的什么茶叶,清甜可口,我一口气灌了三大杯。于是我让同学们停下朗读,先过来喝水,谢过婆婆后我们开始上课。

首先请韩嘉睿同学分享了他的经历,他告诉我们生活中有很多感人的瞬间,嘉睿从南海实验中学毕业多年,现在是上海同济大学的学生,知道我们的活动后,主动要求过来做志愿者。我接着嘉睿的话题,自然过渡到了诗歌,过渡到白居易,说到了《长恨歌》,然后请何思慧同学为大家演唱《梨花颂》,《梨花颂》讲述唐明皇和杨贵妃的爱情悲剧,是京腔,思慧向专业老师请教过。《梨花颂》的声调清越,一板一眼,很见功力,思慧妈妈在树下放着伴奏带,效果很好!演唱结束了,过了几秒,才响起热烈的掌声。表演很精彩,大家都沉醉其中。

学习《琵琶行》,我重点讲了描写音乐的三种方法,分析了白居易和琵琶女的人物形象,补充了他们的人生际遇,又带着孩子们读了读《琵琶行》中名句。梁馨安同学分享心得体会的时候,我接到了曹老师的电话,小学的讲座已经结束,让我快点过去吃饭。

收拾好东西准备走了,刚才那位婆婆又走到树下收拾水瓶和茶杯。原来婆婆一直待在那里,还有一些村民,也在不远处听我上课,也许他们和志愿者一样,对我讲课的内容似懂非懂,但无一例外,都表现出对知识的尊重。我走到婆婆跟前,又拿起了水杯,倒了一杯水,一饮而尽,口齿沁香。婆婆一脸慈祥地看着我。

(三)

坐在车上拿出手机,翻看朋友圈,很多志愿者在分享这两天的体会,我在朋友圈里发现了一张我拉二胡的照片,应该是何先生拍的。我的眼睛半睁半闭,呈现出一副无限沉醉的模样,乍一看以为是水平很高的二胡演奏艺术家,很唬人!

其实我是半吊子,滥竽充数。昨天下午曹老师领衔,在学校举办小学夏季音乐会,我在后面管理学生。突然曹老师拿着话筒报幕:"下一个节目,二胡和管乐合奏《赛马》,表演者:我的父亲,一位国宝级的艺术家!"停了一下,曹老师

又拿起话筒喊道:"孙老师,孙老师,你的二胡呢？一起来!"临行前,曹老师要求所有的人都要带乐器,我把尘封已久的二胡也找了出来。

我拿着二胡上了台,坐在曹老师的父亲老曹先生旁边,麦克风对着老曹先生的琴,旁边还有四个学生吹奏管乐伴奏,曹老师用电子琴控制节奏。一看这个架势,我彻底放心,就算我胡拉一气也应该不会影响效果。《赛马》是四级曲目,多年前拉过,简单校过音后,我准备演出了。前奏响起,那种熟悉的感觉又回来了,快弓、长弓、顿弓、我随着电子琴的节奏运弓。毕竟多年没有拉,上台前也没有合过,到拨弦部分的时候,我没能跟上节奏,只能尴尬地停了下来,两个八拍后才重新运弓跟上。几分钟的曲子很短,下台后,同来的志愿者何先生对着我竖了一个大拇指点赞。我拉琴唬唬外行还行,若是真要表演独奏,那就要出洋相了。

后来看看他们拍的照片,好像还是那么回事,我用那张图片发了朋友圈,很多朋友点赞,满足了一下我小小的虚荣心。我是97年秋天在荆州城新南门一家饭店里正式拜杨丰泉老师学琴的,因为有老师的指导,学琴的路子还算正,老师在坐姿、指法、弓法上都有严格要求,当年在杨老师的指导下,我进步很大。可惜后来因为工作的原因,没有继续学下去。到了广东以后,虽然把琴带了过来,但是工作烦琐,一直没有心情碰琴。直到南实开设器乐课,我才跟着学生摸了几回,这次来郁南拉琴,纯粹是摆拍。真正要重新捡起二胡,估计要等到退休以后了,有负当年杨老师的教导。

榕树下讲完《琵琶行》,两天的公益活动基本结束,从村头折返学校的路上,翠竹苍苍,鸟声宛转。两句唐诗在耳边响起:绿阴不减来时路,添得黄鹂四五声。很应景!

附：教学设计

《琵琶行》

一、教学目的

1.指导学生顺畅地诵读全诗；

2.感受"同是天涯沦落人,相逢何必曾相识"的悲剧美；

3.感知诗中音乐描写的美好意境,体会叙事诗的抒情艺术。

二、教学时间

1课时

三、教学步骤

1. 激趣导入。

何思慧同学演唱京剧选段《梨花颂》。

2. 齐读全诗,引导学生进入情境。

3. 音乐是沟通诗人与琵琶女情感的桥梁,全诗写音乐写了几个回合?

讨论明确:

第一部分是"前奏曲":"转轴拨弦三两声,未成曲调先有情。弦弦掩抑声声思,似诉平生不得志。"浔阳江边,风寒月冷,琵琶女独守空船,孤单凄凉。所以其出场弹奏时的旋律低沉抑郁。

第二部分"欢乐曲":"轻拢慢捻抹复挑,初为《霓裳》后《六幺》。大弦嘈嘈如急雨,小弦切切如私语。嘈嘈切切错杂弹,大珠小珠落玉盘。"这时欢快明朗、清脆悦耳的琵琶声,忽高忽低,交织起起伏生动的乐章,唱出了琵琶女火红的青年时代。

第三部分"沉思曲":"间关莺语花底滑,幽咽泉流冰下难。冰泉冷涩弦凝绝,凝绝不通声暂歇。别有幽愁暗恨生,此时无声胜有声。"旋律变得"冷涩""凝绝",音乐之声"暂歇",命运的变化使此时的琵琶女陷入了深深的思考当中。

第四部分"悲愤曲":"银瓶乍破水浆迸,铁骑突出刀枪鸣。曲终收拨当心画,四弦一声如裂帛。"这段音乐情绪高涨起来,绝非柳暗花明、重见天日,而是以刚劲急促、震撼人心的节奏,表达琵琶女对命运的不平之感与愤懑之情。

4. 诗人白居易为何在一个素不相识的琵琶女面前泪洒青衫呢?

讨论明确:

①琵琶女愤激幽怨的曲调引发了诗人情感的共鸣,在听了琵琶女对苦楚身世的倾诉后,诗人更是激起深深的怜悯之情。

②诗人才华横溢,誉满天下,然而今朝沦落,幽愁悲愤;再加上朋友一别,更感孤寂难耐。

人悲,己怜,"同是天涯沦落人"。这"泪",既是诗人对被压迫妇女的同情与尊重,又是对当时社会的控诉。

5. 本诗前后贯穿了几处环境描写的文字。这些环境描写有什么作用呢?

讨论明确:"浔阳江头夜送客,枫叶荻花秋瑟瑟",叙述了江头送客时的环境。秋夜的江水、枫叶、荻花,构成清晰如画的意境,令人顿感秋凉袭身,曲曲传达出诗人凄凉愁惨的心情,为全诗奠定了感情基调。

"别时茫茫江浸月",叙述别时景象,景中含情。茫茫江水,溶溶月色,无不弥散着诗人的离愁别绪,仿佛诗人的心情融化其中,与自然环境有了感应。

"唯见江心秋月白",写音乐结束时寂静的环境。音乐结束,但其感情仍在

扩散，情景交融，烘托了音乐效果，形成令人回味的意境。

另外如"绕船月明江水寒"，写琵琶女独守空船时的环境，渲染了琵琶女冷落凄凉的心情；"黄芦苦竹绕宅生"，写诗人的生活环境，渲染诗人被贬后的孤寂悲凉。

总之，诗歌中的环境构成了溢满感情的意象，叠加在一起，使《琵琶行》整个诗境恍若沉浸在浔阳江头那一派忧郁的月光里，凄美哀人。

板书：

商妇——音乐——谪官

同是天涯沦落人

相逢何必曾相识

课堂剪影

梁馨安和何思慧同学带读

《琵琶行》上课剪影

学生心语

暑假的时候，跟着宏哥去了云浮市郁南县支教，宏哥为我们讲授《琵琶行》，上课之前，安排我唱了一段京剧《梨花颂》，我喜欢唱歌，每次唱歌时就仿佛拥有了全世界。站在大榕树下，当音乐声响起，就感觉好像整个世界都是属于我的，我放空一切，沉浸在唐明皇和杨贵妃的爱情故事中，表达着属于他们的喜怒哀乐。就像回到了奶奶家的院子里，听着电视机中咿咿呀呀的婉转歌喉，变回了那个最初模仿花旦的我。

——何思慧（南海实验中学2018届学生）

在粤西山村的树荫下，宏哥带来的这节《琵琶行》把我带到了浔阳江头。课前，经过学妹的一番吟唱，在夏日的静谧空气里的我体会到了什么是"别有幽愁暗恨生，此时无声胜有声"。其后，孙老师进一步介绍了作者，并带我们领略了诗人是如何描写音乐的。有了这些铺垫，再读诗歌时，江州司马的愁、琵琶女的恨就自然地交织了起来。同样是沦落天涯之人，相怜相惜，又何必相识相知呢？

——韩嘉睿（南海实验中学2014届学生）

暑假跟随爸爸去云浮市郁南县参加公益活动，爸爸在大榕树下为我们讲了《琵琶行》，在上课前，何思慧姐姐唱了《梨花颂》，美妙的歌声在榕树下飘荡，真好听！爸爸讲的《琵琶行》我差不多忘记了，但思慧姐姐的歌声我印象深刻。上课的时候，有一位老奶奶给我们送来了茶水，真的好感动。

——孙楚惟（南海实验中学2020届学生）

跋：师者父母心

孙楚惟

父亲在逐步实现他的理想，我的理想还在梦里。父亲热爱教育，喜欢写作，受他的影响，我也喜欢将我的心情转化为文字记录下来，我喜欢这种感觉，也享受这种感觉。小时候曾经信誓旦旦地对他说："爸爸，等我长大了，一定要成为一个作家！"

父亲轻轻笑着说："好！我年轻时也想成为一位作家，没想到成了一名老师，既然你想当作家，那我们就朝着这个方向一同前行！"当时他可能就是说说而已，没想到他竟然真的完成了第一本书《跟着生活学写作》，第一本书出版的时候，最高兴的就是我了，因为他在完成我们共同的理想，我为拥有这样的父亲感到自豪。

现在，父亲的第二本书《那些年上过的语文课》也完成了，当我接到父亲的邀请，为他的新书写一篇后记时，我感到荣幸至极，同时也高兴无比，我知道这里面包含了父亲对我殷切的希望。真的没有想到父亲会把如此重大的任务交到我的手里。

其实，父亲还是我的语文老师，我选择父亲做我的语文老师，不是因为他的课上得有多么好，也不是认为他有多么优秀，我从小在校园长大，常常听他的学生说他的作业很少，所以我选择了让父亲做我的语文老师。奇怪的是，他的学生从来不怕他，都称他为"宏哥"，这个称呼是南海实验中学的学生一届一届流传下来的。他们和父亲是朋友，我和父亲也是朋友，刚刚上初中的时候，我甚至忘记他是老师，上课提问的时候，我会举着手大叫："爸爸！让我回答！"同学们也习以为常，记得有一次，学习《走一步，再走一步》，全班同学一起叫他"爸爸"，我们乐不可支。我觉得他对学生，就像对我一样。

父亲是个有爱心的人，他对所有的孩子都是那么包容，他鼓励所有的同学认真读书。暑假的时候，他带我去云浮郁南县参加公益活动。当时我们带了很多的书和文具，送给山区的小朋友，记得我们去探访几户人家，同去的志愿者也带了一些米和油，爸爸告诉每一户人家的小孩读书的好处，为什么要读书，那些小孩听爸爸讲话的时候，差不多要哭了！他们明白，在这种情况下，读书应该是唯一的出路了。

　　父亲就是这样,用博大的胸怀关爱每一个孩子,师者父母心。所以他对学生无比包容,他爱他的学生,就像爱我一样,这一点他的学生都能感受到。人们常常说把一件简单的事做好就是不简单,把一件平凡的事情做好就是不平凡。在我心里,父亲就是这样的人。

　　最后,我想说,父亲在实现他的理想,我也要逐步实现我的理想。